그림과 표로 풀어본
인사행정론

최창현 저

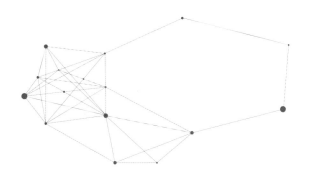

PUBLIC PERSONNEL ADMINISTRATION
WITH PICTURES AND TABLES

박영사

머리말

인사행정이란 정부의 인사관리를 담당하는 것을 의미한다. 조직관리가 목표달성을 위한 한 가지 중요한 수단이라면, 사람관리는 또 다른 간과해서는 안될 중요한 요소가 된다. 과거의 인사행정은 구성원의 소극적인 측면에 주로 초점을 맞추었다면 최근에는 어떻게 투자하고 관리하느냐에 따라 조직의 성과에 지대한 공헌을 할 수 있는 자원으로 여긴다.

미국의 경우 인사행정의 변천은 신사에 의한 정부(Government by Gentlemen), 보통 사람에 의한 정부(Government by the Common Person), 좋은 사람에 의한 정부(Government by the Good), 능률적인 사람에 의한 정부(Government by the Efficient), 능률성에 의한 정부(Government by the Efficiency), 일반행정가에 의한 정부(Government by the Generalist) 그리고 전문가에 의한 정부(Government by the Professionals)로 발전해 왔고 앞으로는 행정가와 함께 시민과 전문가에 의한 정부(Government or Governance by Administrators, Citizens, and Experts)가 되어 협치로 가야 한다.

한국의 경우에는 이전의 과거제도로부터 현 공무원 시험제도로 발전해 왔고 앞으로는 보다 전문가에 개방적인 제도로 가야 한다.

인사행정이라는 분야는 광범위하고, 다소 난해할 수 있기에 학생뿐만 아니라 모든 독자가 쉽게 이해할 수 있도록 이 책은 특히 250개가 넘는 그림, 표 그리고 기타 자료로 인사행정의 흐름을 풀어 보았다. 특히 인사행정의 핵심 용어들을 마인드맵으로 요약하고 다양한 생각해 볼 문제들을 포함하였다. 또한 중간마다 내용과 관련된 공무원 기출문제를 다루었다.

제1장은 엽관제, 실적주의, 대표관료제, 적극적 조치, 직업공무원제, 중앙인사행정기관 등의 인사행정의 기초이론을 설명한다.

제2장에서는 공직의 구조와 분류, 그리고 계급제와 직위분류제 등을 다룬다.

제3장에서는 모집, 선발, 교육훈련, 인사이동, 근무성적평정 그리고 보수와 연금 등을 다룬다.

제4장은 동기부여이론과 성과와 보상의 연계로서의 성과급제도 등을 살펴본다.

제5장은 공무원의 신분보장과 징계, 행정윤리, 그리고 공무원의 권리와 부패 등 공무원의 행동규범 등을 다룬다.

제6장에서는 인사행정의 발전방향에 대해 다뤄보았다.

부록에는 고위공무원단, 개방형 직위, 인력자원 관리, 공무원의 징계 그리고 공무원 노조 등에 대한 보다 상세하고 알기 쉬운 인사행정 실무 사항을 포함하고 있다. 그리고 공무원 시험 문제 중 인사조직 문제를 수록하여 인사행정학습 후 관련 문제를 풀어볼 수 있도록 하였다.

이 책의 출판을 흔쾌히 허락해 준 박영사의 안종만 회장님과 꼼꼼하고 세심하게 편집을 보아준 조보나 선생님에게 깊은 감사를 드린다.

2019. 2
계룡산 금강대 연구실에서 최 창 현

차례
본문

제 5 장　공무원의 행동 규범

제 6 장　인사행정의 발전방향

차례
생각해 볼 문제

제5장 **공무원의 행동 규범**

제6장 **인사행정의 발전방향**

제 1 장　인사행정의 기초이론

🔔 **학습목표**
1. 인사행정의 의의
2. 인사행정의 발전을 엽관제, 실적제, 대표관료제와 적극적 조치, 직업공무원제 등의 임용 제도를 중심으로 살펴본다.

01　인사행정의 의의와 중요성

1 인사행정의 의의

인사행정(public personnel administration, HRM(Human Resource Mgt))은 정부의 인사관리를 담당한다. 조직 관리적 측면이 목표달성을 위한 한 가지 중요한 수단이라면, 사람 관리는 또 다른 간과해서는 안 될 중요한 요소가 된다. 과거의 인사행정은 구성원의 소극적인 측면에 주로 초점을 맞추었다면 최근에는 어떻게 투자하고 관리하느냐에 따라 조직의 성과에 지대한 공헌을 할 수 있는 자원으로 여긴다. 이러한 측면에서 '인적자원관리(HRM)'라는 용어가 공·사조직에서 흔히 사용되고 있다.

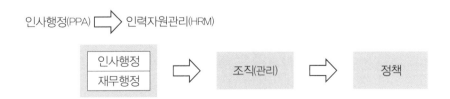

인사행정은 정부조직의 목적을 달성하기 위하여 인적자원인 공무원을 모집, 선발·교육훈련, 배치·활용·평가·보상하는 일련의 과정들을 말한다.

2 인사행정을 구성하는 요소

인사행정을 구성하는 요소는 논자에 따라 달라질 수 있지만 여기에서는 다음과 같은 요소들이 다루어진다.

(1) 모집과 선발

조직이 그 목적 활동에 적합한 인력을 확보하기 위하여 유능한 사람들을 유치하는 활동 내지 그 과정이다. 정부가 어떤 공직을 담당하게 할 사람을 선발하는데도 여러 과정을 밟게 된다. 그 첫 단계가 모집이다.

모집이란 공직에 근무하기를 희망하는 유능한 인물들을 응시(應試)하도록 유인하는 활동 내지 과정이라 말할 수 있다. 즉, 외부 임용을 위한 첫 단계인 것이다(네이버 지식백과, 행정학사전, 2009.1.15. 대영문화사).

즉, 정부조직에서 공익의 실현을 위해서 유능한 사람들이 공직에 관심을 갖도록 하고 이들 중에서 최적임자들을 선발하는 일이다.

> 미국의 경우 TV에서 광고; Join the army, Join the Navy, Join the airforce, 일정 비율은 인터넷 항시 채용 공고, 한국은 광고 필요없음

공무원은 국민의 수임자라는 입장에서 볼 때, 과연 그 모집은 공무원의 자격요건 중 어디에 중점을 두는 것이 가장 바람직스러운 것인가가 문제될 수 있다. 여기에는 서로 대립되는 두 가지의 견해가 있다.

하나는, 담당할 분야에서 가장 뛰어난 인재들을 공직에 끌어들여야 한다는 엘리트론(elite論)이다. 이 견해에 의하면 오늘날과 같은 전문화 시대에는 보통 사람들보다 엘리트들이 행정을 훨씬 효율적으로 수행할 수 있다는 것이다.

다른 하나는, 공직(公職)은 국민 또는 주민의 대표성(代表性)을 띠어야 하기 때문에 각계 각층의 사람들이 고르게 참여할 수 있는 모집이어야 한다는 개

방론(開放論)이다. 이 개방론에 의하면 공직은 특수한 전문직만을 제외하고는 일반적 교양을 갖춘 사람들도 충분히 감당할 수 있으므로 행정의 민주화를 구현하기 위해서는 각계 각층의 사람들에게 공무담임(公務擔任)의 기회가 주어져야 한다는 것이다.

이상을 살펴볼 때 엘리트론은 행정의 능률성을, 개방론은 행정의 민주성을 강조하고 있음을 알 수 있다. 결국 이 두 견해는 행정이념으로서 능률성과 민주성 중 어느 것을 더 중요시할 것인가에 귀착된다. 따라서 어느 견해에 따라 모집하는 것이 더 바람직한 것인가의 문제는 나라마다 지향하고 있는 기본 정책의 목표, 행정수요의 질적 성격 등이 다르기 때문에 일률적으로 말할 수는 없다(네이버 지식백과, 행정학사전, 2009.1.15. 대영문화사).

(2) 교육훈련

공무원의 능력발전은 합리적인 교육훈련을 통해 달성된다. 교육훈련은 공직에 들어온 사람들이 공무원 연수교육 등을 통해 맡은 직무를 잘 수행할 수 있도록 직무수행에 필요한 지식을 습득시키고 태도를 바람직한 방향으로 변화시키는 체계적인 노력이다(백승기·최창현·강인호 외(2011), 행정학– 핵심정리 및 문제연습, 대명).

교육훈련을 위한 계획과 운영은 무엇보다도 먼저 그 필요성 내지 목적을 명확히 인식하고 그것에 적합하도록 하여야 시간과 예산의 낭비를 줄이고 실효를 거둘 수 있다. 인사행정상 교육훈련의 필요성을 요약 설명해 보면 다음과 같다.

첫째, 교육훈련은 공무원의 능력 퇴화(退化)를 방지하기 위해 필요하다. 인간은 자신의 지식이나 기술을 계속 활용하지 않고 그대로 묵혀두면 퇴화하기 마련이다. 그래서 평생교육(life long education)이 강조되고 있는 것이다. 공무원에 대한 교육훈련도 평생교육의 일환으로서 능력의 유지·발전을 위해 대단히 중요시 되고 있다. 둘째, 직무 변동에 적응하기 위해서 필요하다. 공무원이 담당하여야 할 직무는 고정된 것이 아니라 사회발전과 더불어 계속해서 변동하는 것이다. 공무원이 직무 내용의 변동에 대비하고 적응하기 위해서는 그 변동과 관련된 새로운 지식과 기술에 대한 교육이 절대로 필요하다(네이버 지식백과, 교육 훈련 [education–training], 이해하기 쉽게 쓴 행정학용어사전, 2010.3.25. 새정보미디어).

(3) 근무평가

정부에서 일하는 공무원에 대한 근무실적, 근무수행능력, 근무태도 등을 공식적, 체계적으로 평가하는 것으로 실적·능력·태도 등을 나열하고 다른 한 편에는 그 우열을 나타내는 척도인 등급을 표시한 후 평정하는 사람이 해당 등급에 표시하는 도표식 평정척도법이 가장 일반적으로 사용된다.

업무를 수행한 다음에는 공무원의 근무실적 등을 정기적으로 평가하여 조직의 능률성을 향상시키는 제도로, 부족한 부분은 보완을 할 수 있도록 조언과 교육훈련을 강화할 수 있다. 한국의 경우 근무성적평정제도를 1~9급의 일반직과 기능직 공무원을 대상으로 실시하고 있다. 현행 우리나라의 근무성적평정제도에서 평정기준은 근무실적·근무수행능력·근무수행태도를 평가한다.

연도별 공무원 현황

연도	총계	행정부			입법부	사법부	기타 (헌재·선관위)
		소계	국가	지방			
1965	305,316	301,734	253,974	47,760	1,146	2,436	
2010	979,583	955,890	612,672	343,218	3,848	16,933	2,912
2011	981,927	957,721	611,968	345,753	3,957	17,306	2,943
2012	990,423	966,125	615,487	350,638	3,974	17,343	2,981
2013	998,940	974,518	615,726	358,792	3,993	17,431	2,998
2014	1,010,310	985,512	622,108	363,404	3,993	17,729	3,076
2015	1,021,347	996,080	625,835	370,245	4,006	18,160	3,101
2017		1,003,635	628,880	374,755	4,063	18,708	3,122
2020?							

* 지방: 지방지치단체장, 교육감 등 선출직 제외.
행정부 국가직이 62%, 지방직이 30%, 사법부 1.7%, 여성비율이 50%넘기 시작함.
출처: http://www.index.go.kr/potal/main/EachDtlPageDetail.do?idx_cd=1016(2018.7.25. 접근)

(4) 보상

공무원의 보수는 근로의 대가로 정부로부터 받는 근로의 대가로 받는 금전적 보상을 의미한다. 업무수행에 대한 대가를 지불하여 동기부여를 제고하고 사기를 진작하는 일이다.

보수란 봉급과 각종 수당을 합산한 금액을 말한다. 봉급은 직무의 곤란성과 책임의 정도에 따라 직책별로 지급되는 기본급여 또는 직무의 곤란성과 책임의 정도 및 재직기간 등에 따라 계급별, 호봉별로 지급되는 급여를 말하며, 수당이란 직무여건 및 생활여건 등에 따라 지급되는 부가급여를 말한다.

그림 공무원 비율

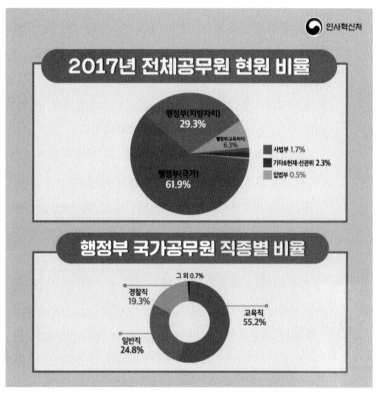

출처: http://www.mpm.go.kr/mpm/comm/policyPR/mpmFocus/?boardId=bbs_000 0000000000127&mode=view&cntId=27&category=(2019.1.14. 접근)

■ 신사에 의한 정부(Government by Gentlemen): 1789-1829

(연도구분은 Mosher, Frederick C.(1982), Democracy and the Public Service 2nd ed., NY: Oxford University Press)

1789년에 미국이 건국된 이래 미국의 정치 체계는 자유주의와 민주주의 이념을 상징하는 제3대 대통령 제퍼슨의 낭만주의(Jeffersonian Romanticism) 이념이 지배적이었다. 미국 1대 대통령 조지 워싱턴과 2대 해밀턴은 집권적 연방주의적 고전주의를 주장했다. 정당은 공화당으로, 시장을 중시하고 작은 정부를 주장했다.

해밀턴(A. Hamilton, 1757-1804)은 강력하고 효과적이며 행동지향적인 정부를 선호하여, 강력하고 적극적인 행정부를 통한 국가 이익의 증진을 행정의 목적으로 간주하였다. 이러한 생각은 1930년대 위기시, 대통령부 설치를 제안한 브라운로 위원회 보고서로 연계되었다.

알렉산더 해밀턴:
연방주의자

그는 조지 워싱턴과 뜻을 같이 하는 연방주의자로 토머스 제퍼슨을 비롯한 반 연방주의자와 대립하였다.

이 40년간의 시기의 정치참여는 주로 백인 남성 부유한 지주들로 극히 제한적이었다. 공직 참여 역시 좋은 교육을 받은 백인 남성 부유한 신사들로 제한되었다는 점에서 신사에 의한 정부로 불리운다.

3대 제퍼슨 대통령은 지방자치를 주장하여 낭만주의라 불리운다. 정당은 민주당으로, 정부개입을 강조하고 큰 정부를 주장한다. 제퍼슨(T. Jefferson, 1743-1826)의 이상주의 정치인 낭만주의는 개인의 자유를 주장하였다. 개인의 자유와 권리의 극대화, 행복추구권 강조, 정부를 가능한 한 일반 국민에게 근접시키는 것이 중요하다고 주장하였다. 이는 1960년대 후반 신행정학의 뿌리가 되었다.

토마스 제퍼슨:
반연방주의자

4대 매디슨 대통령은 신고적적 다원주의를 내세운

다. 매디슨(J. Medison, 1751-1836)의 신고전주의는 덕성과
이기심을 함께 지닌 인간의 양면성에 주목, 인간 본성의
복잡성 때문에 다양한 이익집단이 창출될 것으로 예측하
였다. 정부는 경쟁적 당파의 중재자이며, 행정 과정은 삼
권분립에 기초한 견제와 균형의 과정이라 보았다. 달(R.
Dahl), 린드블롬(C. Lindblom)과 같은 다원론자들의 집단
이론 및 점증주의 모형으로 발전했다.

제임스 메디슨

■ 보통 사람에 의한 정부(Government by the Common Person): 1829-1883

7대 앤드류 잭슨 대통령은 민주당으로 동부의 부유한 신사보다는 교육
을 제대로 받지 못한 보통 사람들인 서부개척민의 지지를 받은 서민 출신의 대
통령으로, 동부신사(귀족)가 차지하고 있던 관직을 엽관제로 물갈이 하게 된
다. 즉, 신사에 의한 정부(Government by Gentlemen)를 보통 사람에 의한 정부
(Government by the Common Person)로 변모시킨다.

1829년에 잭슨이 대통령으로 당선되면서 선거전에서 승리한 정당이 관직
을 차지하는 엽관주의(spoils system)가 도입되었다. 잭슨이 재임기간 펼친 정책
들은 잭슨의 이전 시대를 풍미하던 제퍼슨 민주주의의 시대를 계승한 것들이
었다. 잭슨의 임기 동안, 미국은 여러 가지 변화를 겪었다. 제퍼슨 민주주의의
시기와 달리, 잭슨 민주주의 하에서는 의회의 권한이 축소되고 대통령과 행정

잭슨 대통령의 사진이 실린 미국 20달러 지폐
https://2012patriot.files.wordpress.com/2011/05/20twentydollarbill.jpg

부의 권한이 대폭 강화되었다. 또한 잭슨은 평등주의를 강조하여 이와 관련한 정책들을 내놓았는데, 이 결과 잭슨 정부 기간동안 지주에게만 허락되었던 선거권이 모든 백인 남성에게 허락되는 등 대중의 권한이 크게 신장되었으며, 정부 활동에 대한 시민들의 참여폭도 넓어졌다.

잭슨 시대 이전에는 정권이 바뀌더라도 연방정부의 공무원들은 자기 자리에 거의 종신직으로 머물러 있을 수 있었다. 이로 인해 연방정부의 공무원 사회에는 부패가 만연해 있었고, 새로운 정권의 지시에도 잘 따르지 않는 문화가 있었다. 잭슨과 그의 지지자들은 이러한 현실에 문제의식을 가지고 있었고, 이에 선거에서 승리하자 엽관제를 실시하여 이제부터는 대통령이 바뀌면 이들을 몰아내고 그 자리에 자기 당파의 사람들을 임명할 수 있게 한 것이다. 실제로 잭슨이 엽관제를 통해 임기 중에 바꾼 관료는 전체의 5분의 1밖에 되지 않는 적은 수였음에도, 소수 엘리트가 독점하던 공직 취임의 길을 일반대중에게도 열어주어 정치적 민주주의를 발전시키는 데 적잖이 공헌하였다는 평을 듣는다. 그러나 엽관제는 자당 출신이라 하여 무능한 인사를 기용하거나 다른 정당 출신 유능한 인사의 등용을 방해하는 등 부적절한 인사 기용의 원인이 되기도 하였다.

엽관제: 물갈이 순환원칙(doctrine of rotation)
신임 대통령 오바마입니다. 조지 대통령 백악관 참모들 짐싸서 나가라 전해 주세요

Spoils System   *by Chris Ransom*

출처: https://funnytimes.com/45886/

그러나 19세기 들어 산업화가 급속히 진전되고 정부의 역할이 확대됨에 따라 행정에 대한 전문성이 없는 정당인들을 공직에 채용하는 엽관주의(엽관

제)는 행정의 비효율을 유발하는 원천으로 전락했다. 또한 공직을 차지하는 과정에서의 부패가 초래되기도 했다. 이러한 엽관제의 비효율과 낭비가 만연됨에 따라 이를 혁신하기 위한 진보주의운동이라는 일종의 공직개혁운동이 전개되었다.

영국의 경우에는 국왕 및 귀족의 친족지인세습주의(nepotism)로 인해 정실주의(patronism) 인사가 발전된다.

■ 좋은 사람에 의한 정부(Government by the Good) : 1883-1906

16대 링컨 대통령은 공화당으로 엽관제를 활용해 재선에 성공하나 재선 후 엽관제의 문제점인 부패 문제를 인식하게 되어 부패 척결을 위해 좋은 사람에 의한 정부(Government by the Good)가 확립하기 시작했다.

■ 능률적인 사람에 의한 정부(Government by the Efficient)

1829년 잭슨 대통령이 엽관제를 처음 도입한 이후 50년간 미국은 엽관제의 천국이었다. 얼마나 성행했느냐 하면 역대 최고의 대통령으로 존경받는 링컨도 당선 즉시 전국의 우체국장과 군 지휘관을 자기 사람들로 채우는 등 대통령이 임명할 수 있는 공직의 85%를 경질해 사상 최고 기록을 세웠을 정도다. 우체국장이 교체의 최우선순위에 올랐던 것은 당시 우체국은 정보 유통의 주요 통로였기 때문이다.

잭슨이 엽관제를 도입한 취지는 좋았다. 당시 연방 관직은 동부 상류 계층이 독식하고 있었다. 자신처럼 서부 개척민 출신은 꿈도 못 꿨다. 엽관제는 이런 불공정 구조를 깨는 수단이었다. 잭슨은 대통령에 취임한 뒤 엽관제를 "민주주의의 실천적 정치원리"라고 선언하고 인사의 기본 원칙으로 삼았다.

의도는 좋았지만, 결과는 나빴다. 어중이떠중이들이 선거 바람을 타고 공직에 임명되면서 비효율과 무능, 부정부패가 만연하게 된 것이다.

이에 대한 반성으로 1883년 공무원의 정치적 중립을 위한 공무원인사관리위원회 설치, 임용시험에 의한 공개 채용, 정당에 대한 공무원의 자금 제공 금지 및 선거운동 금지를 명문화한 '펜들턴 연방공무원법'이 만들어지면서 엽관제는 퇴출되고 실적제(merit system)가 들어섰다.

20대 가필드 대통령은 1881년 선거에 기여했으나 공직 배분에 불만을 품은 드루킹 같은 변호사에 의해 암살당한다.

가필드 대통령 암살 사건을 계기로 1883년 펜들턴법(Pendleton Civil Service Act)이 제정되어 실적주의(merit system)가 확립되기 시작한다.

가필드 대통령 암살
출처: https://images.dailykos.com/images/130729/large/198871.jpg?
1424636519

■ 능률성에 의한 정부(Government by the Efficiency): 1906-1937

연방정부 관료들의 경쟁 채용을 관리하기 위해 중앙인사위원회의 설립을 규정한 1883년의 펜들턴 법 제정 이후에도 반드시 경쟁채용을 하도록 규정된 관직은 실적제 초기에는 10%에 불과할 정도였다.

한편 28대 우드로 윌슨 대통령은 민주당으로 정치행정이원론을 주장하며 행정이 정치로부터 분리되어야 한다고 주장한다. 따라서 엽관제적 임용은 정치적이니 실적주의에 입각해 임용하자고 주장한다.

윌슨은 19세기 말 엽관주의의 폐해를 극복하기 위해 정치와 행정의 분리를 골자로 하는 펜들턴 법(Pendleton Act)을 제정하였으며, 행정을 정치 권력적 현상이 아닌 관리 기술로 보아야 한다는 점을 강조하는 정치행정이원론을 주장했다.

그는 1887년 「행정 연구(The Study of Public Administration)」라는 저서를 통

해 이러한 이론을 발표했는데 이는 사실상 미국 내에서 행정학을 정치학으로부터 독립된 개념으로 보는 최초의 이론이기 때문에 우드로 윌슨을 '미국 행정학의 아버지'라 부르기도 한다. 행정학은 Woodrow Wilson이 "The Study of Public Administration"을 발표한 이래 오늘날에 이르기까지 많은 변화를 거듭해 왔다.

현대행정학은 19세기 말엽 미국에서 시작된 것이다. 윌슨은 1980년대 초반까지의 변화를 중요한 논문들과 시대별 종합적인 판단을 곁들어 정리하고 있다. 그래서 Wilson이 1887년에 발표한 「행정 연구(The Study of Administration)」를 현대 행정학의 효시로 보는 것이다. 이는 대통령이 되기 훨씬 이전에 젊은 개혁주의 교수 윌슨이 쓴 논문이다.

우드로 윌슨

윌슨은 당시 펜들턴(Pendleton)법의 제정에 따라 추진되기 시작한 공무원인사제도의 개혁에 대한 이론적 뒷받침을 시도하였다. 1880년대에는 자유방임주의로 최소의 정부가 요구되어 자유경쟁에 의한 경제적 노동시장화가 심화되고, 엽관제에 의한 부패가 극심하였다. 이러한 사회변화를 거친 후에 정의가 정치권력과 부로 귀결되고, 사회불평등이 심해져 정치·경제적 형평이 무너지게 되었다. 그는 이러한 사회상을 예리하게 관찰·분석하고, 사회 제반의 문제에 대한 해결을 약자에 대한 행정부의 보호에서 찾고자 하였으며, 부의 편중에 대한 균등분배 방안을 다각적으로 모색하였다. 그리고 이러한 문제해결을 행정의 수단에서 찾으려고 노력하였다. 바로 이러한 노력의 결과가 그의 논문 「행정연구」에 잘 나타나 있는 것이다.

행정의 본질

The field of administration is a field of business. It is removed from the hurry and strife of politics;
[행정의 분야는 사업의 분야이다. 행정은 서두르고 싸우려는 정치의 본질로부터 분리되어야 한다.]

미국행정학은 과학적 관리법 및 관료제이론 등의 고전적 조직이론과 접목되면서 독자적인 학문 영역을 구축하기 시작했다. 여기에 '절약과 능률'이 좋은 정부의 구현을 지향하는 새로운 가치 개념으로 도입되었다. 그리하여 미국의 행정학은 1920년대에서 30년대에 걸쳐 능률에 기초한 관리를 주장하는 '관리과학'으로 특징지어지게 되었다. 인사행정 분야에 있어서도 명목상의 실적주의에 덧붙여 능률성을 강조하면서 1900년도에 실적제에 입각한 임용이 40% 정도에서 1930년에는 80%까지 증가하게 된다.

■ 일반행정가에 의한 정부(Government by the Generalist): 1937-1955

20세기 초 미국의 정부혁신은 진보주의의 영향을 받아 관리적 효율성을 지향하는 한편 행정수요의 폭발적인 증가에 대응하기 위해 행정부의 기능과 권한을 강화하는 방향으로 전개되었다. 즉 행정의 효율성을 강조하는 미국 행정개혁은 행정·정치 이원론과 연결된다. 특히 브라운로(Brownlow) 위원회, 후버(Hoover) 위원회는 관료제에 대한 대통령의 권한을 강화하는 방향으로 행정개혁을 건의하였다.

프랭클린 루스벨트 행정부의 브라운로 위원회(1936-1937)는 행정부의 예산, 관리, 기획기능을 특별히 강조해 행정부의 권한과 규모를 확대시키고 실적제를 확대시키는 데 주도적인 역할을 수행했다.

그러나 제2차 세계대전 후 구성된 제1·2차 후버 '정부의 행정부조직위원회'(Commission on Organization of the Executive Branch of the Government)(1947-1949: 1953-1955)는 비대해진 행정부의 비효율성을 지적하면서 작고 효율적인 정부의 필요성을 강조하고 처음으로 정치적 임용자와 전문관료간의 관계를 다루었다. 이 시기는 협소한 지식을 지닌 전문가보다는 광범위한 일반 스킬을 지닌 일반행정가를 선호한 시기이다.

■ 전문가에 의한 정부(Government by the Professionals): 1955-현재

정부 관료제내에 훈련받은 전문가가 필요함에 따라 1955년 연방공무원 임용시험(Federal Service Entrance Exam; FSEE)가 확립되었다. 행정이 점차 복잡해지고 더욱 더 전문적인 지식을 갖은 공무원이 필요해짐에 따라 직위분류제에 의한 전문가의 채용으로 변화되었다.

하지만 1955년 도입된 이 시험은 닉슨 정부 시기 소수 인종을 차별하는 목적으로 악용될 수 있다는 이유로 폐지되었다. 국무부처럼 부처마다 자체 시험을 치르고 시험 성적을 반영하는 경우가 없지 않지만, 한국의 행정고시처럼 중

그림 과거와 현재의 인사행정

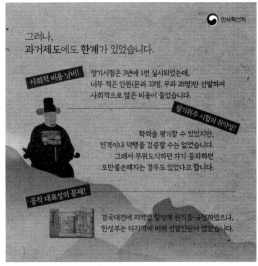

출처: http://www.mpm.go.kr/mpm/comm/policyPR/mpmFocus/?boardId=bbs_0000000000000127&mode=view&cntId=42(2019.1.12. 접근)

앙에서 주관하는 공무원 시험제도가 없고 주로 한국의 개인 기업들처럼 인터넷에서 상시 채용하는 시스템이었다.

35대 케네디 대통령의 대통령령(executive order)으로 적극적 (우대)조치(affirmative action)가 적극 시행된다. 이는 케네디 대통령이 1961년 '고용평등위원회'를 설립하면서 도입된 정책이다. 36대 린든 존슨 재통령은 1966년 연설에서 적극적 조치(AA)의 논거로 100 yard 경주 비유를 든다. 린든 존슨 대통령때부터 적극적 조치(AA)와 대표관료제에 의한 임용이 강조된다.

그러나 케네디 대통령은 동생을 법무장관으로 임명함으로써 엽관제로 비난받을 수 있는 임용을 했다. 이는 아직 엽관제가 남아 있다고 볼 수 있다. 45대 트럼프 대통령은 마음대로 트위터로 해고하는 등 엽관제적 인사 행태를 보이고 있다.

앞으로는 행정가와 함께 시민과 전문가에 의한 정부(Government or Governance by Administrators, Citizens, and Experts)가 되어 협치로 가야 한다.

1 엽관제

(1) 엽관제의 개념

> **임용의 의의(공무원임용령 제2조1)**
> "임용"이란 신규채용, 승진임용, 전직(轉職), 전보, 겸임, 파견, 강임(降任), 휴직, 직위해제, 정직, 강등, 복직, 면직, 해임 및 파면을 말한다. 임용제도는 엽관제와 실적제로 구분할 수 있다.

엽관제(spoils system)란 선거에서 승리하여 권력을 쟁취한 정당이나 권력자에게 정부의 모든 공직 즉 전리품(spoils)이 귀속되는 제도를 의미한다. 권력을 쟁취한 측은 정치적 충성심과 이념의 동질성에 따라 공직을 배분하게 된다.

그러므로 과거와는 다른 정치이념을 갖는 정당이 권력을 잡게 되면 대규모의 인력교체가 이루어질 것임을 예측할 수 있다. 엽관제는 19세기 후반까지 미국정부에서 인력을 충원하고 퇴출시키는 과정에서 지배적으로 사용된 제도이다. 당연히 엽관제에 입각한 임용기준은 선거기여도과 정당에 대한 충성도 등이다.

그림 문재인 정부 = 여민호

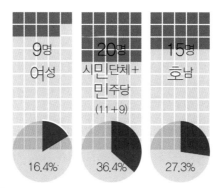

출처: 중앙일보, 2017.6.15.

(2) 엽관제의 장점

- 링컨대통령은 엽관제를 잘 활용해 재선되었다.
- 1881년 엽관제에 불만을 품은 자에 의해 가필드 대통령이 암살되자 엽관제가 쇠퇴하고 1887년 Wilson의 저서 행정의 연구—정치행정이원론 주장으로 실적주의가 대두하였다.

미국의 역사를 통해서 엽관제의 많은 문제점이 노정되었기 때문에 일반적으로 '엽관제'하면 부정적인 측면만을 떠올리게 된다. 그러나 이론적으로 엽관제는 민주주의적 원칙에 더 충실한 제도라고 할 수 있다. 즉, 선거에 출마하는 후보자는 당선되기 위해서 정치적 이념에 따라 공약을 개발하여 제시함으로써 자신의 정책이 다른 경쟁자들의 정책보다 더 현실적합성이 있고 필요한 것임을 피력하게 된다.

국민들은 이러한 정치적 공약을 평가하여 투표를 하기 때문에 선거 후에 당선자가 자신의 공약을 효율적으로 실현시킬 수 있는 방법은 정치적 이념을 공유하면서 충성도가 높은 사람들이 공직에 나가서 정책을 집행하는 것이 된다. 그러나 현실에 적용하는 과정에서는 이러한 장점보다는 부작용이 큰 문제로 대두되었다.

(3) 엽관제의 문제점

- 전두환 정권시절 보안사 대령 허삼수 정무수석, 허화평 민정수석, 조선일보출신 언론인 허문도 등 3허 Yes Man들이 정권 실세
- 박근혜 정권 최순실
- 드루킹이 임용되었다면 전문성 약화

엽관제의 주요 문제점으로 전문성의 약화, 지속성의 약화, 정치적 중립성 저해, 공무원 신분보장 약화, 부정부패 등을 들 수 있다. 먼저, 엽관제는 정권이 바뀔 때마다 대규모의 정부 인력이 교체되기 때문에 지식과 경험이 축적되지 못함으로써 인력의 전문화에 역행하게 된다. 둘째, 사람이 자주 바뀜에 따라 업무의 연속성이나 지속성이 저하되게 된다. 새로이 관직에 들어온 사람은 과거에 업무가 어떤 기준이나 원칙에 입각해서 이루어졌는지에 대한 지식이 부족하기 때문에 정책이나 업무의 연속성이 떨어지게 된다. 마지막으로 부정부패이다. 위에서 언급한 것처럼 엽관제는 국민을 위한 정책들이 효율적으로 집행될 수 있도록 정치적 충성도가 높고 이념을 같이 하는 사람들이 공직에 진출하여야 하는데 실제로는 관직이 개인적인 친분관계나 금품 제공의 반대급부로 배분됨으로서 부정부패가 만연하게 되었다.

임용제도의 종류

1. 엽관주의(spoils system): 정치적 충성도, 정치이념의 동질성
2. 정실주의(patronage system): 혈연, 지연, 학연 등의 인맥
3. 실적주의(merit system): 능력, 자격, 공무원시험
4. 대표관료제: 인구비례에 따라 공직 배분, 적극적 조치(AA)
5. 직업공무원제(career civil service system, professional civil servant system): 평생에 걸친 직업(career 혹은 전문직업 즉, profession)명예롭게 근무하도록 조직·운영되는 인사제도

🏵 한국의 엽관제적 정치적 임명제도

대통령이 인사권을 행사하는 자리(총 7,000여명)

- 헌법기관 고위직 26명
- 행정부 고위직(장관급 27명, 차관급 90명, 3급 이상 고위 공무원 1,400여명) 1,500여명
- 대통령 직속위원회 등 위원 1,000여명
- 공기업·준정부기관·공공기관 등 295곳의 기관장·감사 590명
- 특정직 공무원(검·경, 외무, 소방 등) 4,000여명

    (자료: 조선일보, 2013.3.12.)

대통령이 인사권을 행사하는 공공기관의 자리(총332개)

기획재정부가 2017년 1월 발표한 공공기관 지정 현황에 따르면 공기업(35개), 준정부기관(89개), 기타 공공기관(208개) 등 흔히 공공기관으로 통칭하는 기관의 수는 332개다. 당연히 기관장만 해도 332개 자리고, 여기에 감사와 임원까지 합하면 2000개가 넘는 자리를 대통령이 임명할 수 있다(중앙일보, 2017.7.18.).

공공기관 얼마나 되나(총 332개)

- 공기업_35개
한국전력공사, 한국마사회, 한국수력원자력, 인천국제공항공사, 한국관광공사 등
- 준정부기관_89개
국민연금공단, 한국정보화진흥원, 한국가스안전공사, 한국고용정보원 등
- 기타공공기관_208개
정보통신정책연구원, 통일연구원, 한국행정연구원, 대한법률구조공단 등
(자료: 기획재정부, '2017년도 공공기관 지정')

출처: 정일섭(2018), 한국인사행정론, 윤성사, 재인용.

내각 이렇게 짜라

대통령 집권과 함께 단행하여야 할 수많은 인사업무 중에 가장 중요한 업무는 국무총리와 장관을 뽑는 일이다. 선발하는 과정에서 최우선적으로 고려하여야 할 요소는 대통령의 국정철학을 실천할 수 있는 능력 및 자질을 구비하였는지의 여부이다.

조각을 함에 있어서 대통령 당선인에게 가장 고민스러운 부분은 선거과정에서 적극적으로 도와주었거나 지지해준 동지들에 대한 배려이다. 인간적으로 그러한 요소를 완

전히 무시할 수는 없기 때문이다. 그러나 성공적인 대통령이 되기 위해서는 국가 요직의 배분에서 논공행상은 철저히 배제할 필요가 있다. 오로지 부여된 상황과 직책이 요구하는 바를 제대로 수행할 수 있는 인물 위주로 선발해야 할 것이다.

어떤 사람을 국무위원으로 선정할 것이냐는 것은 전적으로 대통령 당선인의 성향에 관한 것이다. 기본적인 요소는 대통령 당선인의 국정철학, 비전과 생각을 공유해야 할 것이고, 해당부처의 업무를 잘 수행해 나갈 사람이어야 할 것이다. 그러나 지향하는 바나 생각이 다르더라도 특정 분야의 발전을 위하여 꼭 필요한 사람이라면 과감하게 발탁할 수 있어야 한다. 국가를 발전시키는 데 어떤 사람의 능력이 필요하냐가 중요하지 그가 누구 편인가는 중요하지 않기 때문이다.

당선인에게는 이제 국가 운영을 도와줄 사람과 국가발전을 위한 지혜를 줄 사람이 필요하다. 이때 주의하여야 할 점은 전리품은 승자에게(spoils to the victor)라는 엽관제 논리에 따라 선거과정에서 공을 세웠다고 하여 행정부처의 수장으로 임명해서는 곤란하다는 것이다. 선거전문가와 정책집행의 전문가는 능력 면에서 차이가 있기 때문이다. 선거전문가들 덕분에 선거에 승리할 수 있었을지 모르지만 국정운영 능력은 낮을 수도 있기 때문이다. 최소한 선거과정의 인사와 집권과정의 인사는 분리되어야 한다. 만약 선거과정의 전리품이 필요하다면 다른 방법을 찾아야 한다. 논공행상 차원의 인사가 불가피하다면 업무의 비중이 그다지 크지 않는 직책을 잘 선정하여 최소한으로 그쳐야 할 것이다.

이제까지 한국의 장관임면상의 문제점은 첫째, 대통령 측근을 중심으로 특정지역이나 인연에 국한되어 좋은 장관이 발탁될 가능성이 적었다. 둘째, 배치 예정 부처의 전문성을 무시한 정치적 임명이 많았다. 셋째, 임명과정상의 비밀주의로 인해 능력 및 자질이나 윤리성에 대한 철저한 검증이 결여되어 비적격자가 임명되기도 하였다. 이분들이 철저한 검증과정 없이 장관으로 임명된 후 사후에 문제점이 드러날 경우 비난을 듣게 될 것이다.

다음 정부는 필히 측근이나 측근에서 추천한 인사를 국무위원의 2/3 정도 임명한다면, 1/3 정도를 신선한 인물로 발탁해야 한다. 상징적으로 한 두명 임명하는 것으론 국무회의시 발생가능한 집단사고(groupthink)로 인한 만장일치의 환상이나 집단동조 현상 등에서 탈피하기 어렵다. 능력과 품격을 갖춘 인재를 찾아 등용해야만 성공한 좋은 정부가 될 수 있다.

또한 총리와 장관의 임기는 가능하면 대통령의 임기와 같게 하여 정책의 일관성과 지속성을 유지하도록 해야 한다. 물론 임기 중반에 유고가 생기면 교체되어야 하지만 특별한 사유가 없으면 임기를 보장해서 행정공백을 최소화하도록 해야 한다. 장관은 당선인의 국정철학을 직접 실행할 중차대한 위치에 있음에도 불구하고 단명에 그쳐왔다. 미국의 경우는 2009년 1월 출범한 오바마 대통령의 15명 장관 중 87%인 13명이 아직도 재임중이다. 장관의 평균 재임기간이 미국과 프랑스는 약 3년 정도, 영국은 4.6년 정도이나, 한국은 약 1년 정도에 불과하다.

좋은 정부란 국민의 생각을 모아 국민을 더 행복하게 하는 해주는 정부이다. 그리고 좋은 인사는 좋은 정부를 구성하는 첫걸음이다. 따라서 능력 및 자질을 무시한 인사는 국민의 불신과 불만을 자초하는 어리석은 짓이다. 인사의 방향이나 내용으로 인하여 대통령에 대한 지지나 반대가 발생하기도 한다.

따라서 대통령은 사심 없이 오로지 국가발전이라는 애국심에 입각하여 인사의 대표성과 공평성을 유지하는데 신경을 써야 한다. 성별, 지역별, 대학별 대표성을 확보해야 한다. 여성의 고위직 진출이 다른 나라에 비해 아직 부족하다. 인사의 과대대표성이나 과소대표성은 피해야 한다는 점을 명심해야 할 것이다. 인사의 대표성이 국민통합으로 가는 지름길이라는 것을 명심해야만 한다.

인재를 등용할 때 중요한 사항은 많은 사람으로부터 의견을 구하는 선청(善聽)의 과정이다. 선청의 과정은 제도적 장치를 통한 공식적 검증도 포함되지만, 발탁 예정자의 지인과 주변인을 통한 비공식적 검증도 철저히 하여야 한다. 공식적 및 비공식적 선청의 과정을 통해 능력과 자질에 대한 철저한 검증을 거쳐 인재를 발탁하여야 한다. 또한 자리와 직분에 합당한 인재라면 정파를 떠나 등용할 때 정부의 효율성은 높아질 것이다. 그리고 기계적 지역안배가 등용의 기준이 아니라 능력과 자질을 기준으로 삼아야 한다. 합당한 능력과 품격이 있는 인사가 발탁되었다면 다른 측면이 다소 미흡해도 여론은 우호적일 것이다.

인수위원회가 예비내각(shadow cabinet)이 되어야 한다는 주장이 있는데 현실적으로 매우 힘들 것이다. 인수위원들은 청와대 수석이나 차관의 위치는 상관없으나, 장관이 되려면 청문회 준비를 하여야 한다. 12월 말부터 2월 중순까지 매우 바쁜 인수위원들이 바로 장관이 되는 것은 바람직하지 않은 것 같다. 다만 앞으로 장관 후보자는 될 수 있을 것이다. 장관 인선 발표는 일괄적으로 발표하는 방식에서 벗어나 미국처럼 확정된 사람부터 부분적으로 계속 발표해 나갈 필요가 있다. 너무 서두르다 인사문제를 그르치게 되면 만사를 그르칠 수도 있기 때문이다.

🔔 좋은 총리와 장관 10대 인선 기준

능력 및 자질	
1	의사소통능력이 있는가?
2	환경변화를 잘 예측하고, 올바른 미래 비전을 제시하는가?
3	직원들의 능력을 얼마만큼 잘 활용하는가?
4	국민들로부터 받는 대중적 인지도와 존경도는 어느 정도인가?
5	기존 통념에 매몰되지 않고 혁신적인 생각을 창안해 내는가?
6	임명될 부처에 대한 전문성이 풍부한가?
윤리성	
7	불법/편법 재산증여의 경험이 있는가?
8	납세, 국방의 의무를 회피한 경험이 있는가?
9	재산의 국내외 은닉/도피를 한 경험이 있는가?
10	사법적 처벌 경험이 있는가?

지역안배나 성비등을 고려한 대표성과 대통령에 대한 충성도도 고려해야 함.
출처: 국회 헌정지 2012년 1호, 최창현 교수.

대한민국 각료들의 성공률이 낮다. 각 분야에 있어 국정 운영의 최고의 자리임에도 불구하고 초기에는 상당한 학습과정이 필요하고, 상당 기간 학습과정을 거쳐온 전문관료들의 조직적 저항에 직면할 수도 있다. 이 과정에서 실수를 겪으며 국민들의 입장에서는 낭비를 낳고, 새 대통령의 입장에서는 정책 추진에 어려움을 겪는다. 이 때문에 초기 시행착오를 최소화하고 안정을 위해 각료를 구성할 때에는 다음과 같은 좋은 장관의 10대 인선 기준에 따라 각료를 구성하는 것이 좋을 것이다.

2 실적주의제

(1) 실적주의제의 개념

실적주의(Merit System)란 인사관리의 기준을 구성원들의 능력, 전공, 실적, 성취도, 업적 등에 기초하는 제도를 말한다. 미국에서 실적주의의 출발은 1883년 펜들턴법(Pendleton Act)의 제정으로 본다.

펜들턴법은 공개경쟁시험, 정치적 중립과 신분의 보장, 인사기관의 정치적 중립성을 주요한 특징으로 하고 있다. 즉, 공직에 대한 정치적 영향이나 압력을 최소화하면서 실적, 업적, 또는 자격을 기준으로 인적자원을 선발하고 활용하겠다는 취지이다. 이러한 실적주의는 엽관제의 폐해를 극복하기 위해서 도입된 제도이다. 미국의 행정학의 출발점이라고 할 수 있는 Woodrow Wilson의 「행정학 연구(A Study on Public Administration)」에서 주장하는 정치-행정이원론과도 그 맥을 같이 한다.

미국의 실적제도
1883년 Pendleton법(Pendleton Civil Service Act)의 제정
1) 초당적, 독립적 인사위원회 설치-인사의 정치적 중립성 보장
2) 임용-공개경쟁시험
3) 시보기간-후보의 적격성 여부 확인, 실무습득
4) 제대군인에 대한 특혜 계속 향유
5) 공무원의 정치헌금, 정치활동 금지-공무원의 정치적 중립 최초 규정
6) 인사위원회-인사행정의 개선 위한 자체 조사권한 부여
   연례보고서 대통령을 경유해 직접 의회 보고
7) 실적제 적용대상 범위결정-대통령 재량권
   시행초기 연방공무원의 10%, 1929년 80%

(2) 실적주의제의 장점

실적주의의 장점으로는 균등한 기회의 제공, 공무원의 신분보장, 행정의 계속성과 전문성 향상, 부정부패의 감소 등을 들 수 있다.

첫째, 균등한 기회의 제공이다. 실적주의는 기본적으로 정치적 충성도, 이념에 관계없이 자격이 되는 모든 사람에게 동일한 기회를 제공한다. 공무원이 될 수 있는 기준, 자격, 절차 등을 사전에 정한 다음 그 규정에 입각하여 모든 결정이 이루어지기 때문에 문제의 소지를 최소화하면서 객관성을 확보할수 있다. 둘째, 행정의 계속성과 전문성을 향상시킬 수 있다. 엽관제의 경우 정권이 바뀔 때마다 많은 공직자들이 따라서 바뀌기 때문에 업무의 계속성을 확보하기가 어려울 뿐만 아니라 지식 축적이 어려워서 공직자들이 자신의 분야에 전문성을 확보하는 것이 불가능해 진다. 셋째, 부정부패의 감소를 들 수 있다. 실적주의는 공직을 주관적인 기준이 아니라 객관적인 기준에 입각하여 관리하는 것을 기본 원칙으로 하고 있을 뿐만 아니라 정치적 영향을 최대한 배제하고 있으므로 부정부패의 소지를 최소화 할 수 있다.

> 임용의 원칙(국가공무원법 제26조, 임용령 제5조의2~제10조의2)
>
> 제26조(임용의 원칙) 공무원의 임용은 시험성적·근무성적, 그 밖의 능력의 실증에 따라 행한다. 다만, 국가기관의 장은 업무의 특성이나 기관의 사정 등을 고려하여 장애인·이공계전공자·저소득층 등에 대한 채용·승진·전보 등 인사관리상의 우대와 실질적인 양성 평등을 구현하기 위한 적극적인 정책을 실시할 수 있다.

3 실적주의제의 문제점

실적주의는 크게 개방형 실적주의와 폐쇄형 실적주의로 나눌 수 있는데 이중 어느 것을 택하느냐에 따라 인사행정시스템의 양상이 크게 달라진다. 개방형은 행정조직내에서 중상위직에 새로운 직무가 생기거나 결원이 생겼을 경우에 외부에서의 신규충원을 허용하는 제도이다.

그렇다면 어떠한 경우에 공무원의 충원을 개방형으로 할 것인가? 개방형 직위 지정기준은 다음과 같다. 개방형 직위에 대한 설명은 부록 2를 참조하면 된다.

그림 공무원임용제도의 유형

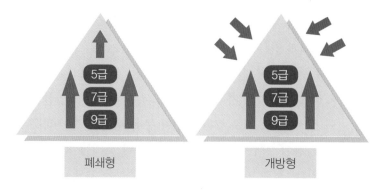

폐쇄형 · 개방형

🔆 **개방형 직위 지정기준**

전문성	• 경험적 또는 학문적 전문지식이나 기술의 수준정도 • 최신지식·기술을 도입할 필요가 있거나 업무환경의 변화속도가 빠른 직위 • 오랜 경험에 의한 전문성이 높게 요구되는 직위
중요성	• 당해직위의 업무를 당해기관의 전체 업무중에서 차지하는 비중 및 대국민 영향과 파급효과의 정도
민주성	• 객관성·공정성이 요구되는 다양한 국민의 시각이나 참여가 요구되는 정도
쇄신성	• 행정환경의 변화가 제도나 행태의 신속한 개선 또는 개혁이 요구되는 정도
조정성	• 부처간 또는 부서간의 이해관계 조정의 필요성 정도

직위분류제(position classification)를 채택하고 있는 미국의 직무중심 인사제도의 근간이 이것인데, 공무원이 담당하는 각 직위에 대해 객관적인 직무분석(job analysis)과 직무평가(job evaluation)를 실시하여 그 결과를 토대로 직무의 종류, 곤란도, 책임도에 관한 과학적인 정보에 따라 직무수행에 적합한 전문가를 쉽게 영입할 수 있다. 공직문호가 개방되어 관료주의화와 공직침체화를 방지하고, 공직의 유동성을 촉진하며 행정의 질적 수준향상과 전문화를 높일 수 있다는 장점이 있는 반면, 신분보장장치가 미흡하여 직업공무원제도의 확립을 어렵게 하는 단점도 있다.

이에 비하여 폐쇄형은 하위직으로만 신규충원을 허용하고, 이후 주로 승진을 통하여 관리자를 내부에서 양성하는 체계이다. 승진을 강조하다 보니 특정 공무원의 능력·지역·신분·학력 등을 기준으로 하는 사람 중심의 계급제가 대표적이다. 농업사회 전통이 강하고 직업공무원제가 일찍부터 발달한 영국·독일·일본 등에서 확립된 제도인데 우리나라도 폐쇄형에 기반을 두고 있다.

실적주의의 문제점으로는 관료의 특권화, 대응성의 약화, 선발기준과 업무와의 연계성 부족 등을 들 수 있다.

첫째, 실적주의제에서 공무원의 과도한 신분보장제는 관료의 특권화 경향이 발생한다. 둘째, 대응성의 약화이다. 상대적으로 강한 신분보장이 되기 때문에 공직자들은 국민의 요구에 신속하게 대응하지 않는 경향을 보인다. 또는 집권세력과 정치적 이념을 공유하지 않을 경우 마찬가지로 외부로부터의 요구에 신속하게 대응하지 않을 수 있다. 셋째, 인사의 소극적 관리이다.

인사제도의 발전 모습을 살펴볼 때 실적주의는 엽관제의 폐해를 종식시키기 위해서 도입된 제도이다. 즉, 더 이상적인 방향을 나아가기 위함이 아니라 기존의 문제점, 특히 부정부패를 근절하기 위해서 채택되었기 때문에 최고의 인적자원을 확보하는 것이 어렵다. 평균적으로 우수한 인력을 확보하기는 상대적으로 수월할 것이다. 마지막으로 선발기준과 업무와의 연계성 부족을 지적할 수 있다. 실적주의에서는 공정성과 객관성을 확보하기 위해서 공개경쟁시험을 치루는 것을 근간으로 하지만 실질적으로 시험에서 더 높은 점수를 받는 것과 업무를 잘 수행하는 것과 연계성을 확보하기가 쉽지 않다.

다져가기 **공무원 시험문제**

엽관주의와 실적주의에 대한 설명으로 옳지 않은 것은? (16 지방직 7급)

① 엽관주의는 행정의 민주화에 공헌한다는 장점이 있다.
② 실적주의는 공무원의 정치적 중립을 강조한다.
③ 잭슨 대통령이 암살당한 사건은 미국에서 실적주의 도입의 배경이 되었다.
④ 엽관주의는 공직의 상품화를 가져올 가능성이 있다.

○ 정답 ③번
가필드 대통령이 암살당한 사건이고, ④는 드루킹 영사직 제의 소문이다.

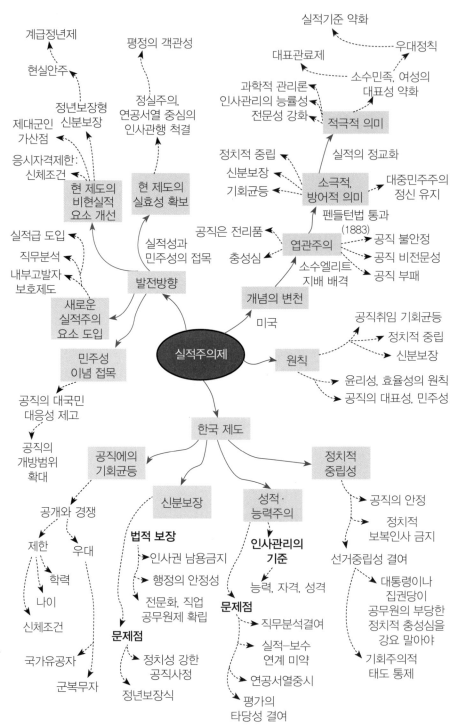

계급정년제

현실안주

정년보장형 신분보장

제대군인 가산점

응시자격제한: 신체조건

실적기준 약화

우대정칙

대표관료제

소수민족, 여성의 대표성 약화

과학적 관리론 인사관리의 능률성 전문성 강화

적극적 의미

실적의 정교화

평정의 객관성

정실주의, 연공서열 중심의 인사관행 척결

정치적 중립

신분보장

기회균등

소극적, 방어적 의미

대중민주주의 정신 유지

현 제도의 비현실적 요소 개선

현 제도의 실효성 확보

펜들턴법 통과 (1883)

공직은 전리품

엽관주의

공직 불안정

공직 비전문성

공직 부패

실적성과 민주성의 접목

충성심

소수엘리트 지배 배격

실적급 도입

직무분석

내부고발자 보호제도

발전방향

개념의 변천

미국

공직취임 기회균등

정치적 중립

신분보장

새로운 실적주의 요소 도입

실적주의제

원칙

윤리성, 효율성의 원칙

공직의 대표성, 민주성

민주성 이념 접목

공직의 대국민 대응성 제고

공직의 개방범위 확대

한국 제도

공직에의 기회균등

정치적 중립성

공직의 안정

정치적 보복인사 금지

선거중립성 결여

신분보장

성적·능력주의

공개와 경쟁

제한

우대

법적 보장

→인사권 남용금지

→ 행정의 안정성

전문화, 직업 공무원제 확립

인사관리의 기준

능력, 자격, 성격

대통령이나 집권당이 공무원의 부당한 정치적 충성심을 강요 말아야

학력

나이

신체조건

국가유공자

군복무자

문제점

정치성 강한 공직사정

정년보장식

문제점

직무분석결여

실적-보수 연계 미약

연공서열중시

평가의 타당성 결여

기회주의적 태도 통제

* 여러분도 배운 내용을 Mindmap으로 정리해 보세요.

생각해 볼 문제 정무직(political appointee)과 직업관료(careerist)는 어떻게 다를까?

🜨 정무직과 직업관료 비교 Ⅰ

구분	정무직	직업관료
지향성	정치지향적	관료제 지향적
정책성패	단기적 관점	장기적 관점
변화	변화지향적	안정지향적
정책문제 정의	정치적 이념	작업 전문성
정책대안의 평가	정치적 반응	소속부처의 이익

🜨 정무직과 직업관료 비교 Ⅱ

A	ppointed for shorter teams 단기간 임용	C	areer—oriented 경력지향적
P	olor in policy positions 정책입장에 있어 정반대	A	ligned with long—team goals of agency 장기적 목표
P	artisan 정파적	R	esponsible for policy implementation 정책집행책임
O	riented toward short—term accomplishment 단기적 목표 및 성과지향적	E	quilibrist 균형지향적
I	gnorant intruders 무지한 침입자 (Gov't of Strangers)	E	xpertise 전문가
N	eed to be sensitive to needs of elected officials, party 정당의 이해에 민감	R	esponsible to professional work more than to party 정당보다는 전문적 업무에 대한 책임성
T	ransient executives 일시적	I	nveterate, permanent 영구적
E	go and self—esteem needs 자아, 자긍욕구	S	ides more with "general public" than with party 정당보다는 국민편에
E	xecutive or mgt—oriented 관리지향적	T	enets(or doctrines) of good mgt are held in common and shared with most careerists 좋은 관리원리는 공유
S	ensitive to own career after public service 공직이후 자신의 경력에 민감	S	ensitive to needs of merit system 업적주의에 민감

직업관료들은 대부분 직업공무원제도의 우산 아래 신분보장이 되어 있다. 1급 공무원의 거의 대부분 직업관료들이고, 차관도 대부분 관료출신들이 맡는다. 심지어 장관 자리에도 직업관료 출신들이 상당수 임명된다. 대통령이라 하여 이러한 관행을 마음대로 바꿀 수 없다. 예컨대 자신의 오랜 참모나 정치적 동지들을 함부로 임명할 수 없다. 반면 미국 대통령은 자신의 철학과 정책방향을 따르는 인사들을 공무원으로 임명할 수 있는 권한이 우리 대통령보다 훨씬 더 크다. 경우에 따라 국장 이상의 자리는 물론 심지어 과장까지 임명하기도 한다.

직업관료는 안정지향적이고 장기적 관점을 갖고 소속부처의 이익을 우선시해 관료조직 내의 부처이기주의와 그로 인한 조직간 갈등으로 인한 업무 조정의 어려움 등도 대통령의 지도력과 개혁의지를 꺾는 중요한 요소가 된다. 대통령이 임명한 장관 등의 정치적 임용자들은 헤클로가 지적하듯 '이방인의 정부' 즉, 종종 정부속의 이방인같은 존재가 되고 만다.

참여정부 때도 이 문제로 개혁과제들이 표류하는 경우가 적지 않았다. 물론 청와대나 총리실이 나서서 가라앉히거나 조정을 하고, 때로는 대통령이 직접 나서기도 한다. 그러나 사사건건 어떻게 다 조정할 수 있을까? 눈에 띄는 중요한 문제들에나 나서고 나머지 크고 작은 것들은 알게 모르게 그대로 진행된다. 그래서 대통령과 정부의 개혁의지나 개혁과제의 발목을 잡게 된다.

참여정부 초기에 신성장동력사업이 있었다. 디지털 콘텐츠, 텔레마틱스(telematics), 홈오토메이션, 차세대 전지 등 10개의 새로운 성장동력을 육성하는 사업이다. 미래의 먹거리를 만드는 사업으로, 이명박 정부도 이 개념을 그대로 받아 주요 R&D 사업을 국정과제로 관리한바 있고 현 정부를 비롯한 앞으로의 정부에서도 중요한 먹거리 산업이 될 분야들이다.

문제는 이 사업들의 관할부처를 정해야 하는데, 이게 보통 문제가 아니다. 현재는 산업통상자원부, 문화체육관광부, 과학기술정보통신부가 모두 자신들이 맡아야 한다고 주장한다. 이러한 문제점은 거의 모든 정부에 해당된다.

4 관료제의 순기능과 역기능

관료제의 순기능이란 하나의 체제로서 관료제가 이루고자 의도하거나 인지하는 기능으로서, 그 체제의 적응과 조정을 촉진하고 도와주는 기능이다. 반면에 관료제의 역기능(dysfunction)이란 관료제가 하나의 체제로서 본래 의도하거나 인지하지 않는 기능으로서 그 체제의 적응과 조정을 저해하거나 해치는 기능을 말한다. 베버는 법과 규칙, 계층제, 문서주의, 비인간화, 전문화, 연공서열 및 업적이 지배하는 조직이 관료제이며, 그러한 관료제야말로 최고의 기능적 합리성과 능률성을 고양할 수 있다고 봤다. 이와 같은 맥락에서 이해하는 기능이 관료제의 순기능이다. 그러나 관료제는 위와 같은 여러 가지 특징에서 비롯되는 비의도적이며 비인지적인 기능 혹은 그 체제의 적응과 조정을 감소시키거나 해치는 역기능을 수행한다.

(1) 순기능 현상

관료제의 특성은 크게 다음과 같은 여섯 가지로 요약할 수 있다.

① 분업의 원리에 입각한 전문화

관료제의 특성은 과업의 분업(division of labor)과 전문화(specialization)이다. 조직의 복잡한 업무를 효율적으로 처리하기 위해서는 역할을 체계적으로 분화하고 각 분야에서 전문적인 능력을 지닌 구성원들이 분담된 일만을 처리한다. 노동은 채플린의 영화 모던 타임즈에 나오는 조립라인 장면에 묘사된 것처럼 세분화된 단계로 나뉘어 진다. 전문화를 강조함으로써 자격과 능력을 가진 전문행정가를 충원해 행정 능률을 높인다.

Charlie Chaplin의 영화 Modern Times 중 조립라인 장면

② 계층제적 체제

계층제적 체제(hierarchical system)이다. 조직 내의 모든 지위는 권한과 책임의 정도에 따라 피라미드 형태로 서열화되어 있다. 주요 결정 사항은 상층부에서 중간층을 거쳐 하위층까지 수직적으로 하달된다.

③ 규칙, 규정주의

규칙(rules)과 규정 그리고 표준 운영절차(standard operating procedure; SOP)에 따른 과업 수행이다. 관료 조직은 모든 활동이 일관된 규칙과 절차에 의해서 지배된다. 규칙과 절차는 업무를 표준화시켜서 인원의 변동에 관계없이 조직 운영의 안정성과 연속성을 보장해 준다. 또한 법과 규칙을 강조함으로써 조직구조의 공식성을 제고하고, 조직활동과 절차의 정확성을 촉진해 준다.

④ 문서주의

모든 것이 기록되는 문서주의이다. 문서주의를 강조함으로써 직무 수행의 공식성과 객관성을 확립하고 결과를 보존한다.

⑤ 비인간화

비인간화(비정의화)를 강조함으로써 인간의 감정을 배제하고 객관적인 법규에 근거한 행정을 촉진하고 공평무사한 업무 수행을 가능하게 한다.

⑥ 연공서열제

경력에 따른 보상이다. 관료제는 구성원의 업무 수행의 경험과 훈련을 중시하고 신분을 보장해준다. 조직 서열 구조에서 어느 지위에의 임명 또는 승진은 연공 서열과 업적에 바탕을 둔다. 뿐만 아니라 높은 지위에는 그에 걸맞은 보상, 즉 보다 높은 봉급과 권한이 부여된다.

⑦ 공개경쟁

마지막으로 지위 획득의 기회 균등이다. 관료제의 모든 직책은 지연, 혈연, 학연과 같은 인맥적인 요소가 아니라 전문적인 자격과 능력을 기준으로 한 공개 경쟁을 통해서 충원된다. 따라서 지위 획득의 기회가 공평하게 주어진다. 구성원에 대한 편견이 없고, 모든 구성원은 불편부당하게 취급된다.

이러한 특성 때문에 관료제는 다음과 같은 장점을 갖는다. 우선 관료제는 거대한 조직의 과업을 효율적으로 처리할 수 있기 때문에 능률적이다. 즉 관료제를 통한 업무 처리는 정확, 신속하다. 관료 조직은 위계적이고 규칙과 명령에 의존함으로써 안정적이다. 책임과 권한이 분배되어 있으므로 성원간의 갈등도 줄어든다. 원리 원칙에 따르는 보편주의 성격을 띠기 때문에 정실, 연고, 족벌주의와 같은 것을 배척할 수 있어서 공평하다.

관료제의 장점은 분업이 능률성을 확보해주고, 정실주의를 감소시켜준다. 업무가 표준화되어 있어서 구성원이 바뀌어도 일정한 훈련을 받은 자격 있는 성원을 대신 교체하여 지속적인 업무 수행을 할 수 있다. 그러나 관료제의 병폐 혹은 병리현상(pathology) 또한 심각하다.

(2) 역기능 현상

① 분업의 원리에 입각한 전문화

전문화를 강조함으로써 '훈련된 무능'(전문화로 인해 한 가지 일에는 능하나 다른 일에는 무능한 현상), 자신의 소속기관만을 중요시하여 타기관과의 협조와 조정의 곤란, 할거주의(sectionalism), 조직구성원의 도구화, 반복적인 일에 대한 흥미 상실 현상이 발생한다. 다음 박스는 자신의 소속기관만을 중요시하여 타기관과의 협조와 조정의 곤란, 할거주의 (sectionalism) 내지는 부처이기주의를 나타내 주고 있다.

경향신문 1995.2.23 참조.

현재는 1995년 분리되었던 건설부와 교통부가 다시 이름만 바꿔 국토교통부이다.

문화체육관광부, 과학기술정보통신부, 산업통상자원부의 부처목적과 기능이 중복
---C-P-N-D 생태계를 둘러싼 부처간의 이기주의

다음 그림에서 보여 지듯이 싸이의 성공은 뮤직 비디오 강남스타일 등의 콘텐츠(Contents)가 유튜브 등의 플랫폼(Platform)을 통해 유통되어 시너지 효과를 극대화한 사례이다. 이해하기 쉬운 예를 들어보자. 만일 당신이 엄청 빠른 속도의 인터넷 즉 네트워크(Network)를 가지고 있고, 1,000만원 상당의 한정판 iPAD 즉 디바이스(Device)를 가지고 있다고 하자. 하지만 이렇게 훌륭한 기기를 갖고 있더라도 좋은 콘텐츠가 없다면 별 효용이 없을 것이다.

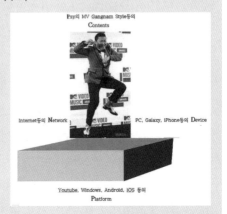

즉 C-P-N-D ICT 생태계에서 무엇보다도 콘텐츠(C)가 중요하고 이 콘텐츠를 만들어 내는 것 중에서 가장 핵심적인 것이 바로 창조력이다.

다음 문화체육관광부 조직도처럼 콘텐츠 관련 부서가 이미 있으나, 과거의 미래창조과학부에도 유사한 디지털 컨텐츠과가 만들어 졌다. 또한 문화체육관광부의 미디어정책과가 있는데도 불구하고, 과학기술정보통신부에 유사한 뉴미디어정책과가 있다. 부처의 목적과 기능이 중복되는 것이다.

▶ 그림 **문화체육관광부 조직**

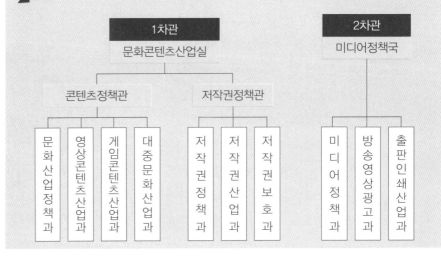

② 계층제적 체제

계층제적 구조를 중시함으로써 조직 내의 의사소통의 왜곡과 지연, 의사 결정의 교착, 상급자의 권위에 의존, 상.하 직원 간의 권력 격차, 책임의 회피와 전가, 권력의 집중과 과두제의 철칙(iron law of oligarchy) 현상이 나타난다. 관료 조직체는 몇 사람의 손에 모든 권한이 집중되어 있기 때문에, 중앙 집중적 획일화로 권위주의적 사고에 젖기 쉽다. 또한 이들 소수가 자신들의 이익을 증진시키기 위해 조직의 직책들을 이용하기 쉽다.

> 과두제의 철칙이란 개념은 독일의 정치사회학자 미헬스(Robert Michels)가 그의 저서 「현대 민주주의의 정당사회학」(1911)에서 밝힌 것이다. 그에 의하면 1차 세계대전 이전 유럽 몇 나라의 사회주의 정당과 노동조합들은 급진적 사회주의 혁명을 실현하기 위해 창설되었던 것이나, 실제 활동하는 과정에서 이들 정치 단체의 지도자들은 사회변혁을 추구하기 보다는 자기들의 지위(地位) 유지를 위하여 권력 기반의 구축에만 급급하여 사회주의 혁명이라는 원래 목표는 간판격[수단]으로 내세우고 목표 달성의 수단인 지위 유지에 최대의 노력을 기울였다는 것이다. 이러한 목표대치의 현상을 지적하여 미헬스는 과두제의 철칙이라 하였다.
> (네이버 지식백과, 과두제의 철칙[寡頭制~鐵則, iron law of oligarchy], 이해하기 쉽게 쓴 행정학용어사전, 2010.3.25. 새정보미디어)

③ 규칙, 규정주의

규칙과 규정을 강조함으로써 조직 안에서의 상황의 요청을 무시하고 특정한 규범에 지나치게 동조하는 동조과잉(overconformity), 수단이 목표화되는 목표와 수단의 대치현상(goal displacement), 획일성과 경직성, 변화에 대한 저항, 환경 변화에 대한 소극적이고 부적절한 대응 등이 발생한다.

업무가 표준화되어 있기 때문에 자신에게 주어진 일만 할 뿐 자발성이나 창의성이 발휘되기는 힘들고, 형식주의와 무사안일주의 등이 발생한다.

④ 문서주의

문서주의에 입각한 형식주의, 서면주의, 번문욕례(red tape) 현상이 나타난다. 따라서 업무 처리의 경직성과 비효율성 현상이 발생한다. 번문욕례는 간단한 일을 수행하는데 복잡한 절차를 거치게 만든다. 병원에 응급 환자가 왔을 때 병원 규정에 따라 복잡한 수속을 먼저 거쳐야 하는 등의 문제가 이에 해당한다. 관료제의 전반적인 효율성의 부산물로 나타나는 비효율성(inefficiency)의 문제이다.

⑤ 비인간화와 인간 소외(alienation)

비인간화를 강조함으로써 인간적인 감정이 메마르고 냉담한 관료들의 행태가 나타난다. 찰리 채플린의 영화 '모던 타임즈(Modern Times)'를 보면 채플린이 공장에서 기계적으로 나사만 죄는 장면이 나온다. 이것은 자신이 무엇을 만드는 지도 모른 채 쉴 틈 없이 밀려오는 일거리를 거의 무의식적으로 반복하며, 주어진 규칙과 절차의 객체로 남게 되는 인간 소외를 잘 보여주고 있는 장면이다.

⑥ 연공서열제

지나친 연공서열제는 무조건 오래 근무한 공무원이 성과와 무관하게 더 많은 봉급을 가져가는 현상을 초래하기도 한다. 연공서열이 중시될 경우 무능한 장기근무자도 보호를 받고, 업적을 강조하는 경우에는 장기 재직자의 사기를 저하시킨다.

⑦ 공개경쟁

공개경쟁은 지극히 당연한 일이지만 정부 관료제내 고위직에 여성의 비율이 과도하게 적다는 점, 한국적인 특수한 상황에서 특정 지역의 고위직 점유 등의 문제를 초래하기도 한다. 대표관료제라는 측면에서 지역적 안배, 장애인이나 여성에 대한 적극적 조치(afirmative action)등도 필요하다.

⑧ 한국적 관료제 역기능

한국뿐만 아니라 다른 국가에도 있겠지만 특히 위에서 아래로는 갈구고 아래에서 위로는 비비는 갈비원칙이 자주 발생하기도 한다.

> 휴 헤클로(Hugh Heclo) 교수는 「이방인들의 정부(Gov't of Strangers)」라는 저서에서 정무직은 관료제에서 이방인이어서 정치적으로 임명된 사람들이 관료조직 속으로 대거 들어왔다가 정권이 바뀌면 대거 나가기 때문에 당연히 직업관료에 대한 장악력이 어려운 현상을 빗대어 이방인들의 정부(Gov't of Strangers)라고 주장한다.

정무직 공무원과 직업관료 간의 일반적인 성향 차이에 대한 내용으로 옳지 않은 것은? (17 지방직 9급)

① 정무직 공무원은 재임기간이 짧기 때문에 정책의 필요성이나 성패를 단기적으로 바라보지만, 직업관료는 신분보장이 되어있기 때문에 장기적으로 바라보는 경향이 있다.

② 정무직 공무원은 행정수반의 정책비전에 따른 변화를 추구하고, 직업관료는 제도적 건전성을 통한 중립적 공공봉사를 중시한다.

③ 정무직 공무원은 직업적 전문성(professionalism)에 따라 정책문제를 바라보고, 직업관료는 정치적 이념에 따라 정책문제를 정의한다.

④ 정책대안을 평가할 때 정무직 공무원은 조직 내부의 이익보다 정치적 반응에 더 큰 비중을 두고, 직업관료는 본인이 소속된 기관의 이익을 중시하는 경향이 있다.

○ 정답 ③번

03 대표관료제와 적극적 조치

1 대표관료제의 개념

대표관료제(representative bureaucracy)의 기본 개념은 정부 조직을 성별, 지역별 등의 인구통계학적 비율에 맞추어 구성함으로써 각 집단의 이해가 정부정책에 공평하게 반영될 수 있도록 하는 것이다.

대표관료제라는 용어를 창안한 사람은 킹슬리(Donald Kingsley)이다. Kingsley는 실적주의의 문제를 극복하기 위한 책임적인 관료제는 대표적 관료제에서만 찾아볼 수 있다고 주장하였다. 이러한 대표관료제에 관한 요구가 한때 잠잠했으나 1960년대 이후 미국에서 다시 강력히 제기되었다. 소수인종과 여성들을 보다 많이 고위직 공무원으로 기용함으로써 관료제의 대표성을 높여야 한다는 것이다.

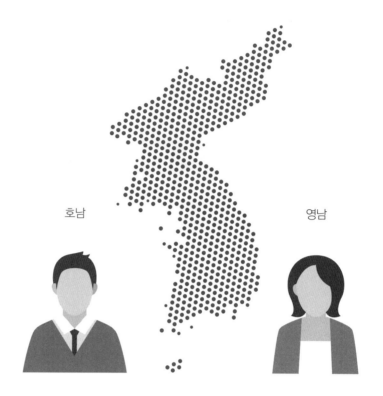

그림 대표관료제

호남　　　　　　　　　　　　영남

대표적 관료제는 여러 가지로 정의 할 수 있겠으나 Van Riper는 대표적 관료제를 직업적·계급적·지역적 배경으로 보아 모든 계층, 모든 집단을 비교적 균형있게 대표하는 사람들로 구성될 뿐만 아니라 대체적으로 그 사회의 에토스(ethos)와 태도를 반영하는 관료제라고 정의하고 있다.

대표적 관료제의 중요성을 강조하는 사람들은 다음과 같은 세 가지 가정을 내세운다.

첫째, 관료제가 정책을 집행할 뿐만 아니라 정책을 결정한다. 둘째, 관료제에 대한 외부적 통제방안, 특히 입법부에 의한 통제가 별로 실효를 거두지 못하고 있다. 셋째, 따라서 행정책임 확보를 위한 실효성 있는 방안으로서 대표적 관료제를 들 수 있다는 것이다.

모셔(F. Mosher)는 대표성의 개념을 소극적 대표성과 적극적 대표성으로 구분하여 설명했다. 소극적 대표성은 관료제의 인적구성의 대표성을 의미하며, 적극적 대표성은 관료가 출신 집단의 이익과 열망을 정책과정에서 적극적으로 옹호하는 것을 의미한다.

대표적 관료제

출처: https://study.com/cimages/videopreview/representative-government-definition-and-examples1
_124454.jpg.

2 적극적 조치(Affirmative Action)의 개념

적극적 조치(affirmative action policy)는 과거로부터 유래된 차별을 보상하는 보상적 처우에 의하여 소외집단의 구성원들이 공직내에 적절하게 대표될 수 있도록 하는 정책적 수단이다. 이는 과거의 불편부당한 차별에서 초래된 역사적 불이익 또는 손실을 보상하려고 고안한 일종의 보상적 차별을 의미한다. 적극적 조치는 소외집단 출신자에 대한 임용상의 인위적 장벽을 제거할 뿐만 아니라 실제로 공평한 임용결과까지도 보장하려는 의도를 지닌 특별한 노력이라고 할 수 있다(오석홍, 1993; Palumbo, 1991).

적극적 조치는 전통적인 기회 균등의 개념과는 다른 차원에서 이해되어야 한다. 즉 적극적 조치는 공직 임용을 위해 경쟁할 수 있는 기회의 균등을 보장하려는데 역점을 두고 있는 것이 아니라 경쟁결과에 있어서의 균등을 보장하려는데 역점을 두고 있다. 적극적 조치의 주된 보호 대상은 여성, 장애인, 소수인종 등이며 이들 출신집단에 대하여 임용과정에서의 특별배려, 교육훈련기회

부여에서의 우대, 채용할당제, 승진할당제 등의 정책적 우대수단을 적용하고 있다. 적극적 조치의 가장 강력한 정책수단은 채용할당제이며, 그 합헌성에 대한 논란은 꾸준히 계속되고 있다.

한국의 대표관료제 적용 사례는?

1. 장애인 고용의무할당제
2. 양성평등채용목표제
3. 지역인재할당제(토익점수 학점 등의 자격조건으로 각 대학에서 추천하는 7급 공무원 채용제도)
4. 상세한 적용 사례는 Naver에서 균형인사지침 법령정보센터 검색

생각해 볼 문제 대표관료제가 왜 실시되어야 한다고 생각하는가?

평등 대 형평

인종간, 남녀간 역사적 차별을 고려하지 않는 건 평등, 배려하면 형평

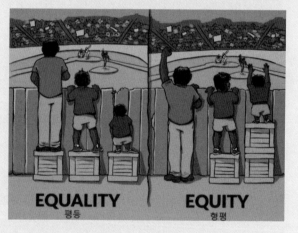

한국의 실정은 형평은 커녕 평등하지도 못한 불평등 사회를 묘사

100m경주비유

과거 노예였던 흑인의 후손들이나 참정권이 늦게 주어진 여성은 출발도 한참뒤에

백인처럼 할아버지나 아버지에게서 유산도 물려받지 못했고

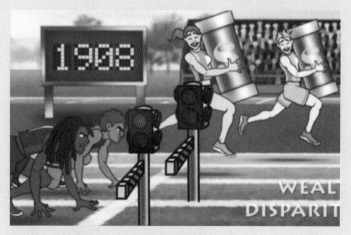

인종차별이나 성차별을 당했고

그래서 과거의 차별을 보상해 줘야 한다는 것이 바로 적극적 조치(Affirmative Action)이다.

지방자치단체 여성 공무원이 처음 10만명을 돌파해 지자체 공무원 10명 중 3명은 여성인 것으로 나타났다. 하지만 5급 이상 여성관리자 비중은 12.6%에 불과해 고위직으로 올라가면 유리천장은 여전히 견고했다(Naver에서 성격차지수를 검색해 보자).

3 주요 국제기구와 외국의 적극적 조치(Affirmative Action) 연구

(1) UN, OECD 등 세계 국제기구의 Affirmative Action에 대한 동향분석

UN과 OECD 등 국제기구에서는 공석 발생시 공모를 통해 수시 충원을 원칙으로 하며 능력주의를 원칙으로 한다. 그 밖에 지역 혹은 국가안배를 고려하는 유엔국별경쟁 채용시험과 일부 UN산하기구의 영프로페셔널제도 두 가지 제도가 있다. OECD에도 영프로페셔널제도가 있어 지역안배를 고려하고 있다.

① UN사무국의 지역안배

유엔국별경쟁 채용시험(national competitive recruitment examination)이 하나의 제도로서 시행되고 있다. 이 제도를 통해 유엔은 직원채용시 지리적 배분원칙을 적용하여 국가별 안배를 고려하며, 예산분담률 대비 적정진출규모에 미달하는 회원국의 국민을 대상으로 국별경쟁시험을 실시하여 P-1~P-3급 실무직원을 신규채용한다.

② UN 및 OECD의 영프로페셔널제도(young professional program)

UN기구의 공석은 세계 각국의 후보자를 대상으로 공모하는 것이 원칙이지만, 일부 국제기구에서는 현저히 과소진출 상태에 있는 회원국 국민의 채용을 촉진하기 위해 해당국 정부추천자에 대해 서류전형 및 면접을 실시해 young professional을 선발, 이들을 일정기간 실무수습을 시킨 후 근무실적에 따라 정규직원으로 채용하는 young professional program을 실시한다.

OECD에서도 유사제도가 도입되었다. 본 제도는 두 가지 기능을 동시에 가지고 있다. 최상의 전문가를 모집하고 이사회 간의 이동 근무가 원활하도록 하기 위함이 목적이다.

(2) 외국사례의 비교

① 미국의 사례

미국의 초기 적극적 평등실현조치의 중요한 특징은 과거부터 소외되어 왔던 사회적·경제적 약자들을 위한 적극적 보상조치라는 점이다. 1960년 이전에는 미국 주정부나 연방정부 전역에서 사회적 약자들을 위한 적극적 보호조치가 마련되어 있지 않았다. 미국에서도 성별과 관련한 차별적 대우는 여성에 한 사회적 편견 및 차별과 관련이 있다. 역사적으로 남성보다 여성에 한 사회적 관심이 저조했던 것이다. 단적인 예로 미국 학교에서 선생님들의 여학생에 한 관심은 남학생에 한 관심보다 높지 않았다(Wildman, 2001: 430). 이러한 성에 대한 편견은 여성의 한 사회적 불평등을 초래하였다.

그래서 미국은 과거의 차별에 대한 보상의 일원으로 공무원 채용시 반드시 일정비율의 여성이 면접위원이나 인사위원회의 위원으로 참여토록 하여 일정비율의 여성이 채용되거나 또는 승진되도록 하고 있다. 실제 미시간 주의 경우도 국장급과 중간관리자급에 여성공무원이 30-40% 정도되는데, 이 또한 국장급 및 중간관리자급에 일정비율의 여성이 충원되도록 인사위원회에서 사전심사하고, 충원이후에도 계속 여성공무원 현황을 점검하여, 여성공무원의 비

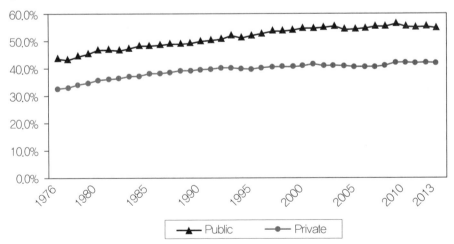

그림 1976년-2013년 미국 정규직 여성 비율

출처: Mayer(2014: 10).

율이 낮은 경우 이를 개선하도록 하고 있다. 만일 여성공무원의 참여에 대해 제대로 이루어지지 않은 기관에 대하여는 언론에 이를 공표하던지 또는 정부와 계약을 맺고 있는 기업체의 경우 지원예산을 삭감하는 방법을 채택하고 있다.

미국에 있어 여성 공무원이 증가하고 상위직의 진출이 확대된 것은 고용기회균등위원회(EEOC)와 인사위원회 내 여성이 일정비율 이상을 반드시 포함되도록 하는 시스템의 역할이 컸다. 실제 1965년 연방정부는 시민권법(Civil Right Act, 1964) 제7장(Title VII)에 근거하여 EEOC를 설치하였다. 실제 EEOC는 고용계약에서 인종, 성, 지역 및 연령 등에 의해 채용, 승진 및 보수 등 인사상 차별을 받는 경우 이를 조사하여 각 기관에 이를 시정해 왔다.

② 독일의 사례

독일의 기본법은 남녀 차별금지의 원칙을 헌법조문에 포함시키고 있다. 연방행정에 있어서 여성공무원 등의 채용과 승진시 기회의 개선, 연수기회의 확대, 직업과 가정의 조화조치 그리고 고위직에 여성의 진출이 부진한 구조의 개선 등을 내용으로 하는 '연방정부에 있어서 여성의 직업적 지원에 관한 지침'을 결의하였다. 이후 "연방의 공공분야에서의 남녀평등권실현에 관한 법"을 제정하였다.

독일은 1980년대 이후 남녀평등권의 실현을 위해 정치·행정적으로 연방, 주, 지방자치단체에서 제도 및 정책적으로 성과를 이루어왔는데, 이를 담당하는 부서가 바로 평등지위 부서이다. 여성지원법의 적용을 받는 모든 행정기관은 여성담당관과 협력하여 여성이 적게 대표되어 있는 모든 분야에서 고위직을 포함하여 채용과 승진시 여성비율을 높이기 위한 여성고용촉진계획을 수립, 적극적인 조치를 포함하도록 되어 있다. 특히 여성의 진출이 미약한 분야의 채용시 여성의 적극적인 응모를 격려하고 있으며, 동 법률(FFG)은 고위직이나 성과업무직에 전일고용형태와 함께 시간제고용형태도 도입하도록 규정하고 있다. 주 차원에서도 여성지원법에 근거하여 여성정책담당관은 관련분야에 여성이 50%보다 적은 경우에는 채용, 승진, 연수기회 및 위원회의 임명에 있어 동일한 자격을 갖춘 여성에게 우대하도록 하고 있다.

③ 일본의 사례

일본의 경우도 우리나라와 비슷하게 여성공무원의 관리직 비율이 낮고, 여성공무원들은 주로 하위직에 몰려있는 상황이다. 일본의 경우 아직 여성의 공직참여 확대를 위하여 중장기계획의 수립이나 채용목표제를 채택하고 있지 않으나, 그간 나름대로 여성의 공직확대를 위하여 노력해 왔다. 실제 일본은 국가공무원 채용시험에 있어 여성에 대해 시험제한을 해왔던 각 성청에서 실시하는 국가공무원시험에 현재로는 모든 직종의 국가공무원 채용시험에 여성 응시 제한이 폐지되었다.

특히 일본은 1999년 6월 남녀참획사회기본법을 제정하여 국가 및 지방자치단체들은 남녀참획사회의 형성을 위하여 기본계획을 수립하고, 그 구체적인 시책과 이행결과에 대해 매년 국회에 결과를 제출하도록 하고 있는데, 매년 여성의 정치 및 정책결정과정에의 참여확대를 위하여 총리부가 점검하고, 이행계획을 수립하고 있다. 아울러 일본은 향후 필요한 분야에 대하여 적극적 조치도 채택할 것으로 동 법은 규정하고 있어 보다 빠른 속도로 여성의 공직참여가 확대될 것으로 전망된다.

4 한국의 적극적 조치(Affirmative Action) 현황

(1) "양성평등채용목표제"의 현황 및 정책적 문제점

① 양성평등채용목표제의 추진경과

1995년 행정자치부 필두로 행정법 노동법 여성발전기본법 제정 → 1999년부터는 모든 공무원 공개채용시험에서 합격자의 20%를 여성으로 충당하도록 함 → 2000년 군자산점 제도 폐지 이후 역차별 문제 제시 → 2002년 여성채용목표제의 시한이 끝나면서 양성평등목표제로 변경 후 2007년까지 시행 → 2017년 균형인사지침으로 2022년까지 연장시행.

② 양성평등채용목표제의 현황 및 정책적 문제점

그림 균형인사 기본계획

출처: http://www.mpm.go.kr/mpm/comm/policyPR/mpmFocus/?boardId=bbs_0000000000000127&
mode=view&cntId=28&category=(2019.1.14. 접근)

그림 직급별 여성공무원 비율

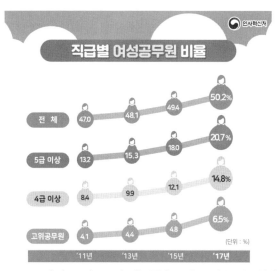

출처: http://www.mpm.go.kr/mpm/comm/policyPR/mpmFocus/;jsessionid=bqmVBPIu4cZYC
QgS3A9IAJYd.node05?boardId=bbs_0000000000000127&mode=view&cntId=32&category=
(2019.1.14. 접근)

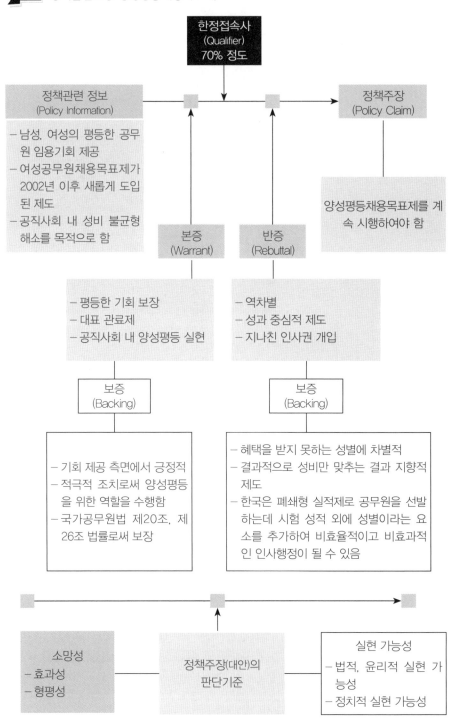

한정접속사
(Qualifier)
70% 정도

정책관련 정보
(Policy Information)

－남성, 여성의 평등한 공무
원 임용기회 제공
－여성공무원채용목표제가
2002년 이후 새롭게 도입
된 제도
－공직사회 내 성비 불균형
해소를 목적으로 함

정책주장
(Policy Claim)

양성평등채용목표제를 계
속 시행하여야 함

본증
(Warrant)

반증
(Rebuttal)

－평등한 기회 보장
－대표 관료제
－공직사회 내 양성평등 실현

－역차별
－성과 중심적 제도
－지나친 인사권 개입

보증
(Backing)

보증
(Backing)

－기회 제공 측면에서 긍정적
－적극적 조치로써 양성평등
을 위한 역할을 수행함
－국가공무원법 제20조, 제
26조 법률로써 보장

－혜택을 받지 못하는 성별에 차별적
－결과적으로 성비만 맞추는 결과 지향적
제도
－한국은 폐쇄형 실적제로 공무원을 선발
하는데 시험 성적 외에 성별이라는 요
소를 추가하여 비효율적이고 비효과적
인 인사행정이 될 수 있음

소망성
－효과성
－형평성

정책주장(대안)의
판단기준

실현 가능성
－법적, 윤리적 실현 가
능성
－정치적 실현 가능성

그림 양성평등채용목표제 적용현황(2008-2017)

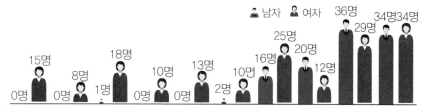

👨 남자 👩 여자

구분	'08년		'09년		'10년		'11년		'12년		'13년		'14년		'15년		'16년		'17년	
계	0	15	0	8	1	18	0	10	0	13	2	10	16	25	20	12	36	29	34	34
5급	–	2	–	–	1	4	–	–	–	–	2	2	–	3	1	–	–	3	–	3
7급	–	8	–	5	–	10	–	8	–	11	–	8	6	7	3	2	1	6	1	9
9급	–	5	–	3	–	4	–	2	–	2	–	–	10	15	16	10	32	20	33	22
외교관	–	–	–	–	–	–	–	–	–	–	–	–	–	–	–	–	3	–	–	–

양성평등채용목표제의 적용으로 9-5급의 성 비율이 어느 정도 맞춰지게 되었다는 점에서 성공적이었다고 할 수 있다. 2008년에는 수혜자의 비율이 남성은 0명, 여성은 15명이었는데, 17년도에는 남성 34명, 여성 34명으로 인원수가 맞춰지게 되었다. 하지만 여전히 관리직급 여성 공무원은 남성에 비해 비율이 현저히 적은 것으로 나타나고 있다.

(2) "장애인 공무원채용제도"의 현황 및 정책적 문제점

🌐 장애인 의무고용률 비교(2016년 고용노동부 통계)

구분	민간	공공기관	정부	중앙부처	지자체	교육청	헌법기관
의무고용률	2.7%	3%	3%	3%	3%	3%	3%
고용률 (인원)	2.56% 127,926	2.96% 11,444	2.81% 20,850	3.44% 5,014	4.08% 9,235	1.72% 6,031	2.61% 570

장애인 의무고용률 현황을 살펴보면, 중앙부처와 지자체를 제외한 나머지 공공분야에서는 의무고용률인 3%에 미치지 못하는 것으로 나타나고 있다. 한국의 공공분야의 장애인 적극적 우대정책은 외국과 우리나라 민간기업체의 적용 법적 이행장치보다 극히 미약하다는 점과 적용제외율 제도가 포괄적이며, 기준고용률이 지나치게 제한된다는 점 등 몇 가지 문제점이 노출되고 있다.

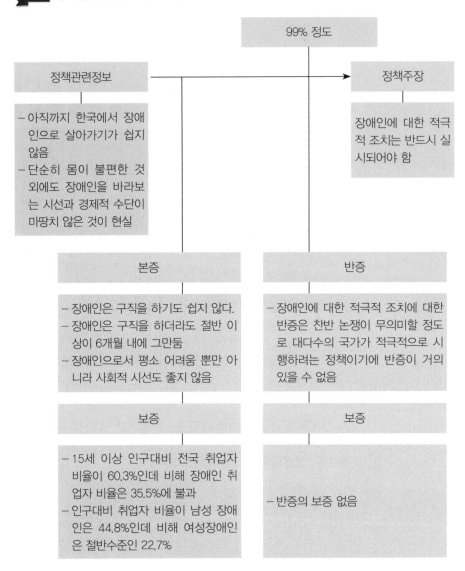

그림 장애인에 대한 적극적 조치

99% 정도

정책관련정보
- 아직까지 한국에서 장애인으로 살아가기가 쉽지 않음
- 단순히 몸이 불편한 것 외에도 장애인을 바라보는 시선과 경제적 수단이 마땅치 않은 것이 현실

정책주장
장애인에 대한 적극적 조치는 반드시 실시되어야 함

본증
- 장애인은 구직을 하기도 쉽지 않다.
- 장애인은 구직을 하더라도 절반 이상이 6개월 내에 그만둠
- 장애인으로서 평소 어려움 뿐만 아니라 사회적 시선도 좋지 않음

반증
- 장애인에 대한 적극적 조치에 대한 반증은 찬반 논쟁이 무의미할 정도로 대다수의 국가가 적극적으로 시행하려는 정책이기에 반증이 거의 있을 수 없음

보증
- 15세 이상 인구대비 전국 취업자 비율이 60.3%인데 비해 장애인 취업자 비율은 35.5%에 불과
- 인구대비 취업자 비율이 남성 장애인은 44.8%인데 비해 여성장애인은 절반수준인 22.7%

보증
- 반증의 보증 없음

(3) 지역인재할당제와 지방인재채용목표제의 내용 및 문제점

지역인재할당제는 공직 채용에 있어서 중앙과 지방의 균형있는 발전을 제고하기 위하여 국가(중앙정부)가 시행하는 특정 시험을 대상으로 선발 예정인원의 전부 또는 일부를 성적에 관계없이 지역별 인구비례로 선발하거나 지방(대학) 출신자를 일정비율 이상 선발하는 채용제도를 말한다.

기대효과로는 첫째, 중앙과 지방의 균형있는 발전으로 국가경쟁력을 제고할 수 있다. 둘째, 서울로의 인재집중이 완화되므로 인구 분산효과를 유발할 수 있다. 셋째, 지방대학의 우수인재 확보로 지방산업·문화발전을 촉진할 수 있다는 것 등을 들 수 있다.

그림 정책논변모형: 지역인재할당제

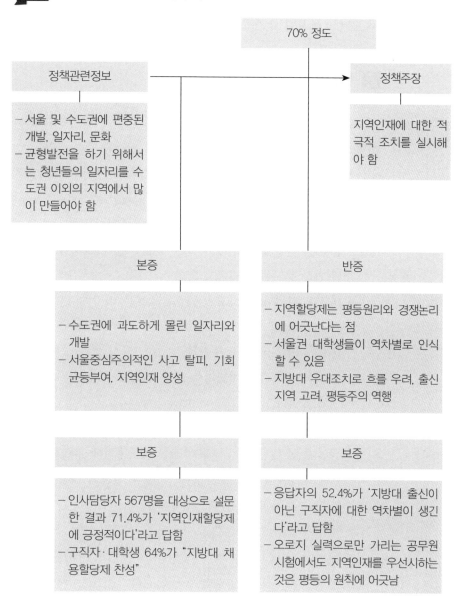

하지만 예상문제점으로는 시·도마다 소재 기관과 대학의 수 및 정원이 서로 달라 시·도간 형평성에 어긋날 수 있고 기관 내 특정 대학 파벌이 형성될 우려도 있다. 또한 양질의 교육을 받기 위해 서울 등 타 지역에서 학업을 이어 나가는 우수한 지역인재들의 지역 정착을 어렵게 하고 있다. 서울에서 나고 자랐더라도 지역대학을 졸업하면 지역인재에 해당하는 반면, 지역에서 나고 자랐음에도 서울 소재 대학을 졸업하면 지역인재에서 제외되는 역차별이 발생하고 있다는 문제점 등이 있다.

5 대표관료제 이론 비판

대표관료제 이론에 대해서 여러 가지 비판이 제기되고 있는데 이를 종합하면 다음과 같다.

- 인사행정론에서 대표적 관료제에 대하여 제기하는 비판은 대표적 관료제가 어떻게 실적주의 공무원제와 양립할 수 있느냐는 것이다. 이에 대하여 대표적 관료제의 지지자들은 전통적인 필기시험을 위시한 각종의 공무원 선발제도가 과연 객관적이며 업무수행능력을 정확히 측정하느냐 하는 문제를 제기하고 있다.
- 대표적 관료제의 '대표성'과 '책임성'을 어떻게 측정하느냐는 방법론상의 문제도 제기되고 있다. 최근의 대표적 관료제에 관한 많은 연구가 이 문제에 많은 관심을 표명하고 있다. 다시 말해서 '대표성'의 제고가 '책임성'의 증대를 가져왔다는 것을 어떻게 입증하는 가에 많은 자원을 할애하고 있다.
- 초기 대표관료제 이론에서는 대표성의 구분이 없었다. 즉, "관료에 임용되면 출신 집단의 가치와 이해를 정책과정에 투입한다"는 가정 하에 관료제의 인구통계학적 구성은 곧 출신 집단의 다양한 가치와 이해의 반영으로 직접 해석되었다. 그러나 Mosher(1968)는 기존의 단일한 대표성에 의문을 제기하고, 대표관료제를 '적극적 대표성(active representation)'과 '소극적 대표성(passive representation)'으로 구분하여 설명하였다.

적극적 대표성은 초기 관료제 이론에서의 단일한 대표성과 동일하다. 다시 말해, 관료들이 출신 집단의 이익을 대변하기 위해 정책과정 등에서 적극적으로 행동한다는 것이다. 이와는 반대로, 소극적 대표성은 관료들이 출신집단의 이익을 대변하는 것은 아니며, 다양한 사회집단들이 인구비율에 따라 관료제를 구성하는 상징적 의미에 불과하다는 것이다.

대표관료제 이론의 유용성은 적극적 대표성이 제대로 작동될 때 확보될 수 있다. 다시 말해, 인구통계학적인 명목 대표성뿐만 아니라 적극적 대표성이 실질적으로 증진되는지 살펴보아야만 대표관료제의 성취정도를 올바르게 평가할 수 있다.

대표관료제 이론의 가장 핵심적인 결함이 사회적 대표성과 정치적 대표성을 혼동하는데 있다는 비판도 있다. 다시 말해서 Mosher의 수동적 대표성이 자동적으로 능동적 대표성을 가져온다고 가정하는 데에 대표관료제 이론의 문제점이 있다고 보는 것이다.

대표관료제와 유사한 내용을 가진 개념으로는 적극적 조치(Affirmative Action)와 다양성이 있다. 적극적 조치도 결과적으로 조직에 인구통계학적 다양성을 가져오지만 근본적인 목적이 소속집단의 이익을 대표하고자 하는 것은 아니다. 역사적 과정에서 상대적으로 사회참여에 불이익을 받는 집단에게 참여의 기회를 더 주고자 함이다. 물론 이러한 과정이 결과적으로는 대표관료제가 추구하는 결과로 나타날 수도 있겠지만 그것이 근본적인 목적은 아니다.

다음으로 다양성 개념 또한 궁극적으로 추구하는 목적은 약간 다르다. 조직관리에서 다양성을 확보하는 주요한 이유는 서로 다른 생각과 관점을 가지는 사람들을 조직구성원으로 확보함으로써 시너지 효과를 창출하여 더 생산적인 조직을 만들기 위함이다. 동일한 문화를 공유하는 사람들만으로 조직이 구성되는 경우 더 창의적인 방법을 찾는데 한계가 있을 것이다.

6 적극적 조치 관련 정책과 판결

적극적 조치 범위

교육상의 복지(educational outreach) 혜택만-성별인종별지역별 고려-할당제(quota)

(1) 미국의 적극적 조치 정책

적극적 조치란(Affirmative Action; AA) 과거 사회로부터 차별을 받아 온 특정 집단에 대해 그동안의 차별로 인한 불이익을 보상해 주기 위하여 그 집단의 구성원에게 취업이나 입학 등의 영역에서 사회적 이익을 직·간접적으로 부여하는 국가의 정책을 의미한다.

미국 Government Order 10925번, 1961년 3월 6일 존.F.케네디 대통령에 의해 제정된 법령은 인종, 종교, 피부색, 성별로 인한 차별을 금지하고 이에 대한 affirmative action을 실시하였다. 적극적 조치의 근거규정과 관련하여 대부분의 국가에서 헌법에 규정을 두기 보다는 의회입법과 행정입법에 근거하고 있다. 미국은 가장 포괄적인 적극적 조치인 계약준수프로그램을 행정명령에 의해 시행한다. 따라서 미국의 적극적 조치제도는 정부의 강제적 명령에 의해 시행되므로 기업의 이행준수율이 매우 높다.

미국의 적극적 조치는 인종차별을 종식시키기 위해 시행된 '반차별 정책(anti discrimination policy)이다. 흑인 혹은 특정 인종과 피부색으로 인해 발생하는 불평등을 해결하기 위해 경쟁의 조건을 같게 해주는 정책적 배려이다.

1965년 미국의 존슨 대통령은 하버드대학교 졸업식에서 "오랫동안 쇠사슬에 발목이 묶여 있던 사람을 풀어주고 이제 자유니까 달리기 경주를 하자고 하는 것은 언뜻 보기에는 공정한 것 같지만 사실상 불공정하다. 여기서 족쇄를 풀어주는 것은 이른바 반차별 입법이나 정책이 될 수 있다. 그러나 족쇄에서 풀려났다고 해서 곧장 성한 사람과 달리기를 할 수 있는 것은 아니다. 만약 성한 사람과 달리기를 하려면 건강을 되찾고 운동도 해서 다른 사람과 동등한 입지에서 경주를 할 수 있도록 해준 다음 경주를 하는 것이 공정하다"고 연설하였다.

1941년 루즈벨트 대통령 시절 인종에 근거한 고용차별을 금지하는 행정명령을 시작하였다. 적극적 조치라는 용어는 1961년 케네디 대통령 시절에 처음 등장 하였다. 이후 1964년 '민권법(Civil Right Act)'를 통해 인종, 피부색, 종교, 성, 출신,국적 등에 근거한 차별 금지가 명문화 되었고, 민간 및 공공사업장에서의 고용평등 기회를 보장하기 위해 필요하다면 법원은 적극적 조치를 명령

할 수 있도록 명시하였다.

이러한 행정명령은 '연방계약 준수 프로그램'으로 명명하여 기업은 5만 달러 이상의 계약을 연방정부와 체결하고자 할 때 사업주에게 적용된다. 사업주는 사회적 소수 혹은 약자를 적극적 조치에 대한 고용현황보고서와 적극적 조치 프로그램(affirmative action program)을 의무적으로 작성하여야 한다. 사업주가 이를 준수하지 않을 경우에는 입찰참가자격을 해지 또는 제외하게 된다.

미국의 적극적 평등구현 조치는 1960년대 미국 사회 모습과 밀접한 관련성이 있다. 1960년대 이전의 미국 사회는 사회구성원들이 평등한 대우를 받지 못하는 불평등한 사회였다. 특히, 인종차별이 당시 사회 분열과 갈등의 핵심적인 원인이었다. 이러한 사회적 분열을 해소하고, 흑인과 같이 소외되고 차별받는 이들을 위해 정치권의 노력이 시작되었다.

1960년대 미국 대통령 선거에서 민주당이 승리함으로써 인권 문제가 더욱 중요시되었고, 사회적 약자에게 적극적인 관심을 가지면서 평등사회 구현을 위한 '적극적 평등실현조치' 법안들이 통과되었다. 구체적으로, 케네디 대통령의 '대통령 행정명령' 발행을 바탕으로 적극적 평등실현조치의 기틀이 마련되었으며, 민권법(civil rights act) 수정을 통하여 적극적 평등실현조치가 더욱 발전하게 되었다. 즉, 과거 사회적·경제적으로 불평등한 위치에 있던 사회적 약자들을 위한 보상적 정책으로 적극적 평등실현조치가 설립되었다.

① 대통령 행정명령(executive order)
- 1961.3.6. 케네디(John F. Kennedy) 대통령이 공표한 '행정명령 제10925호'는 최초의 적극적 평등실현조치의 사례이다. 미국 헌법의 평등 정신을 강조하였고, 인종, 신념, 피부색, 출신 국가에 의하여 국민을 차별하는 것은 헌법 정신에 위배된다는 점과 이를 통해 모든 국민에게 차별 없이 평등한 기회가 주어져야 함을 강조하였다. 또한, 차별철폐가 미국 정부가 지켜야 할 명백하고 적극적인 책무라는 것을 강조하였다.
- 연방정부 발주사업의 계약자들에게 '인종, 정치적 신조, 피부색, 민족 기원'에 의거하여 하도급자를 차별하지 않을 것을 지시하고, 사회적·경제적 약자들을 위한 적극적인 평등 조치를 취할 것을 요구하였다.

- 1965년 존슨(Lyndon Johnson) 대통령에 의해 대통령 행정명령이 더욱 확대되었다.

② 평등고용기회위원회(EEOC)

- 적극적 평등실현조치를 시행하는 행정적 추진체계는 크게 평등고용위원회(U.S Equal Employment Opportunity Commission; EEOC)와 노동부 신하의 '연방 계약심사국(Office of Federal Contract Compliance)'을 바탕으로 이루어졌다.
- 존슨 부통령을 의장으로 한 평등고용기회위원회(EEOC)를 발족하여, 적극적 조치를 이행하지 않는 사업자에게 계약 해제와 같은 처벌을 가할 수 있는 권한을 부여하였다.

1960년대 초반 미국의 적극적 평등실현조치는 인종 차원에서 흑인에 대한 보호 강화를 중점으로 하였으나, 적용 범위가 점차 확대되어 여성을 위한 적극적인 우대정책이 시행되었다. 여성에 대한 차별의 심각성과 여성차별 금지 및 차별 완화에 대한 정책 마련의 시급성이 강조되기 시작한 것이었다. 이로 인해, 여성에 대한 우대 프로그램을 포함하여 성별과 관련된 다양한 적극적 평등실현정책이 시행되었다. 이후 1970년대에 들어서면서 적극적 평등실현조치는 적극적 우대정책들(preferential policies)로 시행되었다. 즉, 소수자 우대정책이 된 셈이다.

③ 여성에 대한 적극적 조치

- 1967년 존슨 대통령의 행정명령 제11375호는 이전의 기준, 즉 인종, 신념, 피부색, 출신 국가뿐만 아니라 성별에 대한 차별로 그 범위를 확대하여 적극적 조치를 한 걸음 더 진척시켰다.
- 1979년 카터(Jimmy Carter) 대통령의 행정명령 제12138호는 '전미여성기업인정책(National Women's Business Enterprise Policy)'을 수립하였고, 이를 통해 각 행정부서 및 기관으로 하여금 '경영, 기술, 사업 관련 교육·훈련·상담, 정보 제공' 등을 포함한 프로그램 및 활동을 통하여 여성 기업인을 지원하는 적극적 조치를 이행하였다.
- 1991년 민권법 제2조는 연방 '유리천장위원회(Glass Ceiling Commission)'

를 설립하여 '여성과 소수민족의 승진을 가로막는 인위적인 장벽 제거'
에 필요한 권고사항을 준비하고, '여성과 소수민족의 기업 내 경영 및
의사 결정 직무로의 승진을 위한 기회·경험 확대'를 규정하였다.
- 그 외에도 여성 과학자와 공학자를 위한 '과학, 기술 기회 균등법', 연방
  규정 제15장 8a. 110조 등이 있다.

(2) 미국에서의 적극적 조치 판례

소수에 대한 배려 때문에 오히려 성적이나 능력이 우수한 자들이 피해를
보는 등 역차별을 유발한다는 논란도 함께 제기되었다. 1978년에 발생한 '바
키(Bakke) 사건'이 역차별 사건의 대표적인 예시이다. 캘리포니아에 있는 의대
에 지원했던 바키가 인종의 다양성을 인정하는 대학의 입시 원칙으로 인하여
입학하지 못하는 사건이었다. 이때 적용된 적극적 조치는 '오직 자신의 실력에
의해서만 차이가 있을 뿐, 다른 어떤 기준에 있어 차별을 받지 않아야 한다'는
실적주의 원칙과 충돌하였다.

> 1. Bakke VS 캘리포니아 주립대 의대
> 100명 중 16명 비백인 인종에 할당은 위헌, 그러나 성별, 인종에 대한 적극적 조치의
> 필요성은 인정하였음. 바키 7년뒤 승소하나 이미 늙어버림
> 2. Gruter VS 미시건대 총장 볼린저(Ballinger)
> 바바라 구루터는 '나는 백인이라 역차별로 법대에 떨어졌다'고 고소 대학측 승소

미국 연방 법원이 대학 입학에서 적극적 조치를 지지하였지만 그 관행이
모든 주에 영향을 끼치진 못하였다. 2014년 대법원은 미시건주의 헌법 수정안
을 통해 주립 대학에서의 차별 철폐 조치를 금지하였다. 따라서 연방법은 현재
적극적 조치를 허용하고 있지만 주법을 통해 거부될 수 있다. 최소한 10개 주
에서 다음을 포함하여 대학 입학 차별 철폐 조치 사용을 제한하거나 금지하는
법률을 통과 시켰다.

> 오클라호마 – 2012년 오클라호마 주 State Question759는 유권자 투표에서 통과되어
> 공교육에서 특정 인물(인종에 기반한 것을 포함하여)에게 특혜를 주는 것을 금지.

애리조나 – 법안 107은 2010년 투표를 통과했으며 공교육에서 특정 인물(인종에 기반한 인물 포함)에게 특혜 제공을 금지.

네브래스카 – 2008년 이니셔티브 424 유권자 투표를 통해 주립 대학 및 대학에서 적극적 조치를 철폐.

텍사스 – 1997년 국회의원에 의해 통과된 "10 Percent Plan"은 졸업반의 상위 10%에게만 대학교 입학에서 적극적 조치시행(따라서 적극적 조치정책의 적용 범위를 좁힘).

플로리다 – 1999년 조지 부시 주지사의 행정 명령으로 발령된 "One Florida"는 주립학교의 입학 정책을 적극적으로 사용하는 것을 금지.

7 한국의 적극적 조치 및 발전 방향

우리나라의 대표적인 적극적 조치는 양성평등채용목표제'이며, 이에 대한 문제점을 쉽게 발견할 수 있다.

① 형식적 제도의 한계성

– 가장 큰 문제점은 성차별이라는 근본적인 문제를 해소하기보다는 목표를 달성하기에 급급한 형식적인 제도인 점이다. 인위적으로 성비만 맞춘다는 것이다.

– 미국에서 운영된 적극적 평등실현조치의 가장 중요한 특징은 여성을 위한 우대정책이 할당제만을 활용한 것이 아니라 차별금지와 기회균등을 바탕으로 시행되었다는 것이다. 즉, 소수자 목표충원 및 충원계획이 존재하지만, 강제적 할당제라는 의미보다는 '여성'이라는 이유로 고용 및 승진 등에 있어 차별을 받지 않아야 한다는 평등실현이 강조됨을 의미한다.

– 우리나라는 어느 성별 특히 여성의 채용 비율을 증가시키기 위해 채용할당제를 사용하고 있다. 이러한 인위적인 할당제는 양적인 목표달성에는 긍정적인 효과가 나타날 수 있지만, 역차별과 같은 심각한 문제점을 일으킬 수 있다. 대부분의 미국 판례에서 여성을 위한 적극적 평등실현조치가 위헌 판결이 내려지지 않았던 이유는 적극적 평등실현조치가 인위적으로 남성의 권익을 침해하지 않았기 때문이다. 이를 고려할 때, 공공부문에 일정 비율을 인위적으로 채용하는 채용 목표 비율제는

적극적 조치의 긍정적인 측면보다는 부정적인 측면이 더 클 것이다. 인위적인 제도를 통한 채용은 적극적 조치가 가져오는 다양성 증진의 장점이 드러나지 못할 것이고, 오히려 역차별 문제가 커지게 되어 성과를 거두지 못할 것이다.

- 따라서 미국의 성별에 의한 적극적 평등실현조치 원칙을 우리나라에도 도입할 필요도 있다고 생각한다. 일정 비율을 할당하거나 가산점을 주기보다는 기관마다 유연하게 채용 목표율을 설정하거나 질 높은 인력을 양성하는 교육훈련제도를 도입하는 것 또한 좋은 방법의 하나다(발전 방향).

② 적용 범위
- 2014년 2월 경기도 인사위원회는 '경기도 지방공무원 공개경쟁임용시험' 공고를 내면서 양성평등채용목표제를 적용한다고 밝혔다. 황모씨는 부천시 9급 보건직렬에 응모하여 필기시험에 합격했는데, 필기 합격자 11명 중 남성은 황모씨를 포함한 2명이었다. 남성 합격자 비율이 30%에 못 미치자 부천시 인사위원회는 양성평등채용목표제에 따라 남성 1명의 추가 합격을 검토했지만, 하한성적 이상 점수 요건을 갖춘 남성이 없어 추가합격자를 뽑지 않았다. 이어 면접시험 등 이후 절차에서도 양성평등채용목표제를 적용하지 않은 채 황모씨를 제외한 남성 1명과 여성 7명을 최종 합격자로 발표했다. 이에 황모씨는 "면접시험과 최종 합격자 결정 단계에서 양성평등채용목표제를 적용하지 않고 불합격 처분을 한 것은 위법하다"며 행정심판위원회에 행정심판을 청구하는 사건이 발생하였다.
- 이처럼 필기시험 단계에서만 최소 비율 기준을 고려하고, 이후 면접과 최종 합격자 선정 과정에서는 적용하지 않는 사태가 발생하면 국가의 제정 지원 금액을 감소시키거나 신규 사업을 강제로 축소하는 등의 페널티(penalty)를 부여하도록 한다(발전 방향).

③ 그 외 발전 방향
- 종래 모집 및 응시 인원이 적어 여성 진출이 저조했던 기술직 분야에 여성 진입을 지속적으로 확대하고, 상대적으로 여성합격비율이 높았던

일부 직종은 남성 합격률을 지속적으로 높여 공직 내 직종 간 성비 불균형을 해소한다.

적극적 조치는 앞서 언급했듯이 차별을 없애고자 시행하는 제도의 하나이다. 그러나 형식적으로만 실행되는 적극적 조치는 부작용만 낳을 뿐, 근본적인 문제를 해결할 수 없다. 따라서 적극적 조치를 무조건 찬성하는 입장은 아니다. 형식적인 제도에서 그치지 않고, 근본적인 문제를 해소하고 실질적인 형평성을 가져온다면 비로소 완벽한 정책이 될 수 있다고 생각한다. 정부 계약 시 적극적 조치를 적용하기 위해 노력하고, 적극적 조치에 관한 여러 가지 정책을 일원화하는 체계가 필요하다.

8 역차별 논쟁

역차별(reverse discrimination)이란 사회적 차별을 없애기 위해서 만든 조치가 기존의 피차별 집단에게 특권을 부여하게 된 상황에서, 피차별 집단이 과거의 차별을 명분으로 지나친 특권을 가지는 상황이나 관념을 나타낸다. 대표적인 예로 남녀차별, 지역차별 그리고 인종차별이 있다.

예를 들면 미국의 Affirmative Action제도로, 이는 흑인과 히스패닉에게 대학입학이나 정부직의 고용에서 어느정도 이권을 주는 제도이며 논란이 많다. 찬성측은 빈민층의 히스패닉이나 흑인들이 중산층으로 올라올 계기가 된다고 하고, 반대측은 그렇게 올라와봐야 능력으로 올라온게 아니기 때문에 효율이 떨어진다고 반대한다.

다만 이는 어느 정도 경계가 확실해야 하며 단순히 기존에 차별집단이 받지 못하던 혜택을 조금 더 적극적으로 받을 수 있도록 지원해준다고 해서 역차별이 성립되는 것이 아니다. 예를 들면 여성가족부가 생겼다고 해서 기존 남성들은 역차별을 받는 것이 아니다. 역차별이 성립되려면 기존의 다수계층도 받지 못했던 혜택을 차별받던 계층이 독점해야 역차별이라고 할 수 있는 것이다.

역차별 주장은 대부분 사회에서 받아들여지기 힘든데, 이는 상당수의 역차별주의자들이 과거 핍박의 역사에 호소하며 감정에 근거한 논지를 펼치기 때문에 주장 자체가 대중에게는 차별주의로 비춰지기 때문이다. 예로 이스라

엘을 들자면 선수방어와 팔레스타인 가자지구의 핍박이 분명한 국제법 위반임에도 불구하고 비교적 잘 다뤄지지 않는 이유도 과거 홀로코스트와 유럽의 유태인 핍박의 역사를 빌미로 간섭을 차단하려하기 때문이다.

다만 대부분의 역차별 주장이 평등을 빌미로 다시 기득권의 우세를 점거하려는 경우가 있기 때문에 굉장히 다루기 미묘한 문제임은 분명하다. 예를 들면 Affirmative Action의 폐단을 이유로 소수 계층의 적극적 우대조치를 폐지한다면, 현재 미국 사회의 소득 불균형과 기회의 불균형이 해소될 수 없기 때문에 소수 계층은 여전히 경제적으로 차별받게 되기 때문이다. 즉 적극적 우대조치는 과거 차별 계층이 진정으로 평등해지기 위해선 어쩔 수 없는 조치이다.

즉, 이 우대조치가 특정 특권으로 직결된다면 그것은 역차별이라 할 수 있으나, 부족한 부분을 조금 더 메꿔주는 것은 역차별이라고 볼 수 없다. 위에서 예로 들었듯 여성가족부 설립 자체는 역차별이 아니다.

소수자 우대가 백인 역차별한다는 예로써 텍사스주 스티븐 F 오스틴 고등학교 학생이었던 애비게일 피셔는 2008년 텍사스 대학에 지원했다. 피셔의 고등학교 졸업 성적은 674명 중 82등, 대학입학자격시험(SAT)에선 1,180점(1,600점 만점)을 받았으나 불합격이었다. 당시 텍사스 대학 신입생들의 SAT 성적은 1,120~1,370점 사이, 피셔는 SAT 점수가 합격선보다 높았다는 점, 자신보다 졸업 성적이 낮았던 소수인종 동급생들은 합격했다는 점 등을 들어 대학에 항의했다.

자신이 백인이라 낙방했다며 텍사스 대학을 상대로 소송도 제기했다. 미국 수정 헌법 제14조가 보장한 평등권을 침해당했다는 것이다. 피셔 측 변호사는 "소수자 우대 정책이 다른 인종에 대한 차별로 이어지면서 누구나 동일한 적용을 받아야 하는 평등권을 침해하고 있다"고 주장했다.

적극적 조치(Affirmative Action)

1961년 케네디 대통령의 소수인종 우대정책(Affirmative Action)은 흑인들의 입학에 큰 영향을 미쳤다. 한국의 수능 격인 SAT에서 총점의 14%를 공짜로 얻는 특혜를 받았다. 흑인은 성적이 나빠도 대학에 쉽게 들어갔다. 그 결과 흑인 대학생 비율이 1950년대 5%에서 2010년대에는 15%를 넘어섰다.

- 100m 경주 비유
- 평등 대 형평
- 캘리포니아 주립대 대 바키 사건(University of California v. Bakke)은 미국 연방대법원의 유명 판례로 적극적 우대조치로써 인종이 대학입시에서 고려될 수 있는 요소임을 판시하였다. 단, 특정 인종의 비율을 정해 놓은 할당제는 위헌임을 선언하여 캘리포니아 주립대 데이비스 캠퍼스 의과대학원의 정책이 위법이라고 판시, 승소하지만 7년이 흘러 재입학은 무의미해졌다.

하지만 이 조치에 대해선 지금도 역차별 논란이 제기된다. 소수 인종 배려 때문에 성적이 우수한 백인 학생들이 거꾸로 피해를 본다는 것이다(한국도 대입시 지역인재할당제).

다져가기 **공무원 시험문제**

대표관료제와 관련이 적은 것은? (13 지방직 9급)

① 양성평등채용목표제 ② 지방인재채용목표제
③ 총액인건비제 ④ 장애인 고용촉진제

⊙ 정답 ③번

다져가기 **공무원 시험문제**

대표관료제(Representative Bureaucracy)에 대한 설명으로 옳지 않은 것은? (15 국가직 7급)

① 킹슬리(Kingsley)가 처음 사용한 용어로서 엽관주의 인사제도의 폐단을 극복하기 위해 등장하였다.
② 관료제의 인적 구성 측면을 강조하며 관료제의 대표성과 대응성을 강화하기 위한 제도이다.
③ 우리나라의 양성평등채용목표제는 대표관료제의 발상을 반영한 것이라고 할 수 있다.
④ 행정의 전문성과 생산성을 저해할 수 있다는 비판이 있다.

⊙ 정답 ①번
실적주의의 문제를 극복하기 위해 대두되었다.

소수 계층의 균형인사(Balanced Personnel)를
통한 [더불어 사는 균형발전 사회] 실현

다양한 계층의 기치와 이익반영	사회 소수집단(minority)의 고용기회확대	지역인재의 균형석 활용

국가 전체적인 공익추구	실질적인 사회통합	국가경쟁력 강화

장애인	여성	지역인재	과학기술	저소득층
– 장애인 공직임용 지속확대, 승진, 보직, 교육훈련등 – 장애인 친화적 근무여건 조성	– 양성평등채용목표제 – 여성관리자 임용확대 계획 – 출산휴가 및 육아휴직 대체인력 확보	– 지역인재추천채용제(수습직원) – 지방인재채용 목표제	– 과학기술직 공무원 임용 확대 – 기술직의 정책결정 직위 보임 확대 – 기능인재 추천채용제(수습직원)	– 저소득층 공직대표성 강화 – 사회양극화 해소 및 사회통합에 기여

출처: 인사혁신처 홈페이지.

대표관료제에 대한 평가
1. 장점
    1) 행정의 대응성 제고
    2) 행정의 형평성 제고
2. 단점
    1) 행정의 전문성 및 생산성 저하 – 능력·자격을 2차적 기준
    2) 실현상의 제약 – 인구 비례적 공무원 구성 유지 곤란
    3) 우수 능력자의 탈락 가능성

9 양성평등채용목표제 토론

(1) 양성평등채용목표제란 무엇인가

양성평등채용목표제는 1996년부터 시행된 여성공무원채용목표제가 2002

년 시한이 다하자 새롭게 시행된 정책으로 단순히 여성공무원의 임용기회를 확대하기 위한 데서 진일보하여 여성과 남성의 평등한 공무원 임용기회를 위하여 도입된 제도이다.

여성공무원채용목표제 시한이 끝난 2002년 그 후속정책으로 실시된 양성평등채용목표제는 2003년부터 2007년까지 한시적으로 집행하다가 다시 2017.12.6 균형인사지침으로 2022년까지 연장되어 집행되고 있는 정책이다. 그러나 공직사회의 균형발전을 위해 채택하고 있는 양성평등채용목표제가 분명 양성의 평등함을 목표로 하는 정책임에도 불구하고 수혜당사자와 공직사회 내에서 '역차별' 또는 '성과 중심적' 제도라고 해석되고 있는데 그 원인은 무엇이며 정책에 대한 올바른 이해를 이해당사자들이나 국민들에게 전달하기 위해 정책기획과 집행자인 공무원이 해야 하는 역할은 무엇인지를 살펴보고자 한다.

국가공무원법 제26조

제26조(임용의 원칙) 공무원의 임용은 시험성적·근무성적, 그 밖의 능력의 실증에 따라 행한다. 다만, 국가기관의 장은 국회규칙, 대법원규칙, 헌법재판소규칙, 중앙선거관리위원회규칙 또는 대통령령으로 정하는 바에 따라 장애인·이공계전공자·저소득층 등에 대한 채용·승진·전보 등 인사관리상의 우대와 실질적인 양성 평등을 구현하기 위한 적극적인 정책을 실시할 수 있다.

공무원임용시험령 제20조

제20조(여성 또는 남성의 선발예정인원 초과합격) ① 시험실시기관의 장은 여성과 남성의 평등한 공무원 임용기회를 확대하기 위하여 필요하다고 인정하는 경우에는 제23조·제23조의3·제25조·제30조 및 제40조에도 불구하고 한시적으로 여성 또는 남성이 시험실시 단계별로 선발예정인원의 일정 비율 이상이 될 수 있도록 선발예정인원을 초과하여 여성 또는 남성을 합격시킬 수 있다.
② 제1항에 따라 여성 또는 남성을 합격시키는 경우에 그 실시대상 시험의 종류, 채용목표 비율, 합격자 결정방법, 그 밖에 시험 시행에 필요한 사항은 시험실시기관의 장이 정한다.
인사혁신처 2017.12.6 균형인사지침 양성평등채용목표제를 2022.12.31.까지 5년 연장 시행한다.

(2) 다 함께 생각해 봅시다

⊙ **토론주제 1**

여성채용목표제를 수립하게 한 가장 근본적인 원인은 무엇이었으며 여성채용목표제에 대한 헌법의 평등권에 대한 해석을 어떻게 생각하는가?

⊙ **토론주제 2**

여성채용목표제의 정책형성기에 가장 큰 역할을 한 집단은 어느 집단이었으며, 정책발굴을 잘 하는 공무원의 특징은 무엇인가?

⊙ **토론주제 3**

양성평등정책의 수립시 이해당사자에 대한 갈등은 어떻게 조정되었으며 양성채용목표제의 수립은 필요한가, 필요하지 않은가?

⊙ **토론주제 4**

한국적 상황에 맞는 여성참여확대정책의 수립은 무엇이며, 여성채용목표제에서 양성평등목표제로의 정책수립은 바람직한 것이었는가?

⊙ **토론주제 5**

당신은 정부에서 실시한 양성평등채용목표제에 대한 홍보 빈도가 적절하였으며 홍보방법이 적절했다고 생각하는가?

⊙ **토론주제 6**

양성평등채용목표제의 이후 모습은 어떠해야 한다고 생각하는가?

⊙ **토론주제 7**

향후 여성들의 경제·사회적 참여를 확대하기 위한 가장 적절한 방법은 무엇이겠는가?

⊙ **토론주제 8**

양성평등채용목표제가 어떤 면에서 성공적이었으며 미흡한 점은 무엇인가?

⊙ **토론주제 9**

향후 정부가 정부정책의 신뢰를 높이기 위해 정책을 형성·수립·집행·평가할 때 가장 주의해야 할 정책단계는 어디라고 생각하는가?

생각해 볼 주요 내용은 여성, 장애인, 지방인재 및 과학기술인력 등의 분야에 대한 ① 주요 국제기구와 외국의 Affirmative Action 연구, ② 우리나라의 Affirmative Action 현황과 문제점 분석, ③ 우리나라의 Affirmative Action 정책의 발전방향과 개선방안 등이다.

🌐 연구의 주요내용

구분	주요연구내용
주요 국제기구와 외국의 Affirmative Action 연구	• UN, EU, OECD 등 세계 국제기구의 Affirmative Action에 대한 동향분석 • 외국사례의 비교연구
우리나라의 Affirmative Action 현황과 문제점 분석	• "양성평등채용목표제"의 현황 및 정책적 문제점 검토 • "장애인 공무원채용제도"의 현황 및 정책적 문제점 검토 • 가칭 "인재지역할당제"와 "지방인재채용목표제"의 내용 및 예상 문제점 검토 • 이공계인력의 공직진출의 현황과 정책적 과제 검토
우리나라 Affirmative Action 정책의 발전방향과 개선방안 제시	• Affirmative Action 정책방향 제시 • 구체적이고 실현 가능한 Affirmative Action 개선방안 제시 • 특별법의 제정 및 현행 법령의 개정방안 제시

1. 주요 국제기구와 외국의 Affirmative Action 연구

1) UN, EU, OECD 등 세계 국제기구의 Affirmative Action에 대한 동향분석

UN, EU, OECD 등 세계 국제기구의 Affirmative Action에 대한 ① 제도도입의 취지 및 과정에 대한 검토, ② 제도의 내용 및 체제에 대한 검토, ③ 제도 집행의 실태분석 및 평가 등을 살펴본다.

2) 외국 사례의 비교연구

미국, 일본, 영국, 독일 등 외국 정부의 인사행정과 관련된 Affirmative Action 역사 및 최근에 변화된 내용을 중심으로 주요국의 Affirmative Action을 종합적이고 체계적으로 비교·연구한다. 구체적인 내용을 살펴보면 ① 국가별 제도도입의 과정 및 제도의 실태 분석, ② 국가간 공통점 및 국제적인 추세의 발견, ③ 국가간 비교를 통한 제도의 성공요인 및 실패요인의 규명, ④ 헌법상 쟁점 및 실적주의 경쟁원칙에 관한 대응노력의 탐구 등이다.

2. 주요 국제기구의 Affirmative Action 정책

1) 제도 도입 취지 및 과정에 대한 분석

'Affirmative Action'이란 적극적으로 차별을 시정하기 위한 행위, 조치 및 활동을 의

미하는 개념으로 미국에서 처음으로 시도되었다. 공공부문에서의 여성차별철폐를 위한 적극적 조치(Affirmative Action Program)는 1960년대 이후 미국을 비롯한 선진 유럽국가에서 채택·운영되고 있다. 미국의 경우 1963년의 동일 임금법(Equal Pay for Equal Work), 1964년 민권법(Civil Right Act)과 1967년 대통령 행정명령(Executive Order) 제11375호에 의한 적극적 조치의 규정, 1972년의 고용기회평등법(Equal Employment Opportunity Act)등에 의하여 여성차별철폐와 여성임용의 확대를 위한 적극적 조치가 취해졌다(Guy & Newman, 1998; 권경득, 2000). Affirmative Action은 "차별을 시정하기 위한 조치라면 예외적으로 다른 취급을 할 수 있다"는 취지를 규정화하는 것이 Affirmative Action 정책을 추진하는데 중요한 근거로 활용되고 있다. 1945년 발족한 UN은 인간에 대한 모든 차별철폐와 인권존중을 기본이념으로 하고 있다. UN헌장은 기본적인 인권과 인간의 존엄 및 가치, 남녀동등권의 이념을 천명하고 있다. UN의 차별철폐와 인권존중의 기본 이념에 따라 경제사회이사회 산하의 기능위원회의 하나로 1946년 설치된 '여성지위위원회'는 '세계 여성정책의 산실'이 되고 있으며 UN의 여성정책은 세계 여성정책의 길잡이 역할을 하고 있다. 즉, 여성지위위원회는 모든 분야에서의 여성의 지위, 권리를 증진시키기 위해 남녀평등문제를 국제적으로 연구하여 경제사회이사회에 보고 및 권고하는 것을 주요 기능으로 하고 있으며, 본 위원회는 유엔의 여성정책핵심기구로서 여성관련 협약과 주요 문서를 발전시켜 왔다(김선욱, 1996).

여성관련 국제협약의 발전과정을 보면, 초기에는 야간작업이나 광산노동과 같은 중노동은 여성에게 적합하지 않다는 원칙하에 이를 금지하는 것과 같은 내용의 보호성협약이 많았다. 그 후 여성이 당면한 고유의 문제 즉 혼인으로 인한 국적변경, 인신매매 등과 관련한 협약과 같이 여성의 전통적 신분과 관습 등에서 유래하는 제 법규를 수정, 보완함으로써 여성의 법적 지위향상을 목적으로 하는 교정성 협약을 거쳐 오늘날에는 유엔여성차별철폐협약과 같이 비차별성, 평등성 협약으로 발전되어 왔다.[1]

유엔창설 이후 유엔총회, ILO, UNESCO 등에서 유엔여성차별철폐협약이 채택되기까지 평등이념을 바탕으로 한 주요 협약은 ① 1945년: 유엔헌장(Charter of the United Nations) ② 1951년: 동일임금협약(Convention Concerning Equal Remuneration for Men and Women Worker for Work of Equal Value) ③ 1953년: 여성참정권에 관한 협약(Convention on the Political Rights of Women) ④ 1958년: 고용과 직업의 차별에 관한 협약(Convention Concerning Discrimination in Respect of Employment and Occupation) ⑤ 1960년: 교육상의

---

1 보호성협약(Protective Conventions)은 주로 1945년 유엔창설 이전에 성립된 협약들로서 여성을 남성과 동등한 차원에서 보지 않는 고정적 여성관에 근거한다. 즉 여성의 중노동을 법적으로 금지함으로써 신체적으로 불리한 여건에 있는 여성을 보호한다는 전제는 여성의 잠재능력이나 자기판단력을 인정하지 않은 차별적인 시각인 것이다. 이에 비해 교정성협약(Corrective Conventions)의 경우는 여성의 생활환경을 보호한다는 점에서는 보호조약과 같지만 기존의 관습법과 기타의 법규를 개선, 활용하는 방법으로 교정을 시도한다. 비차별성협약(Non-discriminatory Conventions)은 평등이념을 바탕으로 불평등을 철폐하면서 법률상의 평등과 사실상의 평등의 실현에 관심을 갖게 된다(황영채, 1991: 951-972).

차별금지에 관한 협약(Convention Against Discrimination in Education) ⑥ 1966년: 국제인권규약(International Covenants on Human Rights) ⑦ 1966년: 경제적, 사회적 또는 문화적 권리에 관한 국제규약(International Covenant on Economic, Social and Cultural Rights) 등이 있다.

유엔이 노력해 온 국제법상의 평등체제는 지역적인 관습 기타 특수성을 배제할 수 있다는 장점 때문에 보다 진취적이고 평등지향적이어서 각 국의 국내 입법을 선도하는 역할을 하고 있으며, 그 내용도 정치, 경제, 사회, 문화 등 광범위한 분야에 미치고 있다.

특히 유엔여성차별철폐협약은 기존의 모든 여성관련 협약을 기초로 하여 이를 수정, 보완하였으므로 근로조건, 교육문제, 모성보호, 인신매매, 성폭력, 정치참여 등 정치, 경제, 사회, 문화, 교육 등 광범위한 부문에 대하여 남녀평등의 차원에서 여성의 법적 문제, 사회적 지위, 역할 등에 관한 전반적인 문제를 다루는 포괄적인 협약으로 유엔여성정책의 규범적 근거라 할 수 있다(www.un.org/ 김선욱, 2000).

1958년 로마조약에 의해 프랑스, 서독, 이탈리아, 베네룩스 3국 등 6개국에 의해 성립된 EC(European Community)의 여성정책을 살펴보면 '가맹국간의 생활 및 고용조건의 끊임없는 개선'을 위한 노력을 가장 중요한 목적으로 하여 출발하였다. UN이 세계여성정책의 산실이고 UN의 두 개의 여성위원회가 세계 여성정책의 산파역을 하고 있다면 EC(EU)는 여성정책의 보고라 할 수 있을 것이다. 유럽의 주요 15개국을 가맹국으로 안고 있는 EU는 UN의 여성관련 정책의 방향에 따라 더 한층 구체적이고 진보적인 정책 실현을 위한 기획과 실천적 추진으로 세계 여성정책의 길잡이와 본보기의 역할을 하고 있다.

3. 우리나라의 Affirmative Action 현황과 문제점 분석

정부내 여성, 과학기술인력, 장애인 및 지역인재의 현황 및 이들에 대한 인사정책의 향후 방향은 표와 같다. 본 연구에서는 이들 여성, 장애인, 지역인재, 과학기술인력 등 사회적 소외계층과 관련하여 공직 채용에서부터 배치, 보직, 평정, 승진, 교육훈련 등 인사관리 전반에 걸친 우리나라의 Affirmative Action 현황 분석 및 정책적 문제점을 검토한다.

우리나라 AA의 현황 및 향후 방향

현황 및 문제점(AS-IS)	향후 방향(TO-BE)
5급 이상 여성공무원 비율 5%이내	여성공무원 5급 이상 진출확대
과학기술직의 5급 이상 상위직 소외	과학기술직 공무원 우대
장애인의 의무고용 미준수(현재 1.4%)	장애인 고용확대
지역불균형 및 지역출신 소외	지방출신의 임용확대

4. 우리나라 Affirmative Action 정책의 발전방향과 개선방안

한국에서의 대표관료제 논의

① 지역감정 문제와 대표관료제
  – 주로 고급공무원(실적제가 적용되기 어려운) 충원 과정상의 지역간 불균형 문제
  – 특히 영, 호남 간의 인재 등용의 불균형, 이것이 지역간 개발의 불균형을 초래하며, 궁극적인 지역갈등의 원인이 되는 것으로 봄
② 사회적 약자와 대표관료제
  – 주로 장애인에 대한 의무고용의 차원에서 논의가 되고 있음
  – 장애인 의무고용 부담금제
  – 현실적으로 공무원 충원의 경우도 의무고용 비율이 잘 지켜지지 않음
③ 인재의 지역할당제
  – 이는 지역감정의 문제와는 다른 차원에서 주로 수도권과 지방간의 문제임
  – 교육의 기회불평등(예로서 사설 고시학원의 서울집중, 정보의 서울집중 등) 차원
  – 이것이 서울과 지방간의 불균형적 발전을 초래, 수도권 인구 집중 초래, 지방자치정신의 훼손 등을 가져온다는 측면

1) Affirmative Action 정책방향 제시
외국사례 연구 및 우리나라 현황 분석을 토대로 우리나라 여성, 장애인, 지방인재 및 이공계 출신자를 대상으로 하는 Affirmative Action 정책이 지향해야 할 방향을 모색한다.

2) 구체적이고 실현 가능한 Affirmative Action 개선방안 제시
① 적용대상자의 범위, ② 적용대상시험의 범위, ③ 채용목표율과 추가합격선, ④ 추가합격자의 의무복무 사항, ⑤ 적용기간 등을 중심으로 개선방안의 도입시 검토되어야 할 주요 내용 및 고려사항을 논의한다. 그리고 도입 대안들 검토 및 각 대안별 기대효과를 논의하고, 도입 대안들의 헌법상 쟁점 및 실적주의 경쟁원칙에 관한 문제를 논의한다.

04 직업공무원제

우리나라의 공직은 직업공무원제적 성격을 갖고 있으며, 점차로 직위분류제적 성격이 보완 및 강화되고 있는 실정이다. 기본적으로 직업공무원제는 계급제와 그 맥을 같이 한다.

1 직업공무원제의 개념

직업공무원제란 공직을 평생의 업(業)으로 여기도록 하는 제도를 말한다. 공직을 평생의 직업으로 한다는 의미는 젊어서부터 공직에 들어와 일생동안 공공을 위해 봉사하는 것을 자랑스러운 일로 여기면서 살아가는 것이다.

이러한 제도 하에서 조직구성원들이 평생(정년기간)을 보내기 위해서는 인사제도가 폐쇄적·내부경쟁적 성격을 가져야 한다. 젊어서 공직에 들어와 정년까지 일하면서 하위 직급에서 상위 직급으로 승진되야 하기 때문에 외부임용은 최소화되어야 하며, 내부구성원들의 경쟁으로 상위직급이 채워져야 한다.

이러한 제도 하에서 조직구성원들은 전문행정가로서의 능력보다는 일반행정가로서의 능력을 개발할 가능성이 더 높아진다. 채용시에는 전문적이고 구체적인 능력이나 기술보다는 장기적인 발전가능성이나 전반적인 업무수행능력을 평가한다. 내부승진 과정에서는 상위 직급에 빈자리가 생길 경우 승진대상자 중에서 그 자리를 채우도록 하기 때문에 업무성격의 일관성을 확보하기가 어렵다. 이러한 이유에서 전문행정가보다는 일반행정가의 양성과 더 부합하는 제도이다.

직업공무원제도에 대한 평가

1. 장점
1) 공직에 대한 자부심과 일체감 형성
2) 고급공무원양성에 유리 – 행정의 정책결정기능 강화에 따라
3) 장기적 근무를 통한 행정의 안정성과 일관성 유지
   – 내각책임제의 경우 특히

2. 단점
1) 폐쇄형 임용제도 – 공직의 보수화, 관료주의화
2) 강력한 신분보장 – 무사안일과 특권집단화
3) 행정의 전문화 저해 – 일반행정가 주의
4) 학력, 연령 요건 엄격 – 공직임용 기회 균등 제약

2 직업공무원제의 장점

직업공무원제가 갖는 장점을 살펴보면 다음과 같다.

① 조직과의 일체감
직업공무원제 하에서는 구성원들이 공직에서 정년을 할 것이 예측되는 상황이므로 공직이 '나의 조직' 또는 '우리 조직'이라는 주인적 개념이 자연스럽게 형성이 되어 조직과의 일체감이 만들어진다. 그러므로 더욱 열심히 조직의 일에 전념할 수 있을 것이다.

② 인사관리에서 예측 가능성
거의 대부분의 인사이동이 내부적으로 이루어지기 때문에 인사이동의 예측성이 높아진다. 그러므로 어떤 직위가 공석이 되고, 채워져야 하는지를 사전에 알 수가 있다. 즉, 갑작스럽게 돌발적으로 공석이 발생하여 자리를 채워야 하는 경우는 거의 없게 된다.

③ 상호이해와 협력의 증진
조직구성원들이 다양한 직위를 경험함으로서 상호이해와 협력을 증진시킬 수 있다. 동일한 업무만을 오랫동안 담당한 경우에는 다른 입장을 이해하고 서로 협력하기가 쉽지 않다. 자신의 업무나 부서의 입장에서만 업무를 수행할 가능성이 높다.

④ 일반행정가의 양성
공직자들이 잠재적 능력에 따라 채용된 후에 다양한 직위를 경험함으로서 다양한 부서의 이해관계를 효율적으로 조율할 수 있는 일반행정가의 양성에 적합하다.

3 직업공무원제의 단점

위와 같은 장점이 있는 반면 또한 다음과 같은 단점을 갖고 있다.

① 폐쇄성

신규임용을 제외하고는 거의 대부분의 인사이동이 내부경쟁을 통해서 이루어지기 때문에 인력의 충원이 폐쇄적으로 이루어진다. 이러한 폐쇄적 구조에서는 더 우수한 인력이 있어도 채용하기가 어려워지고, 조직구성원들은 자신들의 능력개발이 소홀해질 수 있다. 자신의 능력을 최대한 개발하지 않고도 승진의 기회가 어느 정도 보장되기 때문이다.

② 내부경쟁의 과열

신규채용을 제외한 인사이동이 내부경쟁을 통해서 이루어지기 때문에 경쟁이 과열될 수 있다. 단순히 대상자들이 자기개발을 통한 능력향상으로 경쟁을 한다면 더할 나위 없이 바람직하겠지만, 업무수행과는 직접적인 관련이 없는 요인(예: 학연, 지연, 혈연 등)이 동원되는 경우 조직에 부정적인 문화가 정착될 여지가 있다.

③ 전문행정가 양성의 한계

직업공무원제 하에서는 공직자들이 자신의 고유 업무를 지속적으로 담당하는 것이 아니라 상황에 따라 과거와는 업무의 성격이 다른 직위를 맡을 수가 있다. 이러한 상황에서는 한 영역에서 전문성을 확보하기가 어렵다.

4 고위공무원단

정부의 주요 정책 결정 및 관리에 있어서 핵심적 역할을 담당하는 1-3급 실·국장급 공무원을 일반공무원과 구분하여 범정부적 차원에서 적재적소에 활용한다. 개방과 경쟁의 확대, 직무와 성과중심이 강조되는 주요 가치이다. 4급 이상 공무원이 고위공무원단 교육훈련의 대상이 된다.

고위공무원의 중요성을 일찍이 인식하고 이들에 대한 체계적인 인사관리를 최초로 제도화한 나라는 미국이었다. 미국은 1978년 공무원개혁법(Civil Service Reform Act)을 통해 고위공무원단제도의 효시인 SES(Senior Executive Service)를 도입하였다. 미국 정부가 고위공무원단제도를 도입하게 된 것은 고위공무원의 자질과 역량 향상을 통해 정부의 관리능력을 제고하고 고위직에 대한 성과관리와 성과책임을 강화하며, 정치적 중립을 토대로 공공의 이익을 위해 봉사하는 고위직 체계를 구축하기 위한 것이었다. 이후 '80년대에서 '90년대에 이르는 동안 호주, 캐나다, 영국 등 OECD 선진국들이 앞다투어 고위공무원단제도를 도입하게 되었다. 각국의 고위공무원단제도는 그 내용에 있어서 조금씩 차이가 있으나 고위공무원의 역량을 제고하고 성과관리를 강화함으로써 정부의 경쟁력과 생산성을 향상시키고자 한다는 점에서 공통점을 가지고 있다.

우리나라도 이 제도의 도입 필요성을 인식하고, '90년대 중반부터 3급 이상 공무원을 중심으로 계급구조 개편 방안을 검토하여 왔다. 그러다가 '90년대 말 외환위기를 겪으면서 정부 경쟁력 강화 방안으로서 고위공무원단제도를 전격 도입하고자 하였으나 당시에는 직무분석과 공직개혁 공감대 형성 등 제반 여건이 마련되지 않아 추진이 연기되었다. 그 대신 국장급 이상에 대한 개방형 제도와 성과급적 연봉제 도입 등 고위공무원단제도의 일부 내용을 제도화하였다. 그리고 지난 5년여에 걸친 개방형제도와 성과급제도의 시행 경험과 2003년부터 2년간 실시된 전 중앙부처 국장급 이상 직위에 대한 직무분석, 지난해 32개 직위에 대한 국장급 공무원의 부처간 인사교류 등을 통해 고위공무원단 제도의 도입 기반을 착실히 마련하였다.

보수도 계급을 기준으로 하지 않고 고위공무원들은 담당 직무의 난이도와 중요도를 평가한 "직무등급"에 따라 차등화 되어 "동일 직무, 동일 보수: Equal pay for equal work"의 합리적 원칙을 실현할 수 있게 된다.

고위공무원단(Senior Civil Service)제도(2006년 7월 1일 도입)

1. 의의
 정부의 주요 정책결정에서 핵심적 역할을 담당하는 실·국장급(1–3급 폐지)을 범정부적 차원에서 효율적으로 관리할 수 있도록 운영하는 제도

2. 도입배경–기존 직업공무원제의 근간을 유지하되 고위직 인사관리의 문제점
 1) 직업공무원제도의 병폐 시정 목적
 2) 폐쇄적 인력 충원 → 개방과 경쟁을 통한 적격자 임용과 전문성 강화
 3) 신분과 연공서열에 의한 인사관리 → 성과 중심의 인사관리(기본급＋직무급＋성과연봉)

(1) 고위공무원단(Senior Civil Service)

고위공무원단은 행정기관 국장급 이상 공무원으로 구성

일반직·별정직·특정직 약 1,500여명, 부지사·부교육감 등 지자체 등 고위직(국가공무원법 제2조의2(고위공무원단))

① 정부조직법 제2조 – 중앙행정기관 실장, 국장 및 이에 상당하는 보조기관

② 행정부 각급 기관(감사원 제외)의 직위 중 위에 상당하는 직위

③ 부지사·부교육감 등 지방자치단체의 고위직 국가공무원

④ 그 외 다른 법령에서 고위공무원단에 속하는 공무원으로 임용할 수 있는 직위

⑤ 개방형 직위 20%, 공모직위 30%, 부처 자율인사직위 50%로 구분

(2) 개방형 직위 및 공모 직위의 운영 등에 관한 규정

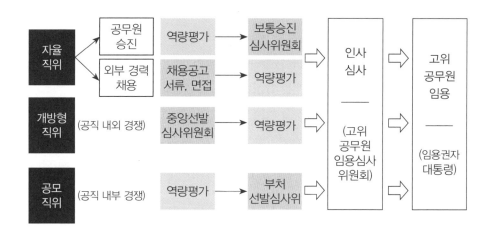

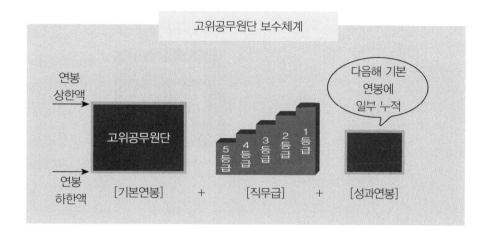

고위공무원단에 대한 보다 상세한 내용은 부록 1을 참조하면 된다.

다져가기 **공무원 시험문제**

고위공무원단에 관한 설명 중 올바른 것은?   (11 특채전환)

① 자치단체의 국가직 부시장은 제외된다.
② 자율직위에는 타 부처 공무원을 임용제청할 수 없다.
③ 개방형 직위는 반드시 민간인을 임기제로 임용하여야 한다.
④ 고위공무원단은 범정부적으로 안전행정부에서 관리, 운영한다(2011년 당시는 안전행정부 현재는 행정안전부).

◎ **정답**   ④번
고위공무원은 ①의 자치단체의 국가직 부시장은 (제외되는 것이 아니라) 포함되기 때문에 틀렸다. ②의 자율직위에는 타 부처 공무원을 임용제청할 수 있기 때문에 틀렸다. ③의 개방형 직위는 공직 내외에서 적격자를 선발하여 경력직 공무원으로 임용할 수 있기 때문에 (반드시 민간인을 임기제로 임용하여야 한다)는 표현이 틀렸다. 인사규정 3장 13조 개방형 직위 참고.

인사행정 관련 공무원 시험문제는 법제처 국가법령정보센터(http://www.law.go.kr)에 나오는 공무원 관련 법이나 인사규정 등에서 자주 나온다.

고위공무원단 인사규정

http://www.law.go.kr/%EB%B2%95%EB%A0%B9/%EA%B5%AD%EA%B0%80%EA%B3%B5%EB%AC%B4%EC%9B%90%EB%B2%95

※ 국가공무원법도 검색해보자.

국가법령정보센터 홈페이지 → 좌측 소관부처별 인사혁신처 클릭

지방자치단체에 두는 고위공무원단 직위의 직무등급 표시에 관한 규칙

국가법령정보센터 홈페이지에서 고위공무원단 입력후 좌측 → 지방자치단체에 두는 고위공무원단 직위의 직무등급 표시에 관한 규칙 클릭

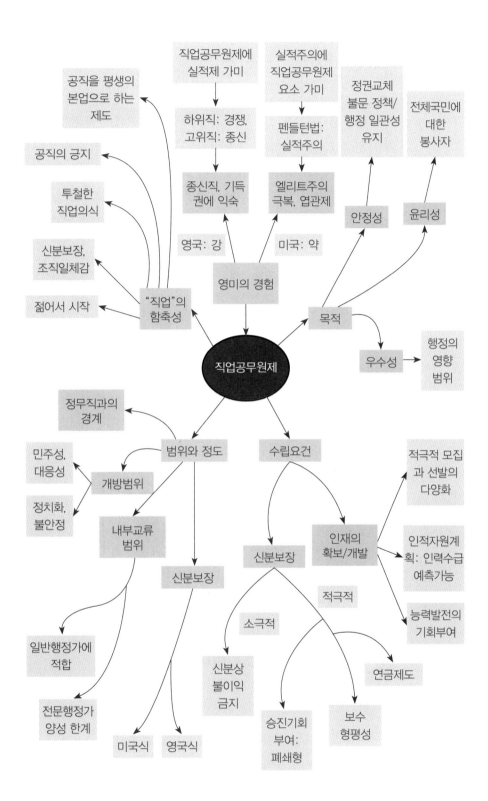

중앙인사기관의 기능은 실적제 확립의 초기에 엽관주의나 정실주의 방지에 목적을 두고 준입법기능, 준사법기능, 집행기능 및 감사기능으로 요약된다면, 현대적 기능은 특히 1970년대 이후 중앙인사기관이 효율적 인사행정을 위해 행정수반의 전략적 정책수행을 보좌하는 역할을 강조하는 기능, 즉 감시 및 자문 기능, 중재자 기능, 연구 및 조사기능을 통하여 봉사성을 강화하는 기능이다.

🌐 중앙인사행정기관의 기능 변천

전통적 기능		현대적 기능	
전통적인 엽관적·정실적 인사관행을 억제하고 실적제나 직업공무원 확립을 위한 기능		효율적 인사행정을 위해 행정수반의 전략적 정책수행을 보좌하는 역할을 강조하는 기능	
준입법 기능	의회가 정한 법률의 범위 안에서 인사행정 전반에 관한 규칙을 제정할 수 있는 기능	감시 및 자문기능	인사권의 분권화에 의해 각 부처의 인사권이 커짐에 따라 이에 대한 감시 및 자문(보좌)역할을 강조
준사법 기능	위법·부당한 처분을 받은 공무원의 소청이 있을 경우 이를 재결할 수 있는 권한을 가지는 것	준입법기능의 변화	지나치게 엄격한 인사규정을 완화하여 기관장의 인사행정의 효율성과 실적주의를 조화시킴
집행 기능	직위분류, 임용, 보수, 교육훈련 등 인사법령에 규정된 업무를 집행하는 기능	중재자 기능	효율성 중시의 부처기관장과 공정성 중시의 부처인사기관 간의 갈등 중재
감사 기능	공무원에 대한 감사와 위법·부당한 사실에 대하여 소속기관장에게 시정을 요구하고 관련 공무원을 정계위원회에 회부할 수 있는 기능	연구 및 조사기능	민영화, 계약공급, 계약직·임시직 공무원 제도 등 새로운 행정관리기술의 도입에 따라 중앙인사기관의 연구 및 조사 기능이 강화됨

1 중앙인사기관의 조직형태

(1) 독립합의형

– 공직인사를 정치적 영향력으로부터 보호하고 정치적 중립성 확보 목적
– 미국 연방인사위원회(1883-1978)

– 일본 인사원

(2) 비독립 단독형

– 행정수반의 직접적 통제, 행정수반이 인사행정에 대해 직접적 책임
– 인시기관의 결정과 집행은 행정수반의 감독 아래에 있음
– 인사혁신처, 미국 인사관리처

① 장점

– 책임소재 분명
– 신속한 의사결정
– 행정수반의 관리수단 확보

② 단점

– 인사행정의 독립성 확보 곤란–의사결정의 지연
– 행정수반의 인사정책에 대한 견제 곤란
– 기관장의 독선이나 자의적 결정 견제 곤란
– 인사행정의 일관성 계속성 유지 곤란(기관장 교체에 따른)

지속적인 행정개혁을 통하여 정부부문의 생산성과 경쟁력을 증대시켜 나가고 있고, 우리나라 인사제도와 밀접한 연관성이 있거나 또는 인사개혁 정책 추진에 교훈을 줄 수 있다고 판단되는 국가인 영미계 4개국(미국, 영국, 뉴질랜드, 호주), 유럽 3개국(독일, 프랑스, 네덜란드), 아시아 3개국(한국, 일본, 싱가폴) 등 총 10개국의 중앙인사관장기관을 대상으로 인사행정 전담기관이 설치되어 있는지의 여부와 이원화체제로 운영하고 있는 국가가 있는지의 여부를 파악해 보면 다음 표와 같다.

🎯 주요 외국의 중앙인사관장기관 설치 형태

구분	계	영미계	유럽계	아시아계
전담기관 있음	7	• 미국(OPM) • 영국(OPS) • 뉴질랜드(SSC)	• 프랑스 (인사개혁부)	• 한국(인사혁신처) • 일본(인사원) • 싱가폴(PSD)
전담기관 없음	3	• 호주 (교육부산하)	• 독일(연방내무성) • 네덜란드(내무부)	
합계	10	4	3	3

※ 이원적 체제로 운영하고 있는 국가는 없음

　　10개국 가운데 7개국이 인사행정 전담기관을 두고 단일기관에서 통합된 인사기능(정책, 집행, 감사 등)을 수행하도록 하고 있고, 3개국만이 전담기관을 두지 않고 인사기능을 다른 부처기능에 병합하여 수행하고 있다.

🎯 미국 인사관리처(OPM)의 조직과 기능

설치	1978년, 공무원인사개혁법(Civil Service Reform Act)에서 규정
소속	대통령 소속 독립기관(약 3,500명)
조직	− 보수성과국, 임용국(고시채용국), 조사국, 퇴직보험국, 노사관계국, 실적주의 감독국 등으로 구성 − 지방지소(5개): 필라델피아, 애틀란타, 시카고, 달라스, 샌프란시스코
기관장 임명	처장 및 부처장은 상원의 동의를 얻어 대통령이 임명(임기: 4년)
기능	− 연방공무원 채용·시험·승진·교육훈련·보수·연금, 직위분류제에 관한 업무 등 각종 인사정책 수립·집행 − 인사감사 및 인사조사·연구 − 고위공무원단(SES) 관련업무 등 ※ 고위공무원자격심사위원회(Qualification Review Board)에서 고위직 공무원 자격심사

　　미국은 엽관제의 폐해로 실적주의가 확립된다. 1883년 펜들턴법의 제정 이후 독립합의형의 집권적인 연방인사위 체제를 거쳐 1978년 연방공무원개혁법(CIVIL SERVICE REFORM ACT; CSRA)으로 인사위는 비독립적 집행부형인 인사관리처(OFFICE OF PERSONNEL MANAGEMENT; OPM)와 실적제관리위원회 등으로 분리되었다.

우리나라의 경우 1948년 정부 수립 이후 고시위원회와 총무처(인사국) 체제로 출발하여 국무원 사무국, 국무원 사무처, 내각 사무처, 행정자치부를 거쳐 1999년에 중앙인사위원회가 설치되어 내각의 각 부로부터 독립된 인사행정 전담부서로 운영되었다.

그 후 중앙인사위원회(인사정책), 행정자치부(인사집행)로 이원화되어 있던 인사행정 기능을 2004년에 중앙인사위원회로 통합 일원화하였다. 이후 2008년에 대부처주의 조직개편으로 중앙인사위원회가 다른 기능과 통폐합되어 행정안전부(인사실)·안전행정부(인사실) 체제로 유지되다가, 2014년 11월 19일 공직 인사혁신을 전담하는 인사혁신처가 신설되었다(인사혁신처 연혁 참조).

그림 인사혁신처 조직표

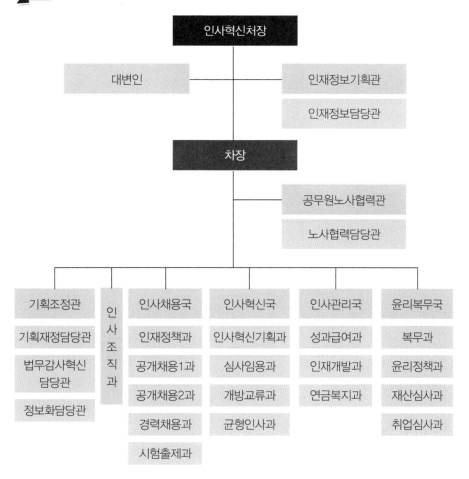

중앙인사기관의 전통적 기능이 아닌 것은?　　　　　　　　　　　　(10 특채전환)

① 감시 및 자문기능　　　　　　　　② 준입법기능
③ 준사법기능　　　　　　　　　　　④ 집행기능

○ 정답　①번

전통적 기능은 실적제 확립의 초기에 엽관주의나 정실주의 방지에 목적을 두고 준입법기능, 준사법기능, 집행기능 및 감사기능으로 요약된다면, 현대적 기능은 특히 1970년대 이후 중앙인사기관이 효율적 인사행정을 위해 행정수반의 전략적 정책수행을 보좌하는 역할을 강조하는 기능. 즉 감시 및 자문기능, 중대자 기능, 연구 및 조사기능을 통하여 봉사성을 강화하는 기능이다.

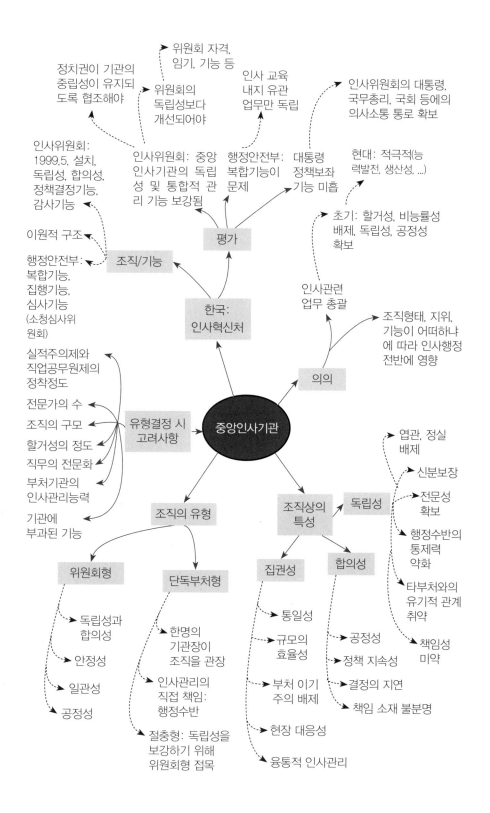

위원회 자격,
임기, 기능 등

정치권이 기관의
중립성이 유지되
도록 협조해야

위원회의
독립성보다
개선되어야

인사 교육
내지 유관
업무만 독립

인사위원회의 대통령,
국무총리, 국회 등에의
의사소통 통로 확보

인사위원회:
1999.5. 설치,
독립성, 합의성,
정책결정기능,
감사기능

인사위원회: 중앙
인사기관의 독립
성 및 통합적 관
리 기능 보강됨

행정안전부:
복합기능이
문제

대통령
정책보좌
기능 미흡

현대: 적극적(능
력발전, 생산성, ...)

이원적 구조

조직/기능

평가

초기: 할거성, 비능률성
배제, 독립성, 공정성
확보

행정안전부:
복합기능,
집행기능,
심사기능
(소청심사위
원회)

한국:
인사혁신처

인사관련
업무 총괄

실적주의제와
직업공무원제의
정착정도

의의

조직형태, 지위,
기능이 어떠하냐
에 따라 인사행정
전반에 영향

전문가의 수

조직의 규모

유형결정 시
고려사항

중앙인사기관

할거성의 정도

직무의 전문화

엽관, 정실
배제

부처기관의
인사관리능력

신분보장

기관에
부과된 기능

조직의 유형

조직상의
특성

독립성

전문성
확보

집권성

합의성

행정수반의
통제력
약화

위원회형

단독부처형

타부처와의
유기적 관계
취약

독립성과
합의성

한명의
기관장이
조직을 관장

통일성

규모의
효율성

공정성

책임성
미약

안정성

인사관리의
직접 책임:
행정수반

부처 이기
주의 배제

정책 지속성

결정의 지연

일관성

공정성

절충형: 독립성을
보강하기 위해
위원회형 접목

현장 대응성

책임 소재 불분명

융통적 인사관리

제 2 장 　인사행정제도

♩ 학습목표

　　1. 공직구조
　　2. 계급제와 직위분류제 등에 대해 알아본다.

01　공직구조

1 공직의 분류

공직분류란 공무원을 채용과 대우 등의 기준에 따라 분류하는 것을 말한다.

(1) 경력직 공무원과 특수경력직 공무원

경력직 공무원은 실적과 자격에 의하여 임용되고 그 신분이 보장되며 평생토록 공무원으로 근무할 것이 예정되는 공무원을 말한다. 경력직 공무원에는 행정기술직, 우정직 등의 일반직 공무원, 법관, 검사, 외무공무원, 경찰소방공무원, 교육공무원, 군인 등의 특정직 공무원, 기능직 공무원이 포함된다.

특수경력직 공무원은 경력직 공무원외의 공무원을 말하며 법률에 특별한 규정이 없는 한 결격사유, 보수, 능률, 복무, 당연퇴직 등을 제외하고는 국가공무원법이 적용되지 않는다. 특수경력직 공무원에는 국무총리, 감사원장, 처의 처장, 각 부의 차관 등의 정무직·장관 정책보좌관 국정원 기조실장 등의 별정직·계약직 공무원 등이 포함된다.

( )안에 들어갈 말을 바르게 나열한 것은?   (16 국가직 7급)

> 국가공무원법상 행정각부의 차관은 (ㄱ) 공무원 중 (ㄴ) 공무원이다.

	(ㄱ)	(ㄴ)
①	경력직	일반직
②	경력직	특정직
③	특수경력직	별정직
④	특수경력직	정무직

◎ 정답 ④번
국가공무원법상 행정각부의 차관은 (ㄱ 특수경력직) 공무원 중 (ㄴ 정무직) 공무원이다.

경력직 공무원(국가공무원법 제2조 제2항)

구분	내용
일반직	기술·연구 또는 행정일반에 대한 업무를 담당하는 공무원 ① 행정·기술직 ② 우정직 ③ 연구·지도직 일반직 공무원 중 특수업무 분야에 종사하는 공무원 ① 전문경력관
특정직	담당업무가 특수하여 자격·신분보장·복무 등에서 특별법이 우선 적용되는 공무원 ① 법관·검사 ② 외무공무원 ③ 경찰공무원 ④ 소방공무원 ⑤ 교육공무원 ⑥ 군인·군무원 ⑦ 헌법재판소 헌법연구관 ⑧ 국가정보원의 직원·경호공무원 등 특수 분야의 업무를 담당하는 공무원으로서 다른 법률이 특정직 공무원으로 지정하는 공무원

특수경력직 공무원(국가공무원법 제2조 제3항)

구분	내용
정무직	선거, 국회동의에 의하여 임용되는 공무원, 고도의 정책결정업무를 담당하거나 이를 보조하는 공무원으로서 법령에서 정무직으로 지정하는 공무원 ① 감사원장·감사위원 및 사무총장 ② 국회사무총장·차장·도서관장·예산정책처장·입법조사처장 ③ 헌법재판소 재판관·사무처장 및 사무차장 ④ 중앙선거관리위원회 상임위원·사무총장 및 차장 ⑤ 국무총리 ⑥ 국무위원 ⑦ 대통령비서실장 ⑧ 국가안보실장 ⑨ 대통령경호실장 ⑩ 국무조정실장 ⑪ 처의 처장 ⑫ 각 부의 차관, 청장(경찰청장은 특정직) ⑬ 차관급상당 이상의 보수를 받는 비서관(대통령비서실 수석비서관, 국무총리비서실장, 대법원장비서실장, 국회의장비서실장) ⑭ 국가정보원장 및 차장 ⑮ 방송통신위원회 위원장 ⑯ 국가인권위원회 위원장

별정직	비서관·비서 등 보좌업무 등을 수행하거나 특정한 업무 수행을 위하여 법령에서 별정직으로 지정하는 공무원 ① 비서관·비서 ② 장관정책보좌관 ③ 국회 수석전문위원 ④ 감사원 사무차장 및 시·도 선거관리위원회 상임위원 ⑤ 국가정보원 기획조정실장 ⑥ 기타 법령에서 별정직으로 지정하는 공무원

출처: 인사혁신처 홈페이지 http://www.mpm.go.kr/mpm/info/infoJobs/jobsProcedures01/ 또는 국가법령정보센터 http://www.law.go.kr/ 2018.7.19. 접근

(2) 국가공무원과 지방공무원

국가공무원은 국가공무원법의 적용 대상이며 지방공무원은 지방공무원법의 적용 대상이 된다. 인사행정의 기본 내용과 체제는 거의 같다.

2 인사체계의 유형

개방의 형태에 따라 폐쇄형과 개방형, 교류형과 비교류형으로 분류할 수 있다.

(1) 폐쇄형과 개방형

공직에 인사충원의 이유가 발생했을 때 외부로부터의 충원이 가능한지의 여부에 따라 폐쇄형과 개방형으로 나눌 수 있다. 신규채용을 제외하고는 내부에서 충원이 이루어지면 폐쇄형에 속하며, 신규채용과 승진 등에서 외부로부터 인력의 유입을 허용하면 개방형에 속한다.

폐쇄형은 계급제와 부합하며 개방형은 직위분류제와 부합되는 형태이다.

🌐 개방형 공무원 임용현황 (단위: 명)

구분	2000	2001	2002	2003	2004	2005	2006	2007	2008	2009	2010	2011	2012	2013	2014	2015
직위지정수	130	131	139	142	154	156	207	220	188	182	198	246	311	421	430	443
충원수	65	115	118	124	136	146	166	196	136	149	157	194	235	227	288	300
내부임용	54	96	95	87	75	79	94	86	64	82	86	108	147	145	193	172
외부임용	11	19	23	37	61	67	72	110	72	67	71	86	88	82	95	128
(외부임용율, %)	16.9	16.5	19.5	29.8	44.9	45.9	43.4	56.1	52.9	45	45.2	44.3	37.4	36.1	33	42.7

출처: 2016 국가공무원통계, e-나라지표.
* 외부임용률: 개방형 직위 임용자 중 민간인 또는 타부처출신 공무원 임용자의 비율.

폐쇄형은 내부구성원의 사기진작에 도움이 되며, 개방형은 유능한 인재를 선
발하는데 유용하다(개방형 직위에 대한 상세한 내용은 부록 2 참조).

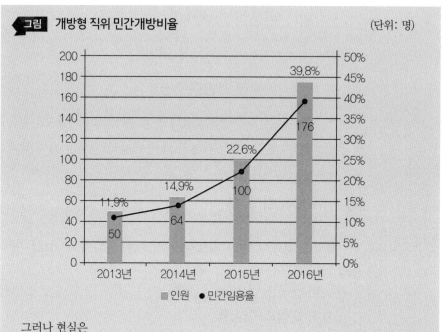

그림 개방형 직위 민간개방비율 (단위: 명)

그러나 현실은
말뿐인 고위공무원 개방형…
60%가 내부 출신

2013년 말 기준
 개방형 직위 166개 중 해당 부처 출신과 현직 공무원이 100개(60.2%)를 차지했다. 다른
부처 출신은 23개, 민간인은 31개에 그쳤다. 통일부와 해양수산부, 식품의약품안전처,
통계청 등은 개방형 직위 모두를 자기 부처 출신으로 채웠다.

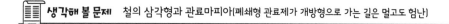

생각해 볼 문제 철의 삼각형과 관료마피아(폐쇄형 관료제가 개방형으로 가는 길은 멀고도 험난)

철의 삼각형(Iron Triangle)

 1. 개념

 정책참여자(행위자)는 정부, 국회 등의 공식적 참여자와 시민단체, 시장, 대중매체 등
의 비공식적 참여자로 구성된다. 이 삼자간의 복잡한 상호작용으로 새로운 창발적 패
턴이 나타나는 것이 현실이다.
 철의 삼각형이란 정책 과정에서 시장(이익집단)·정부·국회가 상호간의 이해관계를

보호하기 위해 밀접한 동맹 관계를 형성하고 있는 현상을 가리키는 개념이다. 다원화되고 분권화된 정치체제에서는 무수한 이익집단들이 그들의 이익을 보전하고 관철시키기 위한, 즉 정부의 공식적인 정책과정에 영향력을 미치기 위한 활동을 전개하고 있다.

특히 강력하게 조직화된 이익집단들은 국회의원들 그리고 관료들과 밀접한 연계망을 형성하여 그들에게 유리한 정책이 결정되어 집행되도록 다양한 활동을 하고 있다. 철의 삼각은 국방위, 법사위, 문화관광위 등 각 정책분야별 정책과정에서 관련 이익집단, 소관 관료조직, 그리고 의회의 소관 위원회가 상호간의 이해관계를 보호하기 위해 밀접한 동맹관계를 형성하고 있는 현상을 가리키는 개념이다. 각 정책분야별로 형성되어 있는 3자간의 동맹관계는 외부의 작용에 의해 그 관계가 좀처럼 흐트러지지 않을 정도로 견고하기 때문에 철의 삼각형이라고 부른다(다음 그림 참조).

그림 **시장(이익집단)·정부·국회 간의 철의 삼각형**

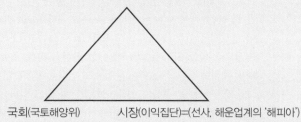

또다른 철의 삼각형의 예를 들면 시장(선사, 해운업계의 '해피아'), 정부(해수부, 기재부 예산 증액 난색 표명), 국회(국토해양위)의 삼각동맹' 등을 들 수 있다. 2011년 11월 8일 국회 국토해양위원회 법안심사소위원회 회의장. 회의록을 보면 소위원회에서는 오후 2시 27분부터 31분까지 해사안전법 개정안을 심의했다. 그러나 의원들 간의 의견 조율이 이루어지지 않았으며, 해사안전법 개정안에 대한 의원들의 동의를 얻지 못해 폐기되었다.

그림 **해수부와 유관기관 간의 철의 삼각형**

관피아(관료출신 마피아)가 해운조합 요직 4자리 중 3자리를 해수부·해경 전관(前官)이 나눠먹는 등 선사의 부조리와 선박 불법 증축을 검사·감독하고 해양 안전을 책임져야 할 한국선급 등 해수부 산하기관 11곳을 이들이 장악했으며, 이들 전관들은 선사들이 낸 각출금(공제회비)으로 봉급 받는 '이해못할 카르텔'이 존재했다.

공공기관 경영정보 공개시스템인 '알리오'를 통해 확인해보니 정부가 지정한 38개 방만경영 중점관리 대상 기관장 38명 가운데 18명(47.4%)이 '관료 출신 낙하산'이었다.

철의 삼각형(Iron Triangle)에 학연, 지연, 혈연의 아주 끈적끈적한 인적 동맹까지 합쳐져 있는 한국적 상황과 만나 어디까지 무시무시하고 파렴치한 권력이 되는지 상상하기도 무섭다.

2. 발생배경

철의 삼각관계 개념은 다원주의 체제하에서 발달한 다양한 이익집단과 이들의 정책과정상의 역할에 관련하여 생성된 개념이다. 특히 미국의 경우 1960년대 이래 이익집단의 수와 다양성은 엄청나게 증대하여 왔다. 관련 자료에 따르면 1980년대 초에 미국은 16,000여개에 달하는 전국적 수준의 집단과 200,000여개에 달하는 지역수준의 집단이 형성되어 있는 것으로 보고되고 있다. 그리고 12,000여명의 로비스트들이 워싱턴을 거점으로 활동하고 있으며 이들 중 절반은 각종 조합, 전문가협회, 농민조직, 그리고 개별 회사에 의해 고용되어 활동하고 있다. 이와 같이 엄청난 수의 집단들은 많은 경우 그들의 이익을 관철하기 위해 이익집단화 되고 있다. 이들은 구성원수나 응집력, 재정적 자원 등을 동원하여 소관 관료조직과 의원들을 상대로 정책과정에서 자신들의 이익을 관철하기 위해 영향력을 행사하고 있는 것이다. 이와 같이 조직화된 이익집단들이 자신들의 이익을 관철하기 위해 공식적 정책결정권한과 집행권한을 가지고 있는 관료와 정치가와 연계하고 있는 현상을 지칭하기 위해 철의 삼각이라는 개념이 생성된 것이다.

3. 이론적 모형

각 분야별로 특정 이익집단, 관료조직, 의회의 관련 상임위원회가 상호간의 이해관계를 유지·보전하기 위해 견고한 동맹관계를 형성하고 있는 현상을 철의 삼각이라고 규정짓고, 이러한 현상을 모형의 형태로 발전시킨 것이 소위 하위정부모형(subgovernment model)이다. 따라서 철의 삼각과 하위정부모형은 같은 현상을 설명하고 있는 개념 또는 모형이라고 볼 수 있다.

다만 철의 삼각이라는 개념이 각 분야별로 이해관계 세력이 기득권의 보호를 위해 굳건히 연계하고 있는 현상을 강조하는 부정적인 의미가 강한 반면에 하위정부모형은 보다 중립적인 의미를 가지고 있는 것으로 볼 수 있다.

하위정부모형은 특정 이익집단, 소관 관료조직, 의회의 관련 위원회 등 비교적 소수의 행위자들간에 안정적인 관계를 형성하여 정책과정을 지배하고 있다고 보는 반면에 이러한 안정적인 관계를 비판하면서 등장한 모형이 Heclo 등이 주장하는 이슈망(issue network)모형이다. 이슈망모형에 따르면 하위정부모형과 같이 안정된 정책망의 경우도 상황의 변화에 따라 기존의 관계내에서 균열이 생길 수도 있고 또 특정 정책분야의 정책망에서 배제되어 왔던 외부세력이 성장하여 기존의 정책망에 진입함으로써 참여자들간의 관계가 유동적이고 불안정한 관계가 이루어진 상태에서 정책과정이 전개되기도 한다는 것이다.

즉, 이슈망모형은 특정 이익집단, 소관 관료조직, 의회의 관련 위원회 간의 안정적인 관계로 정책과정의 특징을 설명하려는 철의 삼각 개념으로는 행위자들을 중심으로 정책과정 현상을 분석하는데 한계가 있을 뿐 아니라 종전에는 접근을 허락되지 않았던 이질적인 집단이 특정 정책분야의 정책과정에 등장하면서 기존의 정책망의 균열을 통해 정책변동이 일어나는 현상을 제대로 설명할 수 없음을 보여주고 있다.

철의 삼각 개념은 정책과정에 있어서 이익집단의 활동을 지나치게 강조하고 있다. 따라서 분야별 이익집단이 활성화되어 있지 못한 정치체제하에서의 정책과정을 설명하기에는 한계가 있다. 정책망모형이나 이슈망모형은 철의 삼각 개념이 지니고 있는 이러한 분석상의 한계를 보완하기 위해 나온 모형들로 볼 수 있다.

관료마피아

1. 개념

관료마피아란 관료와 마피아(Mafia)의 합성어로 줄여서 '관피아'라고도 하며, 퇴직 관료가 산하기관 또는 유관기관에 전관예우로 재취업하는 유착관계를 말한다. 이는 각종 부패의 고리 역할을 한다는 점에서 이탈리아 시칠리아 섬을 주무대로 활동하던 범죄조직인 마피아에 비유한다. 대표적인 관피아로는 옛 재정경제부(MOFE) 퇴직 관료들이 금융기관 등에서 활동하는 모피아가 있으며, 국토교통부 관료들이 건설업계에 근무하는 국피아, 산업통상자원부 관료들이 산업계에 근무하는 산피아, 해양수산부 관료들이 해운업계에 근무하는 해피아 등을 들 수 있다. 새누리당 이장우 국회의원이 2014년 5월 17개 정부 부처에서 4급 이상 관료로 근무하다가 공공기관, 공기업, 관련협회, 대학 및 연구원 등에 재취업해 활동 중인 관료마피아 명단을 제출받아 공개하였는데 무려 384 명에 이르렀다.

🌐 2014년 기준 관료마피아

부처	퇴직시 4급 이상 관피아 수(명)
산업통상자원부	64
농림축산식품부	42
국토교통부	42
해양수산부	35
문화체육관광부	32
보건복지부	31
환경부	27
고용노동부	27
법무부	24
교육부	15
안전행정부	12
통일부	11
미래창조과학부	9
외교부	5
기획재정부	4
국방부	2
여성가족부	2
계	384

〈국가 개조 (1): 대한민국이 관료를 위한 나라인가〉

(중략) … 문제는 이런 썩어 문드러진 마피아 문화가 거의 모든 부처에 뿌리내리고 있다는 데 있다. 모피아(기획재정부 등), 산피아(산업통상자원부), 교피아(교육부), 국피아(국토교통부) 등이 저마다 해당 분야에서 철밥통 지키기와 전관예우 관행을 통해 자신의 배를 채워왔다. …

http://biz.chosun.com/site/data/html_dir/2014/05/02/2014050202416.html?Dep0=twitter#csidx fa85eb46822d2a181dd53cc87e8f49a

이름	재임기	출신교	주요이력	비고
○ ○ ○	2001.4.2~ 2002.2.9	서울대 기계공학	한국서부발전·한수원 사장	원전비리로 구속
○ ○ ○	2002.3.28~ 2005.3.27	연세대 기계공학	한국전력기술 사장	
○ ○ ○	2005.3.28~ 2007.4.1	서울대 원자핵공학		
○ ○ ○	2007.4.2~ 2008.12.5	서울대 원자핵공학	한국방사성폐기물 관리공단 이사장	
○ ○ ○	2008.12.24~ 2010.1.2	서울대 원자핵공학		원전비리로 구속
○ ○ ○	2010.2.1~ 2010.4.1	동아대 기계공학	한수원 건설본부장	
○ ○ ○	2010.4.2~ 2012.2.22	한양대 원자력공학	한수원 안전기술 본부장	
○ ○ ○	2012.2.23~ 2012.10.9	고려대 전기공학	경기그린에너지 사장	
○ ○ ○	2012.10.10~ 2013.12.2	부산대 물리학		비리사건 책임지고 중도 사퇴
○ ○ ○	2014.1.6~현재	한양대 원자력공학		원전비리로 구속

2. 교피아

⏰ '10년~'12년 퇴직 공무원[4급 이상] 재취업 현황

연번	성명	직급	소속기관/ 직위	퇴직일	재취업 기관/직위	퇴직사유	생년 월일
1	○ ○ ○	일반직고위 공무원	교육과학기술부 기획조정실장	10.1.29	국제대 총장	의원면직	57.11.19
2	○ ○ ○	일반직고위 공무원	학술원사무국	10.3.2	대경대학 총장	명예퇴직	52.2.24
3	○ ○ ○	서기관	교육과학기술부	10.3.2	동국대학교 교수	의원면직	67.2.20
4	○ ○ ○	일반직고위 공무원	서울특별시교육청 부교육감	10.3.6	성신여자대학교 교수	의원면직	55.10.19
5	○ ○ ○	서기관	교육과학기술부	10.5.26	목원대학교 교수	의원면직	63.2.6

6	○○○	별정직고위 공무원	교원소청심사 위원회 위원장	10.8.23	단국대학교 교수	의원면직	56.2.14
7	○○○	일반직고위 공무원	광주광역시교육청 부교육감	10.8.31	순천향대학교 교수	명예퇴직	52.1.14
8	○○○	부이사관	교육과학기술부 대학지원과장	10.9.1	한양대학교 교수	의원면직	65.10.28
9	○○○	일반직고위 공무원	인천광역시교육청 부교육감	10.9.17	가천대학교 교수	명예퇴직	54.11.19
10	○○○	일반직고위 공무원	경기도교육청 제1부교육감	10.10.20	한국장학재단 이사	명예퇴직	53.1.14
11	○○○	일반직고위 공무원	제주대학교 사무국장	10.10.31	(사)한국전문대학 법인협의회 사무총장	명예퇴직	52.8.15
12	○○○	부이사관	부경대학교 학생 지원과장	10.12.31	부경대학교 산학 협력단(계약직)	명예퇴직	51.12.27
13	○○○	부이사관	목포해양대학교 총무과장	10.12.31	보이더블유 주식회사	정년퇴직	50.9.20
14	○○○	별정직고위 공무원	교원소청심사위원 회 위원장	11.1.10	송원대학교 총장	의원면직	53.10.5
15	○○○	부이사관	창원대학교 기획 평가과장	11.2.28	강남대학교 교수	명예퇴직	55.1.11
16	○○○	일반직고위 공무원	서울특별시교육청 관리국장	11.3.1	한국전문대학교육 협의회 사무총장	명예퇴직	52.9.1
17	○○○	일반직고위 공무원	교육인적자원부 인적자원총괄국장	11.3.1	서울대학교 산학 협력단	명예퇴직	54.11.24
18	○○○	일반직고위 공무원	안동대학교 사무국장	11.3.1	교육시설재난공제 회 상임강사	명예퇴직	52.12.12
19	○○○	부이사관	서울대학교 학사과장	11.4.15	한국고전번역원 본부장	명예퇴직	52.12.26
20	○○○	부이사관	부경대학교 교무과장	11.7.31	이정숙임대	명예퇴직	53.4.14
21	○○○	일반직고위 공무원	부경대학교 사무국장	11.8.11	경북대학교병원 상임감사	명예퇴직	53.2.13
22	○○○	일반직고위 공무원	강원대학교 사무국장	11.10.13	부산대학교병원 감사	명예퇴직	54.5.4
23	○○○	부이사관	교육과학기술부 연구기관지원과장	11.10.28	전북대학교 교수	의원면직	57.10.10
24	○○○	별정직고위 공무원	교원소청심사 위원회 위원장	11.12.1	단국대학교 교수	의원면직	52.9.4

3. 국피아

대한항공 전 부사장의 '땅콩회항(Nuts Incident)' 사건은 한국 사회의 어느 한 특정영역을 넘어 전 사회적 현상으로 논의된 사회지도층의 '갑질' 문제로서 항공안전감독 제도에 대한 반성과 대책 마련을 위한 기회를 제공해주었다.

그림   항공 관련 조직 현황(2015.1. 기준)

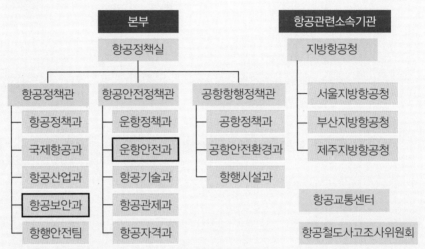

출처: 국토교통부 홈페이지(http://www.molit.go.kr) 참조.

국토교통부의 대한항공 봐주기에 대해 2014년 12월 23일 참여연대는 대한항공 램프 리턴 사태를 조사하는 국토교통부에 대해 조사 과정에서 드러난 위법·부당행위 의혹과 공익에 현저히 반하는 국토교통부의 행위, 조사결과에서 드러난 문제점, 그리고 국토교통의 항공사 관리감독체계와 항공사고 관련 조사 체계의 문제점 등 크게 3가지 점을 문제 제기하며 국토교통부에 대한 공익감사를 청구했다(참여연대사회복지위원회, 2015: 71-72).

항공안전감독관의 항공사 출신 분포

항공안전감독관 산하 항공안전과 소속 항공안전감독관 15명을 대상으로 전 직장이 무슨 항공사이었는지를 분석하였다. 대한항공 13명, 아시아나항공 3명, 제주항공 2명, 노스웨스트 2명, 한성항공 1명, 유나이티드 1명 등의 항공사 출신 분포가 나타났다.

항공안전감독관의 항공사 출신 분포

출신 항공사 \ 감독관	A-1	A-2	A-3	A-4	A-5	A-6	A-7	A-8	A-9	A-10	A-11	A-12	A-13	A-14	A-15
KE	●	●		●	●	●	●		●	●	●	●	●	●	●
OZ			●								●				●
7C						●								●	
NW							●	●							
HS						●									
UA								●							

항공사 IATA 코드: 대한항공 KE, 아시아나항공 OZ, 제주항공 7C, 노스웨스트항공 NW, 한성항공 HS, 유나이트항공: UA)

그림 항공사 출신별 항공안전감독관 간의 연결망 그래프

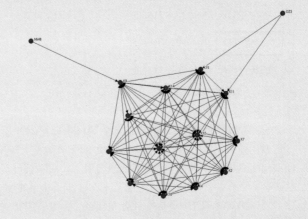

그림과 표에 나타난 바와 같이 대한항공이 가장 높은 연결 중심성과 근접 중심성, 그리고 매개중심성을 보이고 있다. 대한항공의 중심성이 다른 항공사 출신자에 비해 매우 높은 것으로 나타났다.

✥ 항공안전감독관의 중심성 분석

구분	중심성(최고 값 1)		
	연결 정도	근접	매개
KE	0.65	0.69	0.62
OZ	0.15	0.34	0.10
7C	0.10	0.32	0.00
NW	0.10	0.34	0.10
HS	0.05	0.31	0.00
UA	0.05	0.33	0.00

주1: 연결 정도(얼마나 많이 연결되어 있나), 근접(얼마나 가까이(단계 수) 연결되어 있나), 매개
(얼마나 자기를 거쳐야 하는지의 정도)

해외 선진국의 경우 관료의 퇴직 후 관련기관 재취업에 대한 감시가 제도화되어 있고 처벌규정이 강력하여 우리나라와 달리 관피아 논란을 찾아보기 어렵다. 일본의 경우 우리나라와 유사한 관료제 시스템을 갖고 있어 뿌리 깊은 관피아 문제를 겪고 있지만 2008년에 퇴직 관료들이 공기업 및 사기업 재취업을 한차례만 허용토록 함으로써 여러 곳을 옮겨 다니는 낙하산 인사를 원천 봉쇄하였다. 미국은 연방법에서 공직자 재취업 규정을 세세하게 구분하여 민관유착을 방지하고 있는데, 관료의 직위 및 업무에 따라 영구 제한, 2년·1년 제한, 적용 제외를 둬 업무 연관성이 클수록 엄격한 기준을 적용한다. 퇴직 관료가 규정을 위반하여 취업하면 5년 이하의 징역과 5만 달러 미만의 벌금을 부과한다. 독일과 프랑스는 고위 관료에 대하여 각각 퇴직 후 3년, 5년의 재취업 제한 규정이 있다. 또한 규정 위반시 연금박탈, 삭감, 압류 등의 강력한 처벌 조항을 두고 있다. 영국은 취업 제한을 하지 않는 대신 까다로운 재취업 사전 승인제도를 실시하고 있다. 퇴직 관료가 재직 당시 얼마나 예비 고용주와 업무 연관성이 있는지 철저하게 심사한다.

평가

과거에는 모피아, 교육마피아, 원전마피아 등과 같이 특정 부처의 관료들이 퇴직 후 관련기관 재취업에 관한 용어들이 주로 사용되어 왔는데, 2014년 4월 발생한 세월호 침몰사건 이후 해양수산부 및 해양경찰 퇴직 관료들이 유관기관이나 협회에 재취업하는 해피아가 부각되면서 퇴직 관료들의 전반적인 재취업에 관심을 가지면서 관료마피아, 즉 관피아라는 용어가 대두하게 되었다.

현재 우리나라는 공직자윤리법에 의거 퇴직 관료들은 퇴직일로부터 2년간 업무 관련성이 있는 기관이나 기업 등에 취업할 수 없으며 이 기간 동안 취업을 하려면 당시 소속되었던 기관의 장을 거쳐 관할 공직자윤리위원회에서 심사를 통해 취업승인을 받아야 가능한데, 이러한 취업승인 절차가 형식적인 측면이 강해 오히려 취업을 위한 면죄부를 주고 있는 실정이다. 따라서 우리나라도 해외 선진국의 사례를 참조하여 취업 제한 제도를 강화하고 이를 위반시 강력한 처벌을 부과하도록 개선할 필요가 있다.

다져가기 2012년 5급(행정) 공채 2차 행정학 시험 문제: 대표관료제 문제와 성과급제도 관련 문제

민주성과 형평성을 추구하는 대표관료제는 실천 사례가 많지만, 그에 대한 반대 논리 및 주장도 상당한 편이다. 대표관료제의 의미와 이에 따른 '역차별'의 쟁점을 서술하고, 이를 완화시킬 수 있는 대안을 제시하시오. 단, 논의과정에서 다음 두 사례를 반드시 포함하시오.   (30점)

── 〈사례〉 ──

① 우리나라의 지역인재 추천 채용제 또는 중증장애인 경력경쟁채용시험
② 미국의 로스쿨(law school) 입학 전형에서 소수계 인종에 대한 혜택

다져가기 2012년 5급(행정) 공채 2차 행정학 시험 문제: 대표관료제 문제와 성과급제도 관련 문제

다음을 읽고 물음에 답하시오.   (총 30점)

○○시청은 최근 근무성적평정, 역량평가 등을 기준으로 전 직원을 S, A, B, C등급으로 나눠 성과급을 차등지급(기본급 기준 185%~0%)하였다. 그러나 성과급이 지급된 이후, 직원들은 성과급의 전체 평균을 계산하여 S등급자가 B, C등급자에게 평균 차액만큼을 돌려주는 사례가 발생하였다.

1) 동기이론 중 기대이론(expectancy theory)의 주요 내용을 기술하고, 이 이론의 관점에서 성과급제도가 성공적으로 작동하기 위한 요건을 설명하시오. (20점)
2) 정부 성과급제도의 한계를 민간부문과 대비되는 정부부문의 특성에 기초하여 설명하시오. (10점)

(2) 교류형과 비교류형

교류형은 업무의 성격이 유사한 직위의 경우 기관간의 인사이동이 가능한 시스템을 말하며, 비교류형은 기관 간 인사이동이 어렵고 소속기관 내에서만 이동이 가능한 시스템을 말한다.

교류형은 승진 등의 인사관리에 신축성과 융통성을 갖고 조직의 전체적인 균형을 맞추기가 용이한 반면에 전문성을 키워가기가 쉽지 않다. 비교류형은

전문성을 확보하기가 용이한 반면에 시야의 편협성에서 벗어나기가 어렵다.

3 공직분류체계: 계급제와 직위분류제

공직의 분류체세는 계급제(rank classification system)와 직위분류제(position classification system)로 나누어 살펴볼 수 있다. 계급제는 사람을 중심으로 분류하는 것이고, 직위분류제는 직무를 중심으로 분류한다. 우리나라는 계급제를 근간으로 하고 직위분류제적 요소를 부분적으로 도입하여 활용하고 있다.

(1) 계급제

① 개념

계급제는 사람을 중심으로 계급을 나눈다. 사람의 자격이나 능력을 기준으로 그 사람이 어느 계급에 속할 것인지를 정하는 방법이다. 우리나라의 공무원 계급체계가 계급제에 속하는데 최고위직에 고위공무원단이 있고, 그 다음으로 4급에서 9급까지의 계급이 있다. 일반적으로 시험이라는 제도를 통해서 사람의 자격이나 능력을 평가한 다음에 해당 직급에 임명하게 된다. 특정 계급 수준에 맞는 사람을 선발하고 나서 그 사람의 직무를 배정하게 된다.

인사제도에는 계급(階級, grade)과 직급(職級, class)이 있다. 계급은 일반직을 기준으로 1~9급까지 있는데 각 계급은 각 직급(관리관·이사관·부이사관·서기관·사무관·주사·주사보·서기·서기보)과 서로 1: 1로 대응되기 때문에 때로 혼동되기도 한다. 그러나 직급은 직무 중심의 개념이고 계급은 신분 중심의 개념이다. 계급에 직무의 성질과 그 직무의 난이도(영향력의 크기, 업무수행의 쉽고 어려움)·책임도라는 옷을 입힌 것이 직급이라고 볼 수 있다. 그래서 단순히 숫자로 표시되는 1~9급의 계급만 보아서는 그 계급이 수행하는 직무가 무엇인지 알기는 힘들다.

직급이란 원래 직위분류과정에서 나오는 것으로, 한 사람에게 할당할 수 있는 여러 일자리(직위) 가운데 일의 종류(직무의 성질)·난이도·책임도가 유사한 것을 모아 놓은 것을 말한다. 그래서 통상 직급의 수는 직위의 수보다 적다. 그러므로 동일 직급이면 직무의 성질과 그에 따르는 직무의 난이도와 책임도가 비슷하다. 직급은 직무의 난이도와 책임의 정도에 따라 상·하로 분포되게 되며, 이것이 곧 인사와 보수지급의 기준이 된다. 미국의 경우 GS(General Schedule)라 하고 1~18로 분류(SES는 GS16~18)되어 있는데, 예를 들어 회계분야라고 하면 거기에 상하 18개로 차별화된 난이도와 책임도가 존재한다는 뜻이 된다.

한국의 경우 직급이 계급처럼 쓰이고 계급과 혼용되고 있어서 직무중심의 인사관리가 어려운 실정이다. 빈자리가 생겨 결원보충을 해야 할 경우 그 직위의 직무수행요건이나 요구되는 자격 등이 명확히 설정되어 있지 않고 직급만 정해져 있으므로 누구든 그 직위에 맞는 직급만 가지고 있다면 아무나 그 자리에 갈 수 있고, 순환보직에 따라 그 자리를 떠나 다른 자리로 이동하는 데 제약이 없다. 이로 인해 전문성을 확보하는 데 어려움이 따른다. 또한 직무수행을 성공적으로 수행하고 있는가 아닌가를 불문하고 해당 직급에 따라 정해진 보수를 기계적으로 지급받게 되어 있다.

🕰 계급제와 직위분류제의 비교

구분	직위분류제	계급제
분류기준	직무의 종류, 책임도, 곤란도 (종적분류+횡적분류)	개개인의 자격, 능력, 신분(횡적분류)
발달배경	산업사회	농업사회
채용국가	미국, 캐나다, 필리핀	영국, 독일, 일본
인간, 직무	직무중심	인간중심
시험채용	합리성, 공평성	비합리성
행정가	전문행정가 양성	일반행정가 양성
보수정책	직무급(동일직무 동일보수의 합리적 보수제도)	생활급(생계유지수준을 지급하는 비합리적 보수제도)
인사배치	비신축성(횡적교류 곤란)	신축성(횡적이동 용이)
행정계획	단기계획, 단기능률, 단기안목	장기계획, 장기능률, 장기안목
교육훈련	전문지식 강조	일반지식, 교양강조
조정, 협조	곤란(할거주의 초래 우려)	원활
충원체계	개방형(외부채용형)	폐쇄형(내부충원형)
신분보장	약함	강함
직업공무원제	확립곤란	확립용이

계급은 원래 명령과 복종의 관계를 효율적으로 체계화하기 위한 수단이라고 볼 수 있다. 엄격한 위계질서가 필요하고, 상급자의 지휘명령에 대하여 신속하고 일사불란하게 움직여야 일정한 목적을 효과적으로 달성할 수 있는 군대나 경찰 등의 조직에서는 계급제가 유용할 것이다. 인사혁신의 대상으로 계급제를 주목하는 이유가 여기에 있다.

② 특성

계급제의 특성을 이동성, 전문성, 충원, 신분보장, 동일시 경향 등으로 나누어 살펴보면 다음과 같다.

첫째, 직위의 수평적 이동이 용이하다. 계급제는 충원시 특정한 직위에 대해서 고용된 것이 아니고 어느 정도 수준의 업무를 담당할 수 있는지에 대한 자격이나 자질을 기준으로 고용되기 때문에 기본적으로 동일 수준에 해당하는 어느 업무든 수행이 가능하다. 그러므로 수평적 이동이 수월하지만 수직적 이동은 어렵다. 둘째, 일반행정가의 육성이 용이하다. 계급제에서는 상황에 따라 공직자들이 다양한 업무를 수행할 수 있을 것이 요구되며, 또한 다양한 업무를 담당할 기회가 많다보니 일반행정가로 성장할 수 있는 환경에 놓이게 된다. 셋째, 충원이 폐쇄적으로 이루어진다. 계급제에서는 부족한 인력을 충원하는 신규임용을 제외한 승진은 대부분 내부에서 이루어진다. 넷째, 신분보장이 강한 편이다. 충원의 성향에서 추론할 수 있는 것처럼, 충원이 폐쇄적으로 이루어지면 신분보장이 강한편이다. 마지막은 동일시 경향인데 계급제에서는 특정한 자신의 직위를 정해놓고 임용된 것이 아니기 때문에 조직이나 계급과 자신을 더 일체화시키려는 경향이 있다.

③ 장·단점

계급제의 장·단점을 인사이동의 탄력성, 공직자의 능력개발, 대응성, 형평성, 인사관리의 기준 등으로 나누어 살펴보면 다음과 같다.

첫째, 계급제에서는 공직자들이 특정 직위를 대상으로 충원된 것이 아니기 때문에 현재와 다른 직위를 담당하는 것이 훨씬 덜 제한적이다. 둘째, 계급제에서는 다양한 업무와 직위를 담당할 기회가 열려 있기 때문에 종합적 시각을 갖춘 일반행정가를 양성하기가 수월하다. 셋째, 계급제에서는 자신의 직위

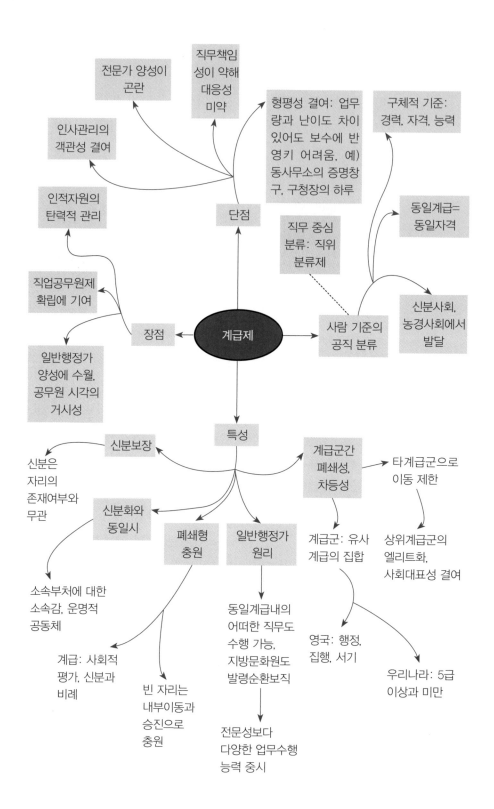

전문가 양성이
곤란

직무책임
성이 약해
대응성
미약

인사관리의
객관성 결여

형평성 결여: 업무
량과 난이도 차이
있어도 보수에 반
영키 어려움, 예)
동사무소의 증명창
구, 구청장의 하루

구체적 기준:
경력, 자격, 능력

인적자원의
탄력적 관리

단점

직무 중심
분류: 직위
분류제

동일계급=
동일자격

직업공무원제
확립에 기여

장점

계급제

사람 기준의
공직 분류

신분사회,
농경사회에서
발달

일반행정가
양성에 수월,
공무원 시각의
거시성

특성

신분보장

계급군간
폐쇄성,
차등성

타계급군으로
이동 제한

신분은
자리의
존재여부와
무관

신분화와
동일시

폐쇄형
충원

일반행정가
원리

계급군: 유사
계급의 집합

상위계급군의
엘리트화,
사회대표성 결여

소속부처에 대한
소속감, 운명적
공동체

동일계급내의
어떠한 직무도
수행 가능,
지방문화원도
발령순환보직

영국: 행정,
집행, 서기

계급: 사회적
평가, 신분과
비례

빈 자리는
내부이동과
승진으로
충원

전문성보다
다양한 업무수행
능력 중시

우리나라: 5급
이상과 미만

나 직무에 대한 책임성의 강도가 상대적으로 약하기 때문에 대국민 대응성이 떨어진다. 넷째, 상대적으로 계급제에서는 형평성 확보가 어렵다. 계급제에서는 업무의 양 및 난이도가 차이가 있어도 보상에 적절히 반영하기가 어렵다. 즉, 직위가 달라도 계급이 동일하면 같은 보수수준을 유지하기 때문이다. 마지막으로 계급제에서는 승진, 구성원 평가, 보상 등의 인사관리를 하는데 있어 기준이 객관성을 확보하기가 어렵다. 즉, 계급제에서는 연공서열과 상상의 주관적 판단이 중요한 역할을 하는 경향이 있다.

(2) 직위분류제

① 개념 및 요소개념

직위분류제는 직무를 중심으로 접근한다. 직무분석을 통해서 특정 직위의 주요 임무, 책임, 난이도 등을 정한 다음 직위에 적합한 사람을 선발하는 방법이다.

직위분류제를 이해하는데 기초가 되는 용어를 간략하게 설명하면 다음과 같다(유민봉, 2010).

첫째, 직위(position)는 1인의 공무원에게 부여할 수 있는 직무와 책임이다. 둘째, 직급(grade)은 직무의 종류, 곤란성과 책임도가 상당히 유사한 직위의 군을 말한다. 셋째, 직렬(series)은 직무의 종류가 유사하고 그 책임과 곤란성의 정도가 상이한 직급의 군을 말한다. 넷째, 직군(group)은 직무의 성질이 유사한 직렬의 군이다. 마지막으로 직류(sub-series)는 동일한 직렬 내에서의 담당분야가 동일한 직무의 군이다.

② 특성

직위분류제의 특성도 이동성, 전문성, 충원, 신분보장, 동일시 경향 등으로 나누어 살펴보면 다음과 같다.

첫째, 수직적 이동이 수월하다고 하기는 어렵지만 상대적으로 수평적 이동이 어렵다. 직위분류제에는 특정 직위를 대상으로 그 특정 업무를 담당한 사람을 고용하기 때문에 성격이 다른 업무로의 이동이 쉽지 않다. 둘째, 전문행정가로써의 능력 개발에 초점을 맞춘다. 직위분류제에서는 수평적 이동이 거의 없이 처음 담당한 분야를 오랫동안 수행하기 때문에 전문성이 요구될 뿐만 아니라 전문행정인으로 성장하게 할 수 있게 된다. 셋째, 상대적으로 더 개방적이다. 직위분류제에서는 내·외부 모두를 대상으로 충원이 이루어진다. 넷째, 신분보장에 약하다. 개방적이면 신분보장이 약할 수밖에 없다. 마지막은 동일시 경향인데 직위분류제에서는 자신의 업무나 직위와 동일시하는 경향이 있다.

③ 장·단점

직위분류제의 장·단점을 인사이동의 탄력성, 공직자의 능력개발, 대응성, 형평성, 인사관리의 기준 등으로 나누어 살펴보면 다음과 같다.

첫째, 특정 업무나 직위를 대상으로 충원되는 직위분류제에서는 인사이동의 융통성을 확보하기가 쉽지 않다. 둘째, 직위분류제에서는 특정 직위와 직무에 제한되어 있기 때문에 시야의 폭이 좁은 대신에 전문행정가를 양성하는데 장점을 갖는다. 셋째, 직위분류제에서는 자신의 직위나 직무에 대한 책임성의 강도가 상대적으로 강하기 때문에 대국민 대응성을 확보하기가 더 용이하다. 넷째, 상대적으로 직위분류제에서 형평성 확보가 더 용이하다. 직위분류제에서는 경험, 직무난이도, 책임수준 등에 따라 보수수준을 달리 할 수 있기 때문에 형평성 확보가 용이하다. 마지막으로 직위분류제에서는 직무분석이 인사관리의 중요한 기준이 되기 때문에 능력과 실적에 바탕을 둔 객관적 기준에 입각하기가 용이하다.

다져가기 **공무원 시험문제**

직위분류제의 장점에 대한 설명으로 옳지 않은 것은?　　　　　　　(15 국가직 7급)

① 동일 직렬에서 장기간 근무하기 때문에 전문가 양성에 도움이 된다.
② 동일 직무를 수행하는 직원이 동일한 보수를 받도록 하는 직무급체계를 확립하는 것이 용이하다.
③ 직무의 성질·내용에 따라 공직을 분류하므로 채용·승진 등 인사배치를 위한 합리적 기준을 제공해 준다.
④ 특정 직위에 맞는 사람을 배치하는 제도이기 때문에 직위나 직무의 변화 상황에 신속히 대처할 수 있는 상황적응적인 인사제도라고 할 수 있다.

◐ 정답 ④번
특정 업무나 직위를 대상으로 충원되는 직위분류제에서는 인사이동의 융통성을 확보하기가 쉽지 않다.

(3) 직무조사와 직무분석

직위분류제를 실시하려면 직무조사와 직무분석이 필수이다.

① 직무조사 – 분류될 직위에 대한 개관적 정보 수집, 기록.

(직무이 내용, 책임도, 곤란도, 복잡도, 사격요건)

1) 질문지 방법–직무기술서에 특정 직위의 점직자가 자기 직무에 대한 내용 직접 기입

   (직무의 내용, 특성, 책임도와 곤란도 등 직접작성)

2) 장점

   가. 신속조사 가능

   나. 많은 직원 동시조사 가능

3) 단점

   가. 분류대상 직위가 많은 경우 적절한 질문지 작성 곤란

   나. 과장 기술 우려

   다. 동일 질문에 대한 상이한 답변 가능

   라. 자유응답형의 경우 다양한 표현 가능–부정확한 조사 우려

🌐 인사조직 직류 시험과목 예시(5·7·9급 공채시험)

구분	1차 시험과목	2차 시험과목
5급공채	언어논리영역, 자료해석영역, 상황판단영역, *헌법, 영어, 한국사	행정법, 행정학, 경제학, 정치학, 인사·조직론
7급공채	국어, 영어, 한국사	헌법, 행정법, 행정학, 인사·조직론
9급공채	국어, 영어, 한국사	행정법총론, 행정학개론, 사회, 과학, 수학, 인사·조직론 중 2

* 5급 공채 제1차 시험 '헌법' 과목은 2017년부터 반영.

② 직무분석

1) 직무조사에 의한 정보 토대로 직무를 종류별로 구분한 것으로, 개별 직무들이 가지는 과정적, 내용적, 결과적 정보들을 체계적으로 분석하는 절차라고 할 수 있으며, 이러한 직무분석의 결과는 제반 조직관리 및 인사관리 분야에 매우 넓게 활용될 수 있다.

용어	개념
과업(Task)	• 특정인이 조직 내에서 수행하는 특정상태의 일 　예) 입원환자의 모니터링/주사처치/투약
직위(Position)	• 조직 구성원 개개인이 수행하는 일 • 동일직무를 네 명이 수행한다면 4개의 직위가 존재 　예) 비서직
직무(Job)	• 여러 과업(또는 직위)을 스킬, 권한, 책임 등에 따라 묶어 놓은 것 　예) 간호직, 사무직
직렬(Job Series)	• 직무의 특수성 및 전문성에 따라 특정결과를 목표로 유사한 직무가 결합된 것이며, 직군의 규모가 지나치게 클 때 직군 세분화를 위해 적용 　예) 기획직렬, 관리직렬
직군(Job Group or Family)	• 업무의 본질적인 특성이나 요구되는 스킬, 지식, 행동 등이 동일 계통인 직무들의 묶음 　예) 사무직군, 영업직군, 연구직군, 기술직군, 공공조직의 경우 행정직, 관리운영직, 기술직, 우정직군 등의 4가지 직군이 있음

③ 직무정보의 수집방법

직무조사 방법에는 관찰법, 면접법, 질문지법, 결과물 분석법, 작업기록법, 중요사건기록법 등이 있으며, 이러한 방법 중 2~3개의 방법을 병행하여 직무정보를 수집하는 경우가 일반적이다.

구분	내용	장점	단점	적용적합 직무
관찰법 (Observation Method)	• 특정직무가 수행되고 있는 것을 관찰하여 내용을 기록하는 방법	• 수집이 편리	• 정신적 활동관찰 불가능 • 직무수행시간이 긴 경우 곤란 • 직무수행에 대한 방해	• 직무수행시간이 짧은 정보 (자동차 생산 조립라인, 보험회사 기록유지 등)
면접법 (Interview Method)	• 특정직무 수행자와 면접을 실시하여 직무에 관한 정보를 획득하는 방법 • 개인면접법과 집단면접법으로 구분	• 수행시간이 긴 직무의 요약설명이 가능	• 면접내용의 신뢰도 문제 • 집단면접시 집단역학의 발생 가능성	• 수행시간이 긴 직무(기획관리 직무 등)

질문지법 (Questionnaire Method)	• 대상직무의 수행자 들에게 질문지를 나눠주고 응답하게 함으로써 직무에 대한 정보를 획득 하는 방법	• 정보수집 시간, 노력이 절약 • 직무수행자의 정신적 활동 파악 가능	• 응답결과에 대 한 신뢰도 문제 • 질문지 작성의 난이도 문제	• 전반적으로 대 부분의 직무에 사용 가능

구분	직무기술서	직무명세서
개념	• 직무분석 결과를 토대로 직무의 투 입, 변형, 산출과정 및 직무의 내용을 기록하는 문서	• 해당직무를 수행하기 위해 요구되는 지식, 기능, 육체적/정신적 능력, 경 험 등을 기록하는 문서
포함내용	• 직무명칭 및 직무코드 • 직무의 소속 직군/직렬 • 직무의 개요 • 직무의 책임과 권한 • 직무수행의 방법/절차 • 직무의 투입물/산출물 • 관련되는 타 직무와의 관계 • 작업조건 • 직무 수행자의 수	• 직무명칭 및 직무코드 • 직무의 소속 직군/직렬 • 요구되는 교육수준 • 요구되는 기능/기술 수준 • 요구되는 지식 • 요구되는 정신적/육체적 능력 • 요구되는 경험
비고		위의 직무요건을 행동중심의 표현으로 전환하여 목록을 작성하게 되면, 역량 분석의 결과인 '역량목록'과 유사한 결 과가 됨

🌐 **직무기술서(예시)**

작성자:

직무명		인사행정총괄		행정부서		인사관리부	
직종	인사총무	직렬	사무	직군	–	직급	8급

1. 직무개요

직원의 채용·배치·승진·급여·평가·퇴직 등 제반 인사행정 업무를 수행한다.

2. 직무내용

가. 인력 수급계획에 의해 직원을 채용하며 해당부서에 배치 및 이동에 관련된 업무를 수행한다.

나. 임금인상을 위한 자료를 수집·분석하여 임금 인상률을 결정하고, 특별상여금 지급 기준안을 연구·검토하여 작성한다.

다. 인사규정에 의거 평정을 실시하고, 승진계획을 수립하여 승진자를 결정한다.

라. 인사관계 규정을 연구·검토하여 제·개정하는 업무를 수행한다.

마. 기타 배정된 업무를 수행한다.

3. 수행요건

일반요건	성별	무관	학력(전공)		대졸(인문상경계열)
	자격면허	–			
지식	학술지식	1. 행정학에 관한 일반적 지식 2. 인사행정에 관한 전문적 지식			
	직무지식	1. 인사 제 규정에 관한 구체적 지식 2. 노동법에 관한 일반적 지식 3. 임금관리론에 관한 전문적 지식			
기능	전산	워드, 엑셀, 파워포인트 조작능력			
	외국어	중급영어			
	기타	–			
능력		기획력, 판단력, 절충력, 지도력			
태도		규율성, 책임성, 협조성, 적극성			
직무경험		1. 기초경험 2년			
		2. 인사행정업무 3년			
교육훈련		인사행정전반			
숙련 도달기간		2년			
책임	업무책임	1. 방법절차 책임: 인사관계규정의 제정 및 개·폐 등			
		2. 비밀유지 책임: 채용, 근무평정, 승진, 인사상담			
	지도감독책임	하는 감독: 인사행정팀원에 대한 지휘감독			
		받는 감독: 인사관리부서장으로부터의 지시			
협력부서		기획실, 경리부			
대외접촉기관		1. 정부기관: 고용노동부, 보훈처			
		2. 기타: 대학, 건강보험관리공단			
이동가능 부서/직무		기획실, 총무부, 경리부 등 사무직 업무수행부서			

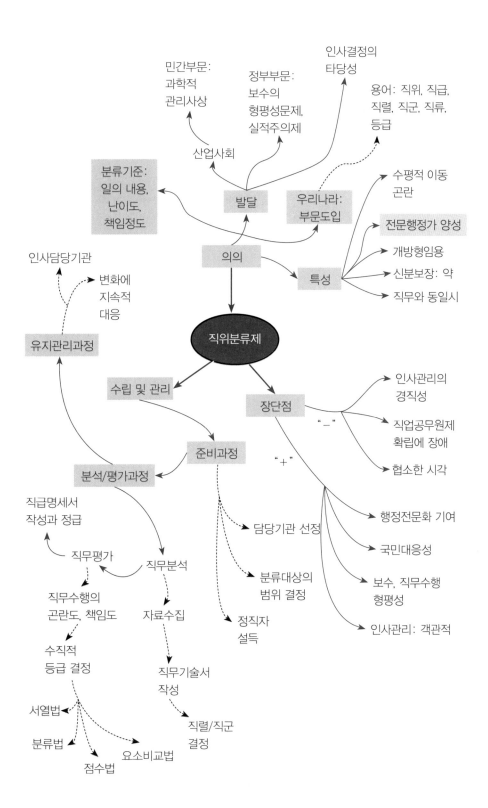

민간부문:
과학적
관리사상

정부부문:
보수의
형평성문제,
실적주의제

인사결정의
타당성

용어: 직위, 직급,
직렬, 직군, 직류,
등급

산업사회

분류기준:
일의 내용,
난이도,
책임정도

발달

우리나라:
부문도입

수평적 이동
곤란

의의

전문행정가 양성

개방형임용

신분보장: 약

특성

직무와 동일시

인사담당기관

변화에
지속적
대응

유지관리과정

직위분류제

수립 및 관리

장단점

인사관리의
경직성

"−"

직업공무원제
확립에 장애

준비과정

"+"

협소한 시각

분석/평가과정

직급명세서
작성과 정급

담당기관 선정

행정전문화 기여

국민대응성

직무평가

직무분석

분류대상의
범위 결정

보수, 직무수행
형평성

직무수행의
곤란도, 책임도

자료수집

정직자
설득

인사관리: 객관적

수직적
등급 결정

직무기술서
작성

서열법

분류법

요소비교법

점수법

직렬/직군
결정

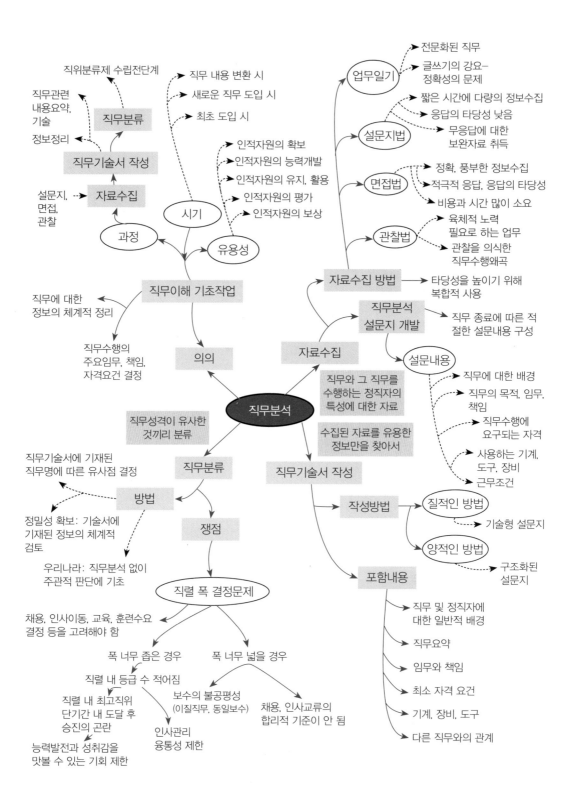

직위분류제 수립전단계

직무관련
내용요약,
기술
정보정리

직무분류

직무기술서 작성

설문지,
면접,
관찰

자료수집

과정

시기

직무 내용 변환 시

새로운 직무 도입 시

최초 도입 시

인적자원의 확보

인적자원의 능력개발

인적자원의 유지, 활용

인적자원의 평가

인적자원의 보상

유용성

업무일기

전문화된 직무

글쓰기의 강요-
정확성의 문제

설문지법

짧은 시간에 다량의 정보수집

응답의 타당성 낮음

무응답에 대한
보완자료 취득

면접법

정확, 풍부한 정보수집

적극적 응답, 응답의 타당성

비용과 시간 많이 소요

관찰법

육체적 노력
필요로 하는 업무

관찰을 의식한
직무수행왜곡

직무이해 기초작업

직무에 대한
정보의 체계적 정리

직무수행의
주요임무, 책임,
자격요건 결정

의의

자료수집 방법

타당성을 높이기 위해
복합적 사용

직무분석
설문지 개발

직무 종료에 따른 적
절한 설문내용 구성

자료수집

설문내용

직무에 대한 배경

직무의 목적, 임무,
책임

직무수행에
요구되는 자격

사용하는 기계,
도구, 장비

근무조건

직무분석

직무성격이 유사한
것끼리 분류

직무와 그 직무를
수행하는 정직자의
특성에 대한 자료

수집된 자료를 유용한
정보만을 찾아서

직무기술서에 기재된
직무명에 따른 유사점 결정

직무분류

직무기술서 작성

방법

정밀성 확보: 기술서에
기재된 정보의 체계적
검토

우리나라: 직무분석 없이
주관적 판단에 기초

쟁점

작성방법

질적인 방법

기술형 설문지

양적인 방법

구조화된
설문지

채용, 인사이동, 교육, 훈련수요
결정 등을 고려해야 함

직렬 폭 결정문제

포함내용

직무 및 정직자에
대한 일반적 배경

직무요약

임무와 책임

최소 자격 요건

기계, 장비, 도구

다른 직무와의 관계

폭 너무 좁은 경우

폭 너무 넓을 경우

직렬 내 등급 수 적어짐

직렬 내 최고직위
단기간 내 도달 후
승진의 곤란

보수의 불공평성
(이질직무, 동일보수)

채용, 인사교류의
합리적 기준이 안 됨

인사관리
융통성 제한

능력발전과 성취감을
맛볼 수 있는 기회 제한

다져가기 **공무원 시험문제**

개방형 또는 폐쇄형 인사제도에 대한 설명으로 옳은 것은?   (17 지방직 7급)

① 개방형은 재직자의 승진기회가 많고 경력발전의 기회가 많다.
② 폐쇄형은 조직에 대한 소속감이 높고 공무원의 시기가 높다.
③ 개방형은 공무원의 신분보장이 강화됨으로써 행정의 안정성을 유지할 수 있다.
④ 폐쇄형은 국민의 요구에 민감하게 대응하여 행정에 대한 민주통제가 보다 용이하다.

○ 정답 ②번
   1-3급 고위공무원단의 경우 개방형으로 외부에서 충원함으로 공무원의 신분보장이 약화된다.

다져가기 **공무원 시험문제**

공직분류에 관한 설명으로 옳지 않은 것은?   (13 국가직 7급)

① 사람을 기준으로 한 공직분류는 공무원의 신분보장에 용이하다.
② 개인의 능력과 자격을 기준으로 한 공직분류는 일반행정가 양성에 용이하다.
③ 직무분석을 통한 직무의 구조적 배열에 중점을 둔 공직분류는 외부에 대한 공직개방에 용이하다.
④ 직무의 난이도와 책임도를 기준으로 한 공직분류는 순환보직제도를 통한 탄력적 인력운용에 용이하다.

○ 정답 ④번

계급제와 직위분류제의 특성 비교

 개인의 능력과 자격 등 사람을 기준으로 한 공직분류는 계급제
 직무난이도와 책임도 등 직무를 기준으로 한 공직분류는 직위분류제
① 사람을 기준으로 한 계급제는 공무원의 신분보장에 용이하다.
② 개인의 능력과 자격을 기준으로 한 계급제는 일반행정가 양성에 용이하다.
③ 직무분석을 통한 직무의 구조적 배열에 중점을 둔 공직분류는 외부에 대한 공직개방에 용이하다.
④ 직무의 난이도와 책임도를 기준으로 한 직위분류제는 순환보직제도를 통한 탄력적 인력운용에 용이하다.
⑤ 계급제는 순환보직제를 통한 일반행정가 양성과 탄력적 인력운영에 유리하다.

인사 행정 용어

1. 폐쇄형 인사체제: closed career system
2. 개방형 인사체제: open career system
3. 관리융통성체제: management flexibility system
4. 직업공무원제: career civil service system
5. 피보호계층: protected classes
6. 집산주의적 접근: collectivist approach
7. 역차별: reverse discrimination
8. (인력)모집망: recruitment network
9. 임용할당제: employment quota system
10. 고용평등조치: equal employment opportunity(EEO)
11. 대표관료제: representative bureaucracy
12. 소극적 대표성: passive representativeness
13. 적극적 대표성: active representativeness
14. 진보적 평등: liberal equity
15. 실적제: merit system
16. 정치적 대응성체제: political responsiveness system
17. 과학적 관리체제: scientific management system
18. 인간관계론적 체제: human relations system
19. 노사협상체제(단체협약체제): collective bargaining system
20. 복지체제: welfare system
21. 차별철폐체제: affirmative action system
22. 엽관제: spoils system
23. 교체임용주의: doctrine of rotation
24. 정실주의: patronage
25. 족벌주의: nepotism
26. 전문가주의적 제도: specialist oriented system
27. 일반능력자주의적 제도: generalist oriented system
28. 고급공무원(관리직 공무원): managerial personnel or higher civil service
29. 하급공무원(집행계층 공무원, 실무자): operating personnel
30. 부처주의: departmentalism
31. 전략적 인적자원관리체제: strategic human resources management system
32. 인사행정: public personnel administration
33. 인적자원: human resources

제 3 장 인적자원관리

🖤 학습목표

1. 인력계획
2. 모집, 선발, 교육훈련, 인사이동, 근무성적평정, 보수와 연금 등에 대해 알아본다.

01 인력계획

1 인력계획의 의의와 중요성

급변하는 환경 속에서 부처별 비전과 목표 달성을 위해 우수인재를 적시에 확보하기 위한 전략적 인적자원관리 실현과 인사자율성 확대에 따라 단순 결원보충이 아닌, 충원·교육·보직관리 등이 연계된 장기적·체계적 계획에 의한 인력관리가 필요하다.

인력계획은 단기적 계획과 장기적 계획으로 나누어 살펴볼 수 있다. 단기적으로는 현재의 인적자원에 대한 분석과 평가를 통해 어떻게 하면 부족한 측면을 보완할 수 있을 것인지를 모색하는 것이다.

장기적으로 환경 변화에 따른 새로운 인력에 대한 수요가 발생할 것을 예측하고 부처별 비전 및 전략목표에 따라 현재 보유인력의 수준과 미래 요구수준 간 차이 분석을 토대로 조직내 인적자본을 적재·적소·적시에 확보·활용하기 위해 전략적인 5개년 중장기 계획을 작성하되, 실천계획은 매년 2년단위로 작성한다.

이러한 장·단기적인 계획 없이는 항상 문제가 발생하여 비용을 지불하고 나서야 대책을 마련하게 됨으로써 많은 낭비를 초래하게 된다. 그러나 한국의 경우 정확한 과학적 분석보다는 정치적인 쪽지예산 등에서 나타나듯이 주먹구구식으로 혹은 점증주의적으로 전년도 대비 몇 % 증원하는 경우가 많다(정부조직의 경우 실제 파킨슨 법칙으로 인해 업무량의 증가와는 무관하게 공무원이 늘어나는 실정이다. 문재인 정부에서는 공약이행 차원에서 업무량보다 모자라던 경찰, 소방공무원 등 증원).

2 인력계획의 과정

인력계획의 과정은 합리적 의사결정 모형에 입각하여 인력수요 및 공급의 예측과 인력수용 결정, 인력공급 대안모색, 시행, 평가 등의 단계로 나누어 살펴볼 수 있다.

(1) 인력수요 및 공급의 예측과 인력수용 결정

조직의 목표를 먼저 설정하고 조직 목표달성을 위해서 필요한 양적 수요와 질적 수요를 예측한다. 수요예측 방법으로는 추세분석, 회귀분석, 델파이기법, 브레인스토밍 등이 활용될 수 있다. 현재의 인력 상태를 진단하여 장래에 요구되는 인력수요를 산출한다. 인력수요와 인력공급을 비교해 실제 인력수요를 결정한다.

> 조직목표 달성을 위하여 소속공무원의 채용·승진·배치 및 경력개발 등이 포함된 인력관리계획 수립 → 9월말 인사혁신처 제출하고, 각 기관은 자체 인력관리계획에 따라 5급 공무원으로의 승진임용 및 경력경쟁채용시험을 실시

인사혁신처는 각 기관에서 제출받은 인력관리계획을 토대로 정부의 전체적인 연간 충원계획을 수립한다.

(2) 인력공급 대안모색

인력의 수요와 현재의 상태가 차이를 보일 경우, 다음과 같은 대안을 생각해 볼 수 있다.

① 임용 및 교육훈련

필요로 하는 인력을 새로이 임용하는 것으로 신규 채용하는 방법과 조직 내부에서 적임자를 인사이동 시키는 방법이 있다. 또한 새로운 임용 없이 현재의 구성원에 대한 교육훈련을 통해서 부족한 인력수요를 보완할 수 있다.

② 구조적 접근방법

조직 구조설계 변경을 통해서 새로운 인력수요에 대처할 수 있다. 업무수행 방식의 변경, 기술적 수단의 변화, 업무의 위탁 등이 조직 구조설계 변경의 예이다.

③ 정책적 접근방법

수급 가능한 조직의 인력상태에 정책을 맞추는 방법이다. 정책의 조정을 통해서 원활한 업무의 처리가 이루어질 수 있도록 하는 것이다.

(3) 인력수요 결정 및 시행 단계

대안모색 단계에서 논의된 대안 중 가장 효과적인 안을 선정하여 실제로 집행하는 단계이다. 어떻게 하면 선택된 안이 본래 의도했던 결과를 잘 가져오게 할 것인지에 초점이 맞추어야 한다.

(4) 평가단계

집행 후에 그 성과를 평가함으로써 환류를 통하여 부족한 부분을 보완하여 향후 더 낳은 성과를 가져올 수 있도록 하는 단계이다.

인력관리에 대한 보충설명은 부록 3을 참조하면 된다.

모든 사회현상은 실험을 할 수는 없지만 자료로 검증하기 전에는 상식에 불과하다. 과연 그런가?

'파킨슨 법칙'을 떠올려 보자. 영국 행정학자 노스코트 파킨슨이 1955년 소개한 이 법칙의 기본 가설은 '일은 그걸 마치도록 주어진 시간만큼 늘어난다'는 것이다. 파킨슨은 그 예로 엽서 한 장을 쓰는 데 8시간이 주어지면 업무자는 8시간 동안 할 일을 만들어 낸다고 했다. 시간 대신 자원과 인력을 대입해도 마찬가지 현상이 나타난다. 파킨슨은 이런 현상을 조직론으로 발전시켜 '공무원 수는 업무의 많고 적음과 관계없이 계속 늘어난다'고 했다.

실제로 파킨슨에 따르면 영국 해군의 인력구조 변화를 담은 자료에 주목했다. 이 자료에 따르면, 1914년에서 1928년까지 14년 동안 해군 장병의 숫자는 14만 6,000명에서 10만 명으로, 군함은 62척에서 20척으로 줄어들었으나, 같은 기간 동안 해군 본부에 근무하는 공무원의 숫자는 2,000명에서 3,569명으로 80퍼센트 가까이 늘어났다고 한다.

1914년부터 1928년 사이의 간부 수 변동조사 결과

연도	주력함정 수	장교와 사병의 수	공창근로자 수	공창관리와 사무원 수	해군본부 관리의 수
1914	62	146,000	57,000	3,249	2,000
1928	20	100,000	62,439	4,558	3,569
증감률	−67.74%	−31.5%	9.54%	40.28%	78.45%

표에서 중요한 것은 1914년에 2,000명이던 해군본부 관리의 수가 1928년에 3,569명으로 늘어났는데, 이는 업무량의 증가와 아무런 관계가 없다는 사실에 있다. 같은 기간 병사는 1/3이, 함대는 2/3이 축소되었고, 더 이상의 인원이나 함대의 증가를 기대할 수도 없었던 상황에서 관리의 수만 78%나 증가하였다는 것이다(Parkinson, 2003).

정부가 조직 개편을 할 때 공무원의 수도 줄이려고 하고 또 실제로 좀 줄어들기도 하지만, 결국은 오히려 매년 늘어나서 이전보다 훨씬 비대해지는 현상을 발견할 수 있는 것이다. 실제로 우리의 경우에도 지난 여러 번의 정부 임기 동안 초기에는 반짝 줄었다가 어느새 슬그머니 조직이 확대되어 임기 말년에는 이전 정부보다 더 심한 복마전으로 되돌아가는 현상을 쉽게 발견할 수 있다.

이러한 파킨슨의 법칙은 정부뿐만 아니라 오늘날 관료화된 대기업 등의 사회 각 조직의 비효율성을 비판하는 메시지로도 인식되고 있다.

전투력이 크게 줄었는데도 왜 관리요원의 숫자는 계속 늘어난 걸까? 이 의문과 관련하여 파킨슨은 '파킨슨의 법칙'의 기초가 되는 두 가지 명제를 제시했다.

1. 관리는 경쟁자가 아닌 부하들이 크게 늘어나는 것을 원한다 – 부하 배증의 법칙
2. 관리들은 서로를 위해 일을 만든다 – 업무 배증의 법칙

결국 일이 많아서 사람이 필요한 것이 아니라 사람이 많아져서 일이 필요한 것이다. 공무원 수가 늘면 일도 많아진다. 스스로 조직에서 안전을 보장받기 위해 새로운 규제와 새로운 개입 영역을 계속 확대하기 때문이다.

생각해 볼 문제ㅣ 세월호 참사로 폐지된 해경의 연도별 증감 자료 찾아보기

그간 한국에서 '파킨슨의 법칙'이 사용된 사례를 몇 가지 살펴보기로 하자.

이러한 파킨슨의 법칙은 해경의 인원 증가현상에서도 나타났다. 지난 2006년 이전 5,826명이던 해경 전체 인원은 2014년 5월까지 38%(2,200명) 늘어난 8,026명에 이르렀다. 이중 간부급인 경감 이상은 377명에서 675명으로 79%나 늘어난 반면, 현장 실무 인력인 경위 이하는 5,449명에서 7,351명으로 35%밖에 보강되지 않았다. 해경은 지난 2006년부터 해상안전과 치안 강화를 이유로 중간 관리기구인 지방청 4곳을 신설했다.

특히 인원 확충은 관리 조직인 해경 본청·지방청에 집중돼 본청·지방청 인원증가율은 일선경찰서의 10배에 이르렀다. 지방청 신설 뒤 본청·지방청 인원은 300명에서 1,039명으로 246% 늘어났지만, 일선 경찰서 인원은 5,436명에서 6,788명으로 25% 늘어난 데 그쳤다. 조직을 신설하면서 실무자보다는 간부 자리 늘리기에 급급했던 것이다.

🕸 해경의 파킨슨 법칙

연도	전체인원	현장 실무인력 (경위 이하)	간부급 (경감 이상)	본청·지방청 관리자 수	일선 경찰서
2006	5,826	5,449	377	300	5,436
2014.5	8,026	7,351	675	1,039	6,788
증감률	38%	35%	79%	246%	25%

2006년까지 41명에 불과했던 구조 전담인력은 올 5월까지 191명이 늘어 232명이 됐지만, 이는 전체 해경 증가 인원(2,200명)의 8.7%밖에 안됐다. 일선 경찰서 1곳에 구조 전담인력이 13~14명 꼴이고, 교대근무 등을 감안하면 사고가 일어날 경우 즉각 출동할 수 있는 구조 인력이 7~8명 밖에 안되는 셈이다.

해양경찰청이 새누리당 조현룡 의원실에 제출한 경감 이상 간부 716명의 경력현황 자료에 따르면 해경 파출소 근무경험이 전혀 없거나 1년 미만인 간부는 476명에 달했다. 66%가 넘는 간부들이 현장경험이 없는 셈이다. 전체 간부 가운데 121명이 경비함

정을 한 번도 타보지 않았거나 1년 미만 승선했다. 1~2년 승선한 간부는 46명, 2~3년은 32명이었다. 배를 모르는 인사들이 해경 간부로 근무한 것이다.

경무관 이상 고위 간부의 절반이 함정 근무 경험이 전혀 없다는 점을 감안하면 해경 승진에서는 배가 그리 중요하지 않은 요소였다. 또 항해나 기관 직렬로 분류됐지만 실제 경비함정 근무를 한 번도 하지 않았거나 1년 내외의 짧은 기간만 근무한 간부도 50여 명에 이르렀다.

그러나 위에 언급한 이러한 해경의 문제점에도 불구하고 해경을 해체하는 조직개편은 정부조직개편 역사상 전대미문의 사례가 될 것이다.

중앙정부를 비롯한 공공부문이 파킨슨의 법칙이 적용되는 전형적인 고도 비만 상태에 빠졌으며, 공무원 증원을 일자리를 늘리는 사회복지 개념 차원에서 접근하고 있다는 비판이 제기되었다.

2011년 7월 8일 자유선진당 대변인 임영호는 '공무원 100만 명 시대, 파킨슨의 법칙을 극복해야 한다'는 논평에서 이렇게 말했다. "이명박 정부도 역대 정부와 다를 바가 하나도 없다. 출범 초기에는 '작은 정부'를 하겠다며 정부 조직 통폐합으로 공무원 숫자를 6,951명 축소하겠다면서 있는 호기, 없는 호기를 다 부렸다."

우리나라에서도 민주화 이래 역대 정권마다 감축을 선언했지만, 어제 나온 '2015 행정자치 통계연보'에 따르면 공무원 수는 이미 지난해에 100만 명을 돌파할 정도로 비대화했다. 최근엔 국회의원 수도 부족하니 크게 늘리자는 주장까지 나왔다. 인원이 돼야 국회가 제 기능을 할 수 있다는 주장인데, 반감이 큰 건 공연한 조직 부풀리기가 아닌가 하는 불신 때문일 것이다.

행정부 국가공무원 정원 추이
1. 통계청 홈피에 접속(www.index.kr)
2. 부처별–행정안전부–행정부 국가공무원 정원 추이 클릭

02 인적자원의 확보

인적자원의 확보란 공직에 들어와서 정책의 결정과 집행에 관련된 일을 효과적으로 수행할 수 있는 인력을 선발하는 것을 말한다. 인적자원의 확보 과정을 세분화하여 모집과 선발로 나누어 접근한다(유민봉, 2010).

1 모집

(1) 의의

모집은 공무원을 최종 선발하기 전에 지원자를 확보하는 활동이다(유민봉, 2010; 박천오 외, 2010). 모집에서 핵심적인 이슈는 어떻게 하면 더 우수한 인재가 공직에 지원하도록 할 것인가이다. 공직의 사회적 평가와 대우가 상대적으로 높은 경우에는 정부가 많은 노력을 기울이지 않아도 저절로 유능한 인재들이 공직에 지원할 것이다. 하지만 그렇지 못한 상황에서는 더 우수한 인재가 공직에 관심을 가질 수 있도록 정부가 더 많은 노력을 경주하여야 한다(박천오 외, 2010).

다음으로 모집은 공정한 공개경쟁을 전제로 하고 있다(유민봉, 2010). 공정한 공개경쟁을 전제로 하지 않은 모집은 지원자나 선발자 모두에게 도움이 되지 못한다. 이미 뽑고자 하는 사람이 정해져 있는 경우 공개경쟁과정은 불편한 장애물일 뿐이다. 결국 절차상에는 하자가 없을지라도 실제 내용상에서는 편법이 동원된 모습이다.

(2) 우수인재 확보를 위한 모집

더 유능한 인력이 공직에 관심을 갖게 하기 위해서는 다음과 같은 방안을 생각해 볼 수 있다.

첫째, 특별한 의미를 갖는 직업으로서의 공직에 대한 홍보이다. 본질적으로 공직 또는 정부조직은 그 자체가 공익을 추구하는 임무를 담당하고 있다. 공직에서 일하는 것이 얼마나 의미 있고 보람된 것인지에 대한 홍보를 통해서 단순히 성적이 높은 사람이 아니라 공직자로서의 인품을 갖춘 유능한 인재가 관심을 가질 수 있도록 해야 한다. 둘째, 인턴십(internship)제도를 활용하여 직무에 적합한 인재가 공직에 적극적으로 지원하게 할 수 있다(유민봉, 2010).

(한국의 경우 알아서 우수인재가 오고, 미국의 경우 TV 광고로 Join the Army, Navy, Airforce, 소외계층에 홍보를 강화한다)

지역의 우수한 대학(원)생들에게 장학금을 지급하면서 이들이 정식으로 공직에 들어오기 전에 직무를 경험하게 한다. 학생들은 공직과 하는 일이 자신의 적성에 맞는지를 사전에 점검해 볼 수 있는 기회가 될 것이고, 정부도 함께 일할 수 있는 유능한 인재인지를 점검해 볼 수 있는 기회로 활용할 수 있다. 필기시험과 면접만으로 그 사람의 성품까지 살펴보기란 쉬운 일이 아니다. 인턴십은 이러한 한계를 극복할 수 있는 좋은 수단이 된다. 셋째, 시험부담의 경감이다(유민봉, 2010). 공직을 준비하는 기간이 너무 길어질 경우, 공직으로의 인재유입이 원활하지 않을 가능성이 높다. 그러므로 우수인재 선발에 지장을 주지 않는 범위에서 시험부담을 최소화 시켜주는 것이 바람직하다. 가능하다면 학업을 병행하면서도 공직을 준비할 수 있다면 더할 나위 없이 좋을 것이다. 이외에도 모집공고의 개선(유민봉, 2010; 박천오 외, 2010), 공직에 대한 사회적 평가제고(박천오 외, 2010)등이 제시되고 있다.

(3) 지원자격

기회균등과 국민의 기본권 보장의 측면에서 공직에 대한 지원 자격을 최소화 하여 가능한 많은 사람들이 지원할 수 있도록 하는 것이 기본적인 경향이다. 이에 따라 우리나라도 법적 결격사유가 없거나 다른 국적을 가지지 않는 이상 지원 자격에 대한 제한을 거의 두지 않고 있다. 몇 가지 쟁점을 살펴보면 다음과 같다.

첫째, 학력의 제한이다. 대표적인 정당화 논리는 인성과 지식교육 모두에 초점을 두고 있는 정규교육기관의 교육을 잘 받은 사람을 선발하기 위함이다. 반대의 견해는 학력의 제한으로 기회균등이 저해되고, 또한 그 기준을 정하기가 쉽지 않다는 점이다. 계급제를 근간으로 하는 영국이나 미국의 고급엘리트 충원시험은 대졸자로 제한하고 있다. 한국은 학력 제한이 없고 다만 나이만 18세 이상으로 제한하고 상한선은 없다. 국제기구의 경우 신입은 32세 이하로 나이 제한이 있는 경우도 있다.

우리나라에는 대학에 정부에 진출하고자 하는 사람의 교육을 담당하는 학과가 있지만 그에 따른 어떤 혜택도 거의 주어지지 않는다. 이는 교육에 투자되는 비용을 고려하면 국가적으로 비능률적이라고 할 수 있다. 둘째, 나이의 제한이다. 학력의 제한과 마찬가지로 나이의 제한도 장점과 단점이 있을 수 있다.

기회균등을 최대한 보장하기 위해서는 일정한 연령 이상에서는 연령의 제한이 없는 것이 바람직할 것이다. 그러나 국가의 특수한 사정에 따라 제한을 두는 경우가 있다. 예를 들면 우리나라도 많은 젊은이들이 공직의 문을 열기 위해서 너무 오랫동안 시간을 보내는 것이 개인적으로 다른 많은 기회까지도 앗아가는 결과를 가져올 뿐만 아니라 사회적으로도 많은 비용이 발생한다는 측면에서 나이를 제한하기도 하였다.

이 외에도 국가적 이익, 기밀사항, 충성도 등의 문제로 외국 국적, 거주지, 성별, 결격사유 등에 따른 제한이 논의될 수 있다. 미국 등 개방적인 국가들은 시민권이 없고 영주권만 있어도 특정 공직에 취업가능하고 전문 기술직의 경우에는 국적을 제한하지 않고 있는 경우도 있다.

2 선발

(1) 의의

선발은 필요한 인력을 최종적으로 결정하는 과정이다. 모집이 잠재적 후보자를 최대한 지원하게 하는 과정이라면, 선발은 이들 중에서 가장 적격자를 뽑는 것을 말한다. 그러므로 모집에 비해서 그 의미가 훨씬 더 크다. 선발 방법으로는 서류전형, 필기 또는 실기 시험, 면접 등을 혼합적으로 활용한다.

(2) 선발도구

다양한 선발도구가 존재한다. 먼저, 형식을 기준으로 분류하면 필기시험, 실기시험, 면접 등으로 나눌 수 있다. 필기시험은 필기도구를 가지고 종이에 출제된 문제를 푸는 방식이다. 객관성 확보, 시간과 비용의 절약, 관리의 편의성 등이 장점이지만, 인품이나 직무수행에 필요한 전문적 능력이나 기술을 평가하기는 어렵다. 실기시험은 업무수행에 필요한 지식과 기술을 실제로 발휘해보도록 하는 것이다.

실제 업무수행 능력을 점검해 볼 수 있는 장점이 있지만, 많은 응시자를 대상으로 하기에는 시간과 비용이 많이 소요된다. 면접시험은 일반적으로 면접관이 질문하고 지원자가 답변하는 형식을 취한다. 이 방법은 필기시험에서 알아내기 어려운 지원자의 인격·품성·가치관·대인관계 능력 등을 평가하는데 유용하다. 그렇지만 주관이 개입될 소지가 있고, 상대적으로 시간과 비용이 많이 소요된다.

다음으로 측정내용을 기준으로 한 분류는 적성검사, 지능검사, 성취도검사, 성격검사, 체력검사 등이 있다. 적성검사는 일정한 수준의 일을 수행할 수 있는 잠재적 능력이 있는지를 평가한다. 그러므로 구체적으로 업무와 관련된 지식이 아니라 인지력, 추론력, 사고력 등의 일반적 적성을 측정한다. 우리나라에서는 5급 공개채용과 지역인재추천채용시 지원자들에게 부과되는 공직적격성평가(Public Service Aptitude Test; PSAT)가 그 예에 속한다.

미국에서는 GRE(Graduate Record Examination)라는 적정검사가 있는데, 이는 대학원생을 선발하는 과정에서 활용되는 적성검사 도구이다. 언어추론, 산술적 추론, 분석적 서술, 비판적 사고 등의 능력을 검증한다. PSAT의 구성도 GRE의 구성과 대동소이하다.

지능검사는 사람의 일반적 지적 능력을 측정하는 것으로 IQ검사가 대표적인 예이다. 성취도검사는 교육, 경험, 훈련 등에 의해서 확보된 능력을 평가하는 것으로 미래의 잠재성을 측정하는 것이 아니라 현재의 상태를 측정하는 것이다. 성격검사는 일과 개인의 성격이 잘 조화를 이룰 수 있는지를 측정하는 것이다.

일의 성격에 따라 독립성이 많이 요구될 수도 또는 상호의존성이 많이 요구될 수도 있을 것이다. 마지막으로 체력검사는 지원자들의 신체적 상태가 요구되는 업무를 정상적으로 처리할 수 있는 상태인지를 측정한다. 일의 성격에 따라 요구되는 신체적 조건이 다를 것이다.

(3) 선발도구의 효용성

시험 등의 선발도구의 효용성은 타당성, 신뢰성, 난이도 등으로 나누어 살펴볼 수 있다. 먼저, 타당성은 실제로 측정하고자 하는 것을 얼마나 정확하게 측정하였는지에 해당하는 개념이다. 선발도구가 능력 있는 사람을 뽑기 위한 것이라면 최종 선발된 사람들이 선발되지 못한 사람들 보다 더 뛰어난 능력을 가져야 한다.

수능시험이 진정 대학에서의 수학능력을 측정해 주는가?
공시가 진정 공직사회에서 공무원의 능력을 측정하는가?

타당성을 측정하는 방법으로는 구성타당성(construct validity), 기준타당성(criterion-related validity), 내용타당성(content validity) 등이 있다.

구성타당성: 이론적으로 추정한 능력요소를 정확히 측정하는 정도로 계량 분석적 지표개발 필요
기준타당성: 수능성적과 대학 학점의 상관관계, 공시 시험성적과 근무성 적과의 상관관계로 예측가능성 정도를 측정
내용타당성: 시험이 직무수행에 필요한 지식을 반영하는 정도. 예를 들면 타자수의 타자능력

신뢰성은 동일한 측정도구가 반복적 사용에서 얼마나 일관성 있는 결과를 만들어 낼 수 있는가를 의미하는 개념이다. 신뢰성을 측정하는 방법으로는 재시험법, 동질이형법, 이분법 등이 있다(유민봉, 2010).

신뢰성이 있다고 해서 반드시 타당성이 확보되는 것은 아니다. 그러나 타당성은 신뢰성을 전제로 한다. 마지막으로 난이도는 시험이 얼마나 쉽거나 어려운지를 의미하는 것으로 난이도가 너무 낮거나 높을 경우 변별력이 떨어지게 된다. 선발인원을 나머지로부터 어떻게 구별해낼 수 있느냐가 난이도와 직접적으로 관련되는 이슈이다.

기준타당성	개념: 시험성적 = 직무수행 실적(직무수행능력) 시험이 실제 시험대상자의 직무수행능력을 얼마나 정확하게 예측했는가의 정도 예측적 타당성 검증: 시험합격자의 시험성적과 근무를 시작하여 일정기간이 지난 후 평가한 근무실적 간의 상관관계를 분석 동시적 타당성 검증: 재직자에게 시험을 실시하여 얻은 시험성적과 그들의 근무실적에 대한 자료를 수집하여 상관관계를 분석

내용타당성	개념: 시험내용 = 직무능력요소 직무수행에 필요한 능력요소(지식, 기술)와 시험문제의 부합 정도 특정한 직위의 의무와 책임에 직결되는 요소들을 시험이 어느 정도 측정할 수 있느냐에 관한 타당성 내용타당성을 검증하기 위해서는 직무분석을 통해 직무를 성공적으로 수행하는데 필요한 지식, 기술 등을 포착, 조작적으로 정의해야 함 일반적으로 직무에 정통한 전문가 집단이 시험의 구체적 내용과 직무수행의 적합성 여부를 주관적으로 판단하여 검증
구성타당성	개념: 시험내용 = 이론적 구성요소(추상성이 강한 능력요소) 이론적으로 추정한 능력요소와 시험문제의 부합정도 시험이 이론적으로 구성한 능력요소를 얼마나 정확하게 측정할 수 있느냐에 관한 타당성 구성타당성에서는 고도의 계량적 분석기법을 동원 구성된 능력요소가 현실성 있고, 직무수행의 성공과 연관되어 있는지 확인 후 시험의 내용과 구성된 능력요소 사이의 관계를 분석

그림 양궁 Target 판

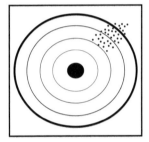
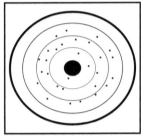
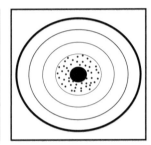

신뢰도는 있으나 타당도가 없는 경우   타당도가 있으나 신뢰도가 없는 경우   타당도와 신뢰도가 있는 경우

(4) 기타 요인

위의 사항 외에 시험의 효용성을 높이기 위한 요건들로 선발비율과 객관성이 논의될 수 있다(유민봉, 2010). 선발비율은 지원자 중에서 선발할 인원의 비율을 의미한다. 선발비율이 낮을수록 경쟁률이 높아지고, 경쟁률이 높을수록 더 좋은 인재를 선발할 수 있다. 객관성은 시험도구를 적용할 때 시험과 관련된 모든 상황을 최대한 동일하게 유지할 것인지와 관련된다. 즉, 감독자의 행태, 시험장 주변의 소음, 시험도구의 상태 등이 최대한 동일한 조건을 확보할 때 시험의 결과가 일관성 있게 나올 것이다.

(가)~(다)의 공무원 선발시험의 타당성 유형과 〈보기〉의 타당성 검증방법을 바르게 연결한 것은? (18 지방직 9급)

> (가) 이론적으로 추정한 능력요소를 얼마나 정확하게 측정할 수 있는가에 관한 것이다.
> (나) 직무수행능력의 예측이 얼마나 정확한가에 관한 것이다.
> (다) 특정한 직위의 의무와 책임에 직결되는 요소들을 선발시험이 어느 정도나 측정할 수 있는가에 관한 것이다.

― 〈보기〉 ―

> ㄱ. 추상성을 측정할 지표개발과 고도의 계량분석기법 및 행태과학적 조사
> ㄴ. 직무수행에 필요한 능력요소와 선발시험요소에 대한 전문가의 부합도 평가
> ㄷ. 선발시험성적과 업무수행실적의 상관계수 측정

	(가)	(나)	(다)
①	ㄱ	ㄴ	ㄷ
②	ㄱ	ㄷ	ㄴ
③	ㄴ	ㄷ	ㄱ
④	ㄷ	ㄱ	ㄴ

◐ **정답** ②번

구성타당성은 이론적으로 추정한 능력요소를 정확히 측정하는 정도로 계량분석적 지표개발 필요하다.

```
        A 개념
     a1, a2 ... a5 지표
```

가 = ㄱ

기준타당성은 시험성적과 업무실적의 상관관계로 예측가능성 정도. 나 = ㄷ
내용타당성은 타자능력 등 전문가의 부합도 평가. 다 = ㄴ, 가 = ㄱ, 나 = ㄷ

■ 국가공무원 7급 및 9급 공개경쟁채용시험

1. 7급 선발예정인원 및 시험과목

직렬 (직류)	선발예정인원(총 770명)	시험과목(선택형 필기시험) 7과목	주요근무 예정기관(예시)
행정직 (일반행정)	– 일반: 159명 – 장애인: 10명 – 우정사업본부(일반): 20명 – 우정사업본부(장애인): 1명	국어(한문 포함), 영어(영어 능력검정시험으로 대체), 한 국사, 헌법, 행정법, 행정 학, 경제학	전 부처
행정직 (인사조직)	4명	국어(한문 포함), 영어(영어 능력검정시험으로 대체), 한 국사, 헌법, 행정법, 행정 학, 인사·조직론	인사혁신처, 그 밖의 수요부처

* 2018년 공고. 2021년부터 국어 대신 공직적격성평가PSAT, 한국사검정능력시험으로 대체.

2. 9급 선발예정인원 및 시험과목

직렬 (직류)	선발예정인원(총 4,953명)	시험과목(선택형 필기시험) 5과목	주요근무 예정기관 (예시)

행정직
(일반행정)
	– 전국(일반): 232명
	– 전국(장애인): 16명
	– 전국(저소득): 11명
	– 지역구분(일반): 119명
	  * 지역별 구분모집표 참조
	– 지역구분(장애인): 9명
	  * 지역별 구분모집표 참조
	– 우정사업본부(전국: 저소득):
	  20명
	– 우정사업본부(지역: 일반):
	  680명
	  * 지역별 구분모집표 참조
	– 우정사업본부(지역: 장애인):
	  50명
	  * 지역별 구분모집표 참조
	– 병무청(일반): 100명
	– 병무청(장애인): 9명
	– 병무청(저소득): 3명
		필수(3): 국어, 영어, 한국사
		선책(2): 행정법총론, 행정학개론,
		  사회, 과학, 수학
			전 부처

행정직
(고용노동)
	– 일반: 520명
	– 장애인: 40명
	– 저소득: 15명
		필수(3): 국어, 영어, 한국사
		선책(2): 노동법개론, 행정법총론,
		  사회, 과학, 수학, 행정학
		  개론
			고용노동부

행정직 (교육행정)	– 일반: 45명 – 장애인: 4명 – 저소득: 1명	필수(3): 국어, 영어, 한국사 선택(20): 교육학개론, 행정법총론, 사회, 과학, 수학, 행정학개론	교육부

■ 국가공무원 5급 공개경쟁채용시험 및 외교관후보자 선발시험

1. 선발예정인원 및 시험과목

구분	직렬 (직류)	선발예정인원 (총 338명)	시험과목		주요근무 예정기관 (예시)
			제1차 필기시험 (선택형)	제2차 필기시험 (논문형)	
5급 (행정)	행정직 (일반 행정)	전국: 117명 지역구분: 33명 *지역별 구분 모집표 참조	헌법, 언어논리영역, 자료해석영역, 상황판단영역, 영어(영어능력검정시험으로 대체), 한국사(한국사능력검정시험으로 대체)	필수(4): 행정법, 행정학, 경제학, 정치학 선택(1): 민법(친족상속법 제외), 정보체계론, 조사방법론(통계분석 제외), 정책학, 국제법, 지방행정론	전 부처
	행정직 (인사 조직)	3명	"	필수(5): 행정법, 행정학, 경제학, 정치학, 인사·조직론	인사혁신처, 그 밖의 수요부처
	행정직 (법무 행정)	7명	"	필수(4): 행정법, 민법(친족상속법 제외), 행정학, 민사소송법 선택(1): 상법, 노동법, 세법, 사회법, 국제법, 경제학	공정거래위원회, 국토교통부, 보건복지부, 그 밖의 수요부처
	행정직 (재경)	76명	"	필수(4): 경제학, 재정학, 행정법, 행정학 선택(10): 상법, 회계학, 경영학, 세법, 국제경제학, 통계학	기획재정부, 금융위원회, 국세청, 그 밖의 수요부처
	행정직 (국제 통상)	11명	"	필수(4): 국제법, 국제경제학, 행정법, 영어 선택(1): 경제학, 무역학, 재정학, 경영학, 국제정치학, 행정학, 독어, 불어, 러시아어, 중국어, 일어, 스페인어	산업통상자원부, 과학기술정보통신부, 그 밖의 수요부처

3 교육훈련

(1) 의의

① 개념

교육훈련은 다양한 방식으로 정의된다. 구성원이 직무수행에 필요한 능력과 태도를 갖추도록 하는 활동(유민봉, 2010), 공무원의 능력을 향상시키는 활동(오석홍, 2009), 공무원에게 직무수행상 필요한 지식과 기술을 연마시키고 가치관과 태도를 개선시키는 활동(강성철 외, 2011) 등으로 정의된다. 종합하면 결국, 교육훈련은 업무를 더욱 효율적으로 수행하기 위해 구성원들에게 부족하거나 더 필요한 능력, 기술, 가치관, 태도 등을 향상시키는 활동을 말한다.

② 필요성 및 중요성

다음으로 교육훈련의 필요성 및 중요성을 간략하게 살펴보면 다음과 같다. 먼저, 조직이 새로운 기술이나 환경에 직면했을 때 효과적으로 대처하기 위해서는 구성원들의 교육훈련이 필요하다. 둘째, 개인의 성장과 발전을 위해서도 새로운 기술과 능력의 개발 및 가치관과 태도의 변화가 필요하다. 셋째, 조직구성원의 사기와 업무만족도를 높이는데 반드시 필요한 수단이다.

(2) 교육훈련 수요조사

교육훈련 수요란 교육훈련에 대한 요구를 말하는 것으로 이는 업무수행에 필요한 상태와 현재의 상태 간의 차이 때문에 발생한다. 교육훈련 수요는 잠재적 수요와 실질적 수요로 나누어 살펴볼 수 있다(유민봉, 2010). 잠재적 수요는 직무상의 새로운 변화로 인해 발생하는 수요를 말한다. 새로운 기술의 발전으로 인해 그 기술이 도입될 때 그에 상응한 교육훈련이 필요하고, 또한 새로운 자리로 옮겨갈 때 또한 그 직무에 필요한 기술과 능력 등에 대한 수요가 발생한다. 다음은 실질적 수요로 지금 수행하고 있는 업무를 수행하는데 필요한 능력과 기술이 갖추어지지 않아서 발생하는 수요이다. 수요조사의 방법으로는 면접, 관찰, 설문지 등이 활용될 수 있다.

(3) 교육훈련 방법

교육훈련은 장소와 공식성의 정도에 따라 직장내 훈련과 직장외 훈련으로 나눌 수 있다. 직장내 훈련은 정상적으로 업무에 종사하면서 필요한 지식과 기술을 상사나 주변 동료들로부터 배우는 것을 말한다. 상대적으로 비용절감 효과가 있지만 교육훈련에만 전념하기는 어려운 측면이 있다. 다음으로 직장외 훈련은 공무원교육원이나 다른 전문교육기관에 위탁되어서 교육훈련을 받는 것을 말한다.

직장내 교육훈련 방법으로는 실무지도, 직무순환, 임시배정, 인턴십 등이 있다. 직장외 교육훈련 방법으로는 강의, 프로그램화된 학습, 시청각교육, 회의, 토론, 감수성훈련, 사례연구, 역할연기, 모의경영 게임 등이 있으나(유민봉, 2010), 생소한 개념 순으로 몇 가지를 간략하게 살펴보면 다음과 같다.

먼저, 프로그램화된 학습은 체계적으로 구조화된 프로그램에 따라서 학습을 하는 것을 말한다. 감수성훈련은 태도와 행동의 변화에 초점을 둔다. 태도와 행동의 변화를 통해서 구성원 상호간의 이해를 증진시킨다. 10명 내외로 소집단을 만들어 진지한 대화를 통해서 서로의 입장을 이해하는 기회로 삼는다.

모의경영 게임은 가상현실에 실제와 동일한 환경을 만들어 놓고 마치 실제처럼 업무를 수행하도록 하면서 학습효과를 가져오게 한다. 이러한 방법 외에도 전보·순환보직, 시찰, 액션러닝(action learning)등이 논의된다(강성철 외, 2011).

액션러닝이란 조직구성원이 팀을 구성하여 동료와 촉진자(facilitator)의 도움을 받아 실제 업무의 문제를 해결함으로써 학습을 하는 훈련방법이다. '행함으로써 배운다(learning by doing)'라는 학습원리를 근간으로 4~6명을 한 팀으로 구성, 실천현장에서 발생하는 문제(real problems)를 팀 학습(team learning)을 통해서 다양한 아이디어를 도출, 실제 적용하는 과정에서 발생하는 학습을 강조하는 전략이다.

소집단 모임의 상호작용을 통하여 자기와 타인의 이해를 바탕으로 인간관계에 대한 이해와 기술을 향상시키고자 하는 사회성 훈련기법인 감수성 훈련, 경험과 지식이 많은 사람이 스승 역할을 하여 지도와 조언으로 그 대상자의 실력과 잠재력을 향상시키는 멘토링, 그리고 자유스럽고 거침없는 분위기에서 토론을 진행하는 회의 방식을 말하는 워크아웃프로그램 등이 있다.

훈련의 목적	훈련방법
지식의 축적	독서, 강의, 토의, 시찰, 사례연구
기술의 연마	시범, 사례연구, 토의, 전보, 견습, 연기
태도 · 행동 변경	연기, 시범, 사례연구, 토의, 회의, 감수성 훈련, 전보, 영화

* 이외 적응훈련(OT), 현장훈련(OJT) 등이 있다.
** 상세한 내용은 인재개발 정보센터 참조 http://www.training.go.kr

그림 **공무원 국외훈련 및 외국공무원 교육 현황**
(Overseas Training for Government Officials and Training for Foreign Officials)

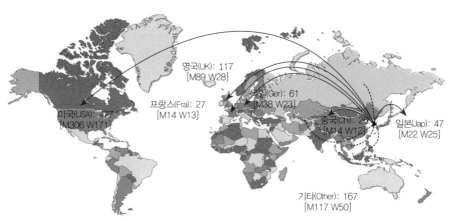

영국(UK): 117 [M89 W28]
프랑스(Fra): 27 [M14 W13]
독일(Ger): 61 [M38 W23]
미국(USA): 477 [M306 W171]
중국(Chi): 26 [M14 W12]
일본(Jap): 47 [M22 W25]
기타(Other): 167 [M117 W50]

국외훈련 현황(파견국가) Number of Civil Servants on Overseas Training(by Countries)
2017.1.1.~12.31. (단위: 명)

연도(Year)	국가별 (Country)	계 (Total)	미국 USA	일본 Japan	영국 United Kingdom	중국 China	프랑스 France	독일 Germany	기타 Other
2017	계(Total)	922	477	47	117	26	27	61	167
	남(Men)	600	306	22	89	14	14	38	117
	여(Women)	322	171	25	28	12	13	23	50

다음 설명에 해당하는 공무원 교육훈련 방법으로 가장 적합한 것은?

(17 지방직 9급)

> 공무원들 간 비정형적 체험을 통해서 자기에 대한 인식과 타인에 대한 이해의 기회를 갖게 하여, 태도와 행동의 변화를 가져오고 궁극적으로 대인관계 기술을 향상시키려는 목적을 갖는다.

① 강의(lecture)
② 액션러닝(action learning)
③ 감수성훈련(sensitivity training)
④ 현장훈련(on-the-job-training)

◎ 정답   ③번

교육참가자들이 팀을 구성하여 실제 현안문제를 해결하면서 동시에 문제해결과정에 대한 성찰을 통해 학습하도록 지원하는 행동학습(learning by doing)으로서, 주로 관리자훈련에 사용되는 교육방식은?   (15 지방직 7급)

① 멘토링(mentoring)
② 감수성훈련(sensitivity training)
③ 액션러닝(action learning)
④ 워크아웃 프로그램(work-out program)

◎ 정답   ③번

(4) 교육훈련의 효과성 평가

① 학습효과와 전이효과

교육훈련은 조직의 업무를 수행하는데 부족한 기술, 능력, 태도 등을 보완하기 위한 수단일 뿐만 아니라 새로운 환경변화에 대처하기 위한 미래에 대비하는 도구가 된다. 교육훈련의 효과성이 제대로 평가되기 위해서는 교육훈련의 목표가 분명해야 한다. 그 목표가 명확하지 않으면 무엇을 위한 교육훈련인지가 애매하게 되고, 결과적으로 평가의 초점을 어디에 둘 것인지가 불명확하게 된다.

교육훈련의 효과성 평가는 학습효과와 전이효과로 나누어 설명할 수 있다 (유민봉, 2010). 먼저, 학습효과는 제1단계 평가로서 수단적 평가라고 할 수 있다. 교육훈련프로그램을 마치고 난 다음에 그 프로그램에서 학습한 것을 얼마나 습득하였는지를 평가하는 것이다. 이는 교육훈련프로그램을 마치고 난 다음에 여러 가지 방식(예, 필기, 실기, 토론 등)으로 배운 것을 평가할 수 있다. 전이효과는 제2단계 평가로서 목적적 평가라고 할 수 있다.

교육훈련프로그램을 통해서 종국적으로 도달하려고 하는 상태를 평가하는 단계이다. 실제 업무수행 과정에서 필요한 지식, 기술, 태도 등을 습득한 다음에 이들을 얼마나 실제 상황에서 적용하고 있는지를 평가하는 것이다. 물론 수요조사가 제대로 되었다면 적용이 이루어진 다음에는 업무의 생산성이 향상될 것이 전제가 된다. 학습효과가 높다고 해서 반드시 전이효과가 높은 것은 아니다.

② 전이효과에 영향을 미치는 요인

교육훈련프로그램을 잘 마쳤다고 해서 자동적으로 전이효과가 나타나는 것은 아니다. 여러 가지 요인에 의해서 전이효과가 크게 나타나기도 하고, 그 성과가 감소되기도 한다. 전이효과에 영향을 미치는 요인으로 교육훈련프로그램 설계요인, 피훈련자의 개인적 특성, 조직적 환경 등을 들 수 있다(강여진 외, 2002).

프로그램 설계요인에는 강사의 자질, 교육훈련내용 등이 속하며, 피훈련자의 개인적 특성에는 학습동기, 성취욕구, 자기유능감 등이 해당되며, 조직적 환경에는 상사의 지원, 동료의 지원, 지속적 학습문화 등이 포함된다.

4 인사이동

(1) 의의

인사이동은 현재의 직위에서 다른 직위로 옮겨가는 것을 의미한다. 이러한 이동에는 승진이나 강임 등과 같은 수직적 이동과 전직이나 전보와 같은 수평적 이동이 포함된다. 직위변동의 유형에는 승진, 강임, 전직, 전보, 겸임, 파견, 전입, 전출 등이 있다. 오늘날의 인사이동은 소극적 의미의 통제뿐만 아니라 개인의 능력발전이라는 적극적 개념으로 이해할 필요가 있다(유민봉, 2010).

(2) 유형의 이해

승진은 상위직급으로의 수직적 이동을 말하며, 강임은 하위직급으로의 수직적 이동을 의미한다. 전직은 직렬을 달리하는 수평적 이동을 말하며, 전보는 동일한 직렬 내에서의 수평적 이동을 의미한다. 수직적 이동은 권한과 책임이 달라지는 반면, 수평적 이동은 이들의 변화는 미미하다. 겸임은 한 사람이 복수의 직위에 임명되는 것을 말한다. 파견은 소속기관은 그대로 유지한 상태에서 일정 기간 동안 다른 기관에서 근무하는 형태를 의미한다. 전입과 전출은 입법부, 사법부, 행정부 간의 인사이동을 의미한다.

(3) 인사이동의 주요 이슈

① 개방과 폐쇄

공직에 빈자리가 생겨서 새로운 사람을 채워야할 경우에 개방적으로 할 것인지 폐쇄적으로 할 것인지의 문제이다. 개방의 범위도 기준에 따라 달라질 수 있다. 공·사영역을 기준으로 할 것인지, 부처 간의 경계를 기준으로 할 것인지, 직렬의 경계를 기준으로 할 것인지에 따라 개방의 정도가 달라진다.

기본적으로 인사이동이 폐쇄적으로 이루어지는 경우 이동에 대한 예측이 어느 정도 가능하지만 활발한 교류를 통한 상호이해 및 다양한 업무와 관점의 경험 등과 같은 이점을 얻는 것이 불가능해진다.

② 승진의 기준

승진의 기준으로는 크게 연공서열을 기준으로 하는 것과 실적을 기준으로 하는 것으로 나누어 접근할 수 있다. 먼저, 연공서열은 공직에서 얼마나 오랫동안 근무를 했느냐가 승진의 기준이 된다. 장점은 최대한 객관성을 확보할 수 있기 때문에 주관적 요소를 배제할 수 있다. 그렇지만 근무연한은 적지만 더 능력이 있는 사람을 발탁하기가 어렵다.

실적기준은 실적에 대한 개념이 다양한 각도에서 접근될 수 있지만 연공서열과의 근본적인 차이는 근무연수가 아니라 직무수행 능력에 따라 승진이 결정되는 것이다. 경쟁적 문화를 형성하는데 유용하지만 객관성 확보가 쉽지 않다.

피터의 법칙(Peter Principle)
관료제내에서 승진의 기준은 크게 연공서열을 기준으로 하기 때문에 자신의 무능의 수준까지 승진해 결국 비효율적인 조직이 된다는 원칙

5 근무성적평정

(1) 의의

근무성적평정은 조직구성원의 근무성적을 평가하는 것을 말한다. 평가의 대상이 되는 것은 구성원의 능력, 실적, 태도 등이다. 근무성적평정은 개인적·조직적 측면에서 다양한 목적을 위해서 활용될 수 있다. 근무성과평정의 요건은 시험의 효용성을 평가하는 요인과 유사하여 타당성, 신뢰성, 변별력, 실용성 등을 들 수 있다.

(2) 용도

근무성적평정의 주요한 용도를 살펴보면 다음과 같다. 먼저, 인사관리의 기준으로 활용할 수 있다. 즉, 인사이동, 교육훈련, 보수 등을 결정하는 기준으로 사용할 수 있다. 둘째, 개인의 능력 발전을 위해 활용될 수 있다. 근무성적평정을 통해서 공직자 개개인의 직무능력, 실적, 태도 등에 대한 평가 자료가 생성된다. 이러한 자료를 이용하여 부족한 면을 보완함으로써 공직자 개인의 능력을 향상시킬 수 있다. 셋째, 시험도구의 타당성을 평가하는 기준을 제공한다. 빈자리를 채우기 위해서는 필기나 실기시험 등의 수단을 동원하는데 이러한 도구를 통해서 선발된 인력의 순위가 실제 업무실적 순위와 일치하는지를

검증하는 기준을 제공한다.

(3) 방법

평정방법은 평정도구를 기준으로 한 평정과 평정자를 기준으로 한 평정방법이 있다. 평정자를 기준으로 한 방법에는 자기평정법, 동료평정법, 감독자평정법, 부하평정법, 집단평정법 등이 있는데 이들은 이해하는데 큰 어려움이 없다. 그러므로 여기에서는 평정도구를 기준으로 한 평정유형을 간략하게 설명한다.

① 도표식 평정척도법(graphic rating scale)

도표식 평정척도법은 가장 흔히 사용되는 기법으로 일상생활에서 자주 접하는 설문지를 생각하면 된다. 한편에는 평정요소 및 내용이 있고, 다른 한편에는 평정척도가 자리하게 된다. 주요 장점은 평정표의 작성이 쉽고, 단순해서 관리가 용이하다는 것이다.

단점으로는 척도에서 사용되는 용어가 애매모호하고, 대인관계가 좋다는 점이 창의력, 리더십, 근면성 등에 영향을 미치는 것을 말하는 연쇄효과 등으로 인하여 평정의 오류를 범하기 쉽다.

도표식 평정방법의 예(직무능력 평가 양식)

연번	평가요소	요소별 배점	정의	평가등급	소계점수
1	기획력	9점	창의적인 시각을 가지고 문제를 예측하고 실행가능한 계획을 만든다.	① ② ③ ④ ⑤	
2	의사전달력	6점	표현이 간결하면서도 논점이 빠지지 않도록 문서를 만든다.		
3	협상력	6점	상대방의 의도를 적절히 파악하여 자신의 입장을 설득한다.		
총점					

※ 평가요소별 배점이 각 6점일 경우 매우 우수는 6점, 매우 미흡은 1, 2점(6x1/5)이고 등급별 차이는 1, 2점임

출처: 행정안전부 2011공무원인사실무. p. 390.

* 1에 5로 평가하면 9점, 2에 5로 평가하면 6점 3에 1로 평가하면 1, 2점이 된다.

② 강제배분법(상대평가법)

강제배분법은 평정의 결과가 지나치게 관대하거나 엄격해지는 것을 미연에 방지하기 위해서 각 척도에 답할 수 있는 비율을 사전에 정하는 방식이다. 예를 들면 4점 척도인 경우 20, 30, 30, 20 등과 같이 비율을 사전에 할당하는 방식이다.

③ 체크리스트 평정법

체크리스트 평정법은 피평가자의 업무에 관련된 중요 행태들을 나열한 다음에 이들에 대해서 평가자들이 평가하게 하는 것이다. 직무성격의 차이 때문에 모든 피평정자에게 동일하게 적용될 수 있는 질문항목을 설계하기가 어렵다. 그러므로 직무 상황에 맞는 여러 유형의 체크리스트를 작성하는데 많은 시간과 노력이 소요된다.

④ 서열법(ranking method)

피평정자들의 근무성적을 종합적으로 판단해서 서열을 매기는 것이다. 서열을 정하는 방법에는 쌍쌍비교법과 대인비교법이 있다(강성철 외, 2011). 쌍쌍비교법은 두 사람씩 짝을 지어서 비교하는 방법이다. 적은 수의 피평정자에게는 적용이 용이하지만 그 수가 많아지면 공정성과 객관성을 확보하기가 쉽지 않다.

대인비교법은 비교의 기준 역할을 하는 표준인물을 정한 다음 각 피평정자들을 표준인물과 비교해서 서열을 정하는 방법이다.

⑤ 중요사건기록법

평정기간에 피평정자의 업무수행과 관련하여 발생하는 중요한 사건들을 기록하여 평가하는 방법이다. 어떤 사건이 중요한지 여부에 대한 판단이 평정자들마다 서로 다를 수 있다. 그러므로 객관적인 비교가 용이하지 않고, 전체적인 평가보다는 특이한 사건에 의해 전체가 평가될 수 있다.

⑥ 행태기준 평정척도법

행태기준 평정척도법은 도표식 평정척도법이 갖는 용어 해석상의 모호함과 중요사건기록법이 갖는 상호비교의 어려움을 보완하기 위해 두 방법의 장점을 결합시킨 것이다. 업무 수행과 관련되는 중요한 행태를 결정하고 가장 이상적인 행태에서부터 가장 나쁜 행태까지를 나열한 후에 피평가자에게 맞는 행태유형에 체크하게 하는 방법이다.

⑦ 행태관찰 척도법

행태관찰 척도법은 행태기준 평정척도법의 단점인 행태유형 간의 상호배타성을 극복하기 위해 개발된 평정방법이다. 중요 행태가 얼마나 자주 발생하는지를 평가하는 방법으로 행태기준 평정척도법과 도표식 평정척도법을 결합하여 고안한 것이다.

⑧ 목표관리제(MBO method)

목표관리제는 조직(관리자)과 구성원 간의 합의 하에 각자의 목표를 분명히 설정하고 이들을 잘 달성하였는지를 평가하는 것이다. 조직 구성원들 간 소통과 환류가 활성화 될 수 있다. 또한 각 구성원의 목표가 조직의 전체 목표를 달성하는 것과 부합하는지를 점검해 볼 수 있는 기회가 된다.

이외에도 문서 기안 건수 등의 작업량과 같은 객관적 사실인 산출물을 기초로 평가하는 산출기록법(production records method)이 있다.

다져가기 **공무원 시험문제**

근무성적평정 방법에 대한 설명으로 옳지 않은 것은?　　　　(15 지방직 7급)

① 도표식 평정척도법(graphic rating scale)에서는 연쇄효과(halo effect)가 나타나기 쉽다.
② 대인비교법(man-to-man comparison)은 평정기준으로 구체적인 인물을 활용한다는 점에서 평정의 추상성을 극복할 수 있다.
③ 산출기록법(production records)은 일정한 시간당 달성한 작업량과 같이 객관적 사실에 기초를 두고 평가하는 방법이다.
④ 체크리스트법(check list)은 피평정자의 근무실적에 큰 영향을 주는 사건들을 평정자로 하여금 기술하게 하는 방법이다.

○ **정답** ④번
　　중요사건기록법이다.

(4) 평정오류

① 연쇄효과(halo effect)

후광효과라고도 한다. 피평정자에 대한 평가는 다양한 요소에 대해서 이루어지는데 한 가지 요소가 다른 요소에도 연쇄적으로 영향을 미치는 오류이다. 예를 들면 대인관계가 좋다는 점이 창의력, 리더십, 근면성 등에 영향을 미치는 것을 말한다.

평정요소들이 의미상 독립적이지 않거나 피평가자를 잘 모를 경우에 흔히 발생하는 오류이다. 각 개인을 평가하기 위한 다양한 요소를 동시에 평가하지 않고 각 요소별로 나누어 평가하면 오류를 줄일 수 있다.

② 중앙집중화 경향(central tendency)

중앙집중화 경향은 평정자가 대부분의 피평정자들에게 평균이나 중앙값 등의 중간 정도의 점수를 부여하는 경향을 말한다. 평정자들이 양극단적인 점수 선택을 피함으로써 동료들에게 심리적 부담을 덜려고 하는 과정에서 나타날 수 있는 오류이다.

강제배분법이 문제점을 보완하기 위해 활용될 수 있다. 대부분의 한국 학자들(강성철 외, 2011; 유민봉, 2010; 박천오 외, 2010)은 집중화 경향이라 부른다.

③ 관대화(leniency) 경향과 엄격화(strictness) 경향

관대화 경향은 평정자가 피평정자들에게 전반적으로 높은 점수를 부여하는 것이며, 엄격화 경향은 반대로 피평정자들에게 낮은 점수를 부여하는 것이다. 역시 강제배분법이 보완책으로 활용될 수 있다.

④ 체계적 오류(systematic error)

체계적 오류는 평정자가 일정한 규칙에 입각하여 오류를 범하는 것을 의미한다. 어떤 특정 오류(예, 연쇄효과, 엄격화 경향, 관대화 경향 등)를 계속 범하는 경우이다. 상시적 오류는 복수의 오류 유형이 섞여서 계속 발생하는 경우이다. 일관적 오류, 규칙적 오류 등으로도 불린다. 불규칙적으로 오류를 범할 경우에는 총계적(total), 비체계적, 불규칙적 오류라고 한다.

⑤ 시간적 오류(recency error)

영어의미가 최근이라는 의미라는 점에서 근접오류라고도 한다. 시간적 오류는 평정시점을 기준으로 최근에 발생한 실적이나 사건이 더 오래 전에 발생한 실적이나 사건보다 최종평가에 더 많이 반영되는 것이다. 목표성과관리 평정법이나 중요사건기록법을 통해서 시간적 오류를 줄일 수 있다(유민봉, 2010).

시간적 오류는 근접효과(유민봉, 2010), 최신 결과에 의한 오류(박천오 외, 2010), 근접효과와 최초효과(오석홍, 2009) 등으로도 불린다.

⑥ 선입견에 의한 오류

상동적 오류 혹은 유형화 오류라고도 한다. 평정자가 피평정자의 인구통계학적 특성(예, 성별, 출신학교, 출신지역, 인종 등)에 따른 선입견을 바탕으로 평정을 하는 경우에 나타나는 오류이다.

생각해 볼 문제 관료제에 과연 객관적인 성과측정지표가 존재하는가?

2015년 5월 인사혁신처는 공무원에게 성과급을 최대 50%, 하위자는 재교육내지는 퇴출도 고려라 발표

서울시의 '퇴출후보 3% 명단'이 조직의 근간을 뒤흔드는 등 혼선만 가중시키고 있다고 하지만 어느 면에서는 조직에 요동을 주는 좋은 방법 혹은 최소한 교육지책 이라고 봐줄 수도 있다.

퇴출 공무원 선정이 업무 부적격자를 추려내기 보다는 상급자와의 친분 등 비합리적인 방법으로 정해졌다는 각종 주장이 잇따라 제기되고 있다.

퇴출자 명단을 마감한 15일 서울시공무원노조 홈페이지 자유게시판에는 무능력한 공무원을 퇴출하고 일하는 분위기를 조성하자는 취지는 퇴색하고, '퇴출 1호는 서울시장'이라는 제목의 투쟁을 독려하거나 선정의 부당성을 알리는 글들이 잇따라 게재됐다.

직원 A씨는 '제가 3%에 포함됐습니다' 제목의 글을 통해 퇴출후보 선정과정이 객관적 잣대나 명확한 선정기준이 없어 국·과장 제멋대로의 판단에 따라 진행됐다고 지적했다. A씨는 'ㅇㅇ는 일은 많이 하지 않지만 우리 과에 근무한지 가장 오래됐고 근무평점을 한번만 더 받으면 진급할 사람이라 안 되며, △△는 감시단에 빠지면 다시 나오기 힘들어 안 되니 팀장들 의견을 무시하고 A씨를 택했다'는 과장의 말을 전했다. 그는 이어 "이 부서에 전입해 낯선 업무에 힘들게 적응하며 열심히 일했는데… 과장과 다른 소수직렬의 서러움이 밀려온다"고 말했다.

그러나 이러한 공무원사회의 주장은 그동안 관료사회가 얼마나 변화에 둔감했으면, 사기업이 다 시행하고 있는 객관적인 성과측정지표조차 없어 비합리적인 방법으로 퇴출하는 비극이 생기는가라고 반문하고 싶다.

출처: http://www.yonhapnews.co.kr/bulletin/2015/08/07/0200000000AKR20150807098100001. HTML

다져가기 **공무원 시험문제**

공무원 평정제도에 대한 설명으로 옳은 것은? (15 국가직 7급)

① 근무성적평과 결과는 승진 및 보직관리에는 이용되지 않고 성과급 지급에만 활용된다.
② 근무성적평정 결과와 공무원채용시험 성적의 일치성이 높을수록 시험의 타당성이 높다고 할 수 있다.
③ 역량평가제는 고위공무원으로 임용된 이후 업무실적을 평가하는 사후평가제도로서 고위공무원의 업무역량 강화에 기여할 수 있다.
④ 다면평가를 계서적 문화가 강한 조직에 적용할 경우 상급자와 하급자 간의 갈등을 최소화할 수 있다.

○ 정답 ②번
시험의 타당도를 설명하고 있다.

다져가기 **공무원 시험문제**

근무성적평정상 오류에 대한 설명으로 올바르지 못한 내용은? (11 특채전환)

① 연쇄효과 – 특정 요소의 평정결과가 다른 평정요소에 영향을 주는 착오
② 시간적 오류 – 쉽게 기억되는 최근의 사건이나 실적이 영향을 주는 착오
③ 관대화 오류 – 무난하게 평균에 가까운 중간점수를 주는 경향
④ 규칙적 오류 – 항상 과대 혹은 과소하게 평정하는 착오

○ 정답 ③번
관대화 오류는 후하게 평가하는 오류이고, 평균에 가까운 중간점수를 주는 경향은 집중화 경향이기 때문에 틀렸다.

다음과 같은 상황을 가장 잘 설명하는 근무성적평정 오류는?

(12 국가직 9급)

> 임용된 이후 단 한 번도 무단결근을 하지 않던 어떤 직원이 근무성적평정 하루 전날 무단결근을 하게 되었다. 이로 인하여 이 직원은 평정요소 중 직무수행태도에 대하여 낮은 점수를 받게 되었다.

① 집중화 오류
② 근접효과로 인한 오류
③ 연쇄효과로 인한 오류(halo effect error)
④ 선입견에 의한 오류(personal bias error)

○ **정답** ②번
근접오류는 평정대상기간 중의 모든 실적과 능력이 종합적으로 같은 비중으로 평가하여야 함에도 불구하고, 평정자가 쉽게 기억하고 있는 최근의 실적이나 사건일수록 평정에 더 크게 반영되는 시간적 오류이다.

6 보수와 연금

(1) 의의

보수는 조직에서 일한 것에 대한 반대급부적인 것이다. 이러한 보수는 공·사를 막론하고 조직구성원들이 가장 관심을 갖는 영역 중 하나이다. 공무원의 보수가 갖는 의미는 사조직에서의 그것과 많은 면에서 차이가 있지만 특히 세금으로 지불된다는 점이 큰 차이이며, 그렇기 때문에 여론 및 정치적 영향을 많이 받게 된다.

(2) 보수관리

① 규범적 기준

보수를 어떻게 관리하여야 하는지에 대한 기준으로 보수의 적정성과 대외적 형평성, 대내 공무원간의 보수 공정성 등을 살펴볼 수 있다(유민봉, 2010).

첫째, 보수의 정도가 기본적인 생활을 하는데 별 문제없이 직무에 몰두할 수 있는지 여부이다. 기본적인 생계를 유지하면서 자녀들을 교육시킬 수 있을 정도는 되어야지 부정비리, 이직 등에 대한 고민과 갈등 없이 공무를 수행할 수 있을 것이다.

생활급 중심의 보수체계이지만 노사협약에 의해 결정되는 민간부분과 달리 인건비로 예산에 반영되어 국회의결로 결정되기 때문에 공무원 보수의 공정성은 낮다.

보수의 수준을 결정하는데 일반적으로 고려되는 요소는 생계비, 민간부문의 임금수준, 정부의 인건비 지불능력, 관련 정부정책, 물가수준 등이 있다(유민봉, 2010). 둘째, 보수는 직무의 곤란성과 책임의 정도, 직급, 근무연한, 노력과 시간의 투입, 성과에 맞도록 계급별, 직위별 또는 직무등급별로 정한다. 그렇지 못할 경우 구성원들은 노력을 줄이거나 추가적인 보상에 대한 불평이 쌓이게 되어 생산성에 부정적인 영향을 미칠 것이다. 셋째, 경력직 공무원 간의 보수 및 경력직 공무원과 특수경력직 공무원 간의 보수는 균형을 도모하여야 한다. 넷째, 민간기업 보수보다 경직성이 강하다. 마지막으로 연봉제 적용대상 공무원의 보수는 연봉과 그 밖의 각종 수당을 합산한 금액을 말한다.

② 보수관리 분야

보수관리의 분야는 보수수준, 보수체계, 보수형태 등으로 나누어 살펴볼 수 있다.

첫째, 보수수준은 공직자의 보수를 어느 정도로 할 것인지를 결정하는 것으로 생계비조사와 임금조사 등을 통해서 정해진다. 둘째, 보수체계는 개별 공무원의 총 보수가 어떤 항목들로 구성되어 있는지를 말하는 것으로 직무급, 연공급, 직능급, 실적급 등이 그 예이다. 셋째, 보수형태는 보수를 어떻게 지급하는지를 말하는 것으로 고정급과 성과급이 그 예가 될 수 있다.

(3) 공무원의 봉급제도

공무원의 봉급체계는 크게 호봉제와 연봉제로 구분되며, 연봉제는 고정급적연봉제, 성과급적연봉제, 직무성과급연봉제로 구분된다.

구분		적용대상 공무원
호봉제		공무원보수규정 별표3, 별표3의2, 별표4 내지 별표6, 별표8, 별표10 내지 별표14 적용공무원
연봉제	고정급적 연봉제	정무직 공무원
	성과급적 연봉제	1급내지 5급(상당) 공무원 치안정감부터 경정까지에 해당하는 경찰공무원, 소방정감부터 소방령까지에 해당하는 소방공무원
		국립대학의 교원(국립대학의 장 제외)
		임기제 공무원(한시임기제 공무원 제외)
	직무성과급적 연봉제	고위공무원단에 속하는 공무원(연구직 공무원과 지도직 공무원 등 호봉제가 적용되는 공무원 제외)

호봉제는 호봉에 따라 봉급(기본급)이 지급되는 제도로서, 공무원의 경우 매년 정기승급을 통하여 호봉이 올라가도록 되어있는 연공급적 성격의 보수체계로 되어있다. 호봉체계에 따른 봉급표는 직종별로 다르게 설정되어 있으며, 봉급외에 각종 수당이 지급된다. 특히, 공직사회의 경쟁력을 높이고 일하는 분위기를 조성하여 열심히 일하는 자를 우대하기 위한 취지에서 근무성적 기타 업무실적 등에 따라 차등지급되는 성과급(실적급)인 성과상여금을 지급하고 있다.

과거 연공급을 근간으로 한 보수제도는 보상의 공정성측면보다는 균등성을 지향함으로써 개인의 능력과 실적, 공헌도 및 조직의 성과를 제대로 반영할 수 없으며 조직의 동기부여를 위한 인센티브 기능이 미흡하다는 단점이 있었다.

이에 공무원의 보수체계를 연공급 보수체계에서 능력(실적)주의 보수체계로 전환함으로써 공직사회의 경쟁력과 생산성을 제고하고, 창의적이고 열심히 일하는 공직분위기를 조성하며, 탄력적인 보수체계 전환으로 민간부문의 우수 전문인력의 공직유치에 기여하고, 복잡한 보수체계의 단순화로 보수제도의 투명성을 확보하고자 하는 목적으로 1999년부터 연봉제를 도입하게 되었다.

우리나라 공무원연봉제는 고정급적연봉제, 성과급적연봉제, 직무성과급적연봉제로 나뉜다. 직위별로 연봉이 고정되는 고정급적 연봉제는 차관급 이상 정무직공무원 등을 대상으로 한다.

🜨 일반직 공무원과 일반직에 준하는 특정직 및 별정직 공무원 등의 봉급표

계급 / 호봉	1급	2급
1	3,851,300	3,467,200
2	3,986,300	3,595,900
3	4,124,800	3,726,100
4	4,266,400	3,857,800
5	4,411,300	3,991,000
6	4,558,000	4,124,700
7	4,707,000	4,260,000
8	4,857,200	4,395,200
9	5,009,400	4,531,200
10	5,162,600	4,667,400
11	5,315,500	4,804,000
12	5,473,400	4,945,300
13	5,632,300	5,087,500
14	5,791,700	5,216,100
15	5,930,900	5,334,800
16	6,054,400	5,443,600
17	6,164,100	5,543,900
18	6,261,700	5,635,200
19	6,394,200	5,719,800
20	6,427,500	5,797,000
21	6,499,700	5,867,400
22	6,564,400	5,932,100
23	6,618,400	5,991,300
24		6,039,700
25		6,085,900

※ 「공무원보수규정」부칙 제5조 제4항

계급 / 호봉	3급	4급	5급	6급	7급	8급	9급
1	3,148,900	2,698,800	2,411,800	1,989,600	1,785,500	1,591,900	1,448,800
2	3,265,500	2,809,100	2,509,300	2,082,100	1,866,900	1,669,200	1,504,400
3	3,385,400	2,921,100	2,610,400	2,177,700	1,953,200	1,750,800	1,575,900
4	3,506,300	3,035,700	2,715,600	2,275,300	2,043,800	1,834,000	1,652,100
5	3,629,100	3,151,900	2,823,500	2,375,700	2,137,600	1,920,500	1,732,300
6	3,753,100	3,269,200	2,933,600	2,479,000	2,233,700	2,009,200	1,813,200
7	3,878,600	3,387,600	3,045,400	2,582,500	2,330,600	2,098,200	1,893,200
8	4,004,400	3,506,600	3,158,600	2,686,400	2,427,900	2,183,600	1,971,400
9	4,131,300	3,625,900	3,272,100	2,790,600	2,520,500	2,265,200	2,045,700
10	4,258,100	3,745,100	3,386,500	2,888,300	2,609,000	2,342,200	2,117,200
11	4,385,000	3,865,400	3,493,200	2,981,000	2,692,400	2,417,000	2,185,400
12	4,516,700	3,978,500	3,596,300	3,072,200	2,774,300	2,490,000	2,253,200
13	4,639,100	4,084,500	3,694,100	3,158,100	2,852,100	2,560,200	2,318,200
14	4,752,600	4,183,300	3,785,400	3,239,200	2,926,500	2,627,100	2,381,300
15	4,857,200	4,276,300	3,871,500	3,317,100	2,997,500	2,691,500	2,441,600
16	4,954,900	4,364,000	3,952,600	3,390,000	3,064,800	2,753,600	2,500,000
17	5,045,600	4,445,500	4,028,800	3,459,700	3,129,300	2,811,600	2,557,000
18	5,129,900	4,521,600	4,100,800	3,525,600	3,191,000	2,868,000	2,610,100
19	5,207,900	4,592,700	4,168,700	3,588,000	3,249,000	2,922,000	2,662,300
20	5,280,900	4,659,100	4,232,200	3,646,800	3,304,400	2,973,500	2,712,200
21	5,348,500	4,721,200	4,292,000	3,703,400	3,357,200	3,022,700	2,759,100
22	5,411,100	4,779,400	4,348,200	3,756,600	3,407,100	3,070,000	2,804,200
23	5,468,900	4,834,100	4,401,300	3,806,500	3,455,200	3,114,900	2,847,100
24	5,522,800	4,885,500	4,450,800	3,854,100	3,501,100	3,158,300	2,888,400
25	5,567,200	4,932,700	4,497,700	3,899,400	3,544,400	3,199,400	2,927,800
26	5,609,500	4,972,600	4,541,800	3,942,000	3,585,900	3,239,400	2,963,300
27	5,648,800	5,009,400	4,578,400	3,982,600	3,621,100	3,272,600	2,993,900
28		5,044,600	4,613,600	4,016,600	3,653,800	3,304,700	3,023,500
29			4,645,900	4,048,500	3,685,500	3,335,000	3,051,900
30			4,677,300	4,080,000	3,715,700	3,364,400	3,079,600
31				4,109,100	3,744,100	3,392,900	3,106,700
32				4,136,600			

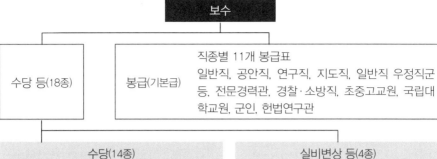

수당(14종)

상여수당(3종)

대우공무원수당(월봉급액의 4.1%)
정근수당(월봉급액의 0~50%, 연2회)
　＊ 정근수당가산금(월5~13만원, 5년 이상자)
성과상여금(지급기준액의 0~172.5%, 연1회 이상)

가계보전 수당(4종)

가족수당(배우자 월4만원, 기타부양가족 월2만원, 4인까지)
　＊ 자녀 : 첫째(월2만원), 둘째(월6만원), 셋째 이후(월10만원)
자녀학비보조수당(고등학생 자녀의 학비, 분기별)
주택수당(하사이상 중령이하, 월8만원)
육아휴직수당(월봉급액의 40%, 상한 100만원~하한 50만원)
　＊ 단, 첫 3개월은 월봉급액의 80%(상한 150만원~하한 70만원)

특수지근무수당

도서, 벽지, 접적지, 특수기관 근무자(월3~6만원) 등

특수근무수당(4종)

위험근무수당(위험직무 종사자, 월4~6만원)
특수업무수당(특수업무 종사자)
업무대행수당(육아 휴직자 등 업무대행, 월20만원)

실비변상 등(4종)

정액급식비(월13만원)

직급보조비(월11.5~75만원)

명절휴가비(월봉급액의 60%, 설날·추석날)

연가보상비(1급 이하, 연가보상일수는 20일내)

정무직 공무원은 일반직 공무원과 달리 성과측정이 극히 어렵기 때문에 개별직위마다 고정된 연봉을 책정하고 있다. 고정급적 연봉대상자는 공무원보수규정에서 정한 연봉외에 가족수당, 자녀학비보조수당, 직급보조비, 정액급식비 등을 보수관련법령에 따라 지급받는다.

성과급적 연봉제는 일반직, 별정직 등 1~5급(상당) 공무원과 임기제공무원을 대상으로 하며, 계급별 기본연봉과 업무실적에 따른 평가결과에 따라 차등지급되는 성과연봉으로 구성된다. 연봉은 계급별로 설정된 연봉한계액 범위 내에서 정해진다.

연봉외의 급여로는 가족수당, 시간외근무수당, 자녀학비보조수당, 연가보상비, 직급보조비, 정액급식비, 특수근무수당, 특수지근무수당 등이 지급된다.

직무성과급적 연봉제는 고위공무원단에 적용되며, 기본 골격은 성과급적 연봉제와 같다. 다만, 기본연봉이 기준급과 직무급으로 구분되며 성과급 비중이 더 높다는 점에서 성과급적 연봉제와 다르다.

다져가기 **공무원 시험문제**

공무원 보수에 대한 설명으로 옳지 않은 것은? (16 국가직 7급)

① 보수는 직무의 곤란성과 책임의 정도에 맞도록 계급별, 직위별 또는 직무등급별로 정한다.
② 공무원의 보수는 일반의 표준 생계비, 물가수준, 그 밖의 사정을 고려하여 정해야 하며 민간의 임금수준은 고려사항이 아니다.
③ 경력직 공무원 간의 보수 및 경력직 공무원과 특수경력직 공무원 간의 보수는 균형을 도모하여야 한다.
④ 연봉제 적용대상 공무원의 보수는 연봉과 그 밖의 각종 수당을 합산한 금액을 말한다.

정답 ②번
보수의 수준을 결정하는데 일반적으로 고려되는 요소는 생계비, 민간부문의 임금수준, 정부의 인건비 지불능력, 관련 정부정책, 물가수준 등이 있다.

우리나라 공무원 보수에 관한 설명으로 옳은 것은? (13 국가직 7급)

① 보수에 대한 정치적 통제가 미약하여 민간기업 보수보다 경직성이 약하다.
② 성과급적 연봉제는 실적평가 결과를 반영하여 보상의 차등화를 지향한다.
③ 전통적으로 생활급 중심의 보수체계로 인해 공무원 보수의 공정성이 높다.
④ 공무원의 노동삼권이 보장되어 동일노동 동일보수의 원칙이 적용되고 있다.

○ **정답** ②번
　생활급 중심의 보수체계이지만 노사협약에 의해 결정되는 민간부분과 달리 인건비로 예산에 반영되어 국회의결로 결정되기 때문에 공무원 보수의 공정성은 낮다.
　공무원노조법은 노동삼권 중 단체행동권을 제외한 단결권과 단체교섭권만을 인정하고 있다.

(4) 연금

① 개념

연금은 공직자가 공직을 떠난 이후에 받게 되는 보상이다. 공직을 떠나는 이유는 퇴직일 수도 있고, 자진 사퇴일 수도 있다. 공무원이 10년 이상 성실히 근무하고 퇴직하거나 공무상 질병·부상으로 퇴직 또는 사망한 때에 연금 또는 일시금을 지급하여, 공무원과 그 유족의 노후 소득보장을 도모하는 한편, 장기 재직과 직무충실을 유도하기 위한 인사정책적 차원에서 1960년에 도입되었다. 군인과 선출직 공무원은 적용대상에서 제외된다.

② 부가적 의미

연금제도는 노후 생활의 안정적 운영이라는 본래적 목적 외에 부가적으로 우수한 인재 확보에 기여하며 또한 인력의 사회적 이동성을 강화하는 역할을 한다. 그러나 이동성의 측면에서 보면 우리나라의 경우 상대적으로 그 효과가 미미하다.

③ 기금의 조성

기금의 조성에 공직자가 참여하는지의 여부에 따라 기여제와 비기여제로 나뉜다. 우리나라의 경우 연금 기금의 조성은 공직자의 기여금과 정부의 부담금으로 이루어진다.

2016년부터 연금법이 개정되어, 공무원 기여율은 7%에서 9%로 더 내고, 연금 지급률은 1년당 1.9%에서 1.7%로 덜 받고, 이 1.7% 중 1%에 소득 재분배 요소를 도입하고, 유족 지급율은 60%로, 연금 수급요건은 20년에서 10년 이상 재직으로 변경되었다.

다져가기　**공무원 시험문제**

다음 중 연금법에 관한 설명으로 틀린 것은?　　　　　　　　　(11 특채전환)

① 공무원연금법은 1960년 제정되었다.
② 공무원연금법은 군인에게도 적용된다.
③ 거치보수설에 따르면 퇴직연금수납권은 공무원의 정당한 권리이다.
④ 우리나라 공무원연금제도는 기금제를 채택하고 있다.

○ 정답　②번
　공무원연금법은 군인과 선출직 공무원은 적용대상에서 제외된다.

제 4 장 동기부여
: 성과와 보상의 연계

01 동기부여의 정의

동기(motivation)란 특정활동을 촉발시키고, 유지시켜 주는 내재적 및 외재적 추진력(driving force)이다. 동기(motivation)란 용어는 라틴어의 'movere'에서 유래되었는데, 이것은 '움직인다(to move)'라는 의미를 가지고 있다(Steers & Porter, 1991: 5).

결국 동기라는 것은 세 가지 주제, 즉 1) 인간의 행동을 작동시키는 것은 무엇인가?(What energizes human behavior?), 2) 그러한 행동을 일정 방향으로 이끄는 것은 무엇인가?(What directs and channels such behavior?), 3) 그렇게 작동된 행동은 어떻게 유지되고 계속되는가?(How is this behavior maintained or sustained?)에 관심을 집중하는 것이라고 할 수 있다(Steers & Porter, 1991: 6).

동기과정은 내적 불균형상태(internal disequilibrium state), 행동(behavior), 유인(incentive), 내적 상태의 수정이라는 과정이 반복 순환되는 것이다.

동기부여이론에는 크게 두 가지 관점이 있는데, 크게 동기유발의 과정을 설명하는 과정적 이론(process theory)과 내용이론(content theory)으로 나눌 수 있다.

내용이론에는 Maslow의 욕구계층론, Herzberg의 2요인이론(2 factor theory), Alderfer의 ERG이론 등이 있고, 과정이론에는 기대이론(expectancy theory)과 공정성(형평성이론; equity theory) 등이 있다.

1 내용이론: 전통적 동기부여이론

내용이론 중 가장 기초가 되는 것은 Maslow의 심리적 욕구의 계층제이론이다. Maslow 동기이론 중 가장 잘 알려지고 영향을 끼친 것은 우세성에 의거해 순서화된 인간욕구의 계층제에 대한 개념이다. "우세성"은 특정욕구만족의 긴급성을 의미한다. 기본적인 생각은 "하위" 혹은 더 원시적인 욕구가 동기부여의 원천으로서 개인에게 더 높은 욕구가 되기 전 먼저 충족되어야만 한다는 것이다. 이 때문에 충족된 욕구는 더 이상 동기 부여를 할 수 없다. 욕구계층제의 다섯 가지 수준은 다음과 같다.

① 생리학적(physiological) – 주로 의식주; 봉급
② 안전(safety) – 물리적 위험으로부터의 자유; 공무원 신분보장, 연금제도
③ 사회적(social) – 가족, 친구와 친밀하고 우호적인 관계를 가지려는 욕망
④ 자긍심(self-esteem) – 자기능력, 성취 및 전반적인 개인적 가치에 대한 타인의 인정; 상사의 칭찬, 승진
⑤ 자아실현(self-actualization) – "자기가 될 수 있는 모든 것이 되려는" 자신의 내재적 잠재성 또는 창조적 능력을 구현하려는 욕구

욕구계층제는 개인의 자연적인 "성장을 향한 충동(impulse toward growth)"을 반영하는 일련의 발전단계를 나타낸다. Maslow의 소위 "결핍욕구(deficiency

출처: 최창현(2019). 그림과 표로 보는 조직론, 박영사.

그림 매슬로우의 욕구 5계층

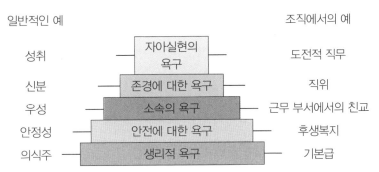

출처: Moorhead & Griffin(2004: 122).

need)", 즉 하위 네 개의 수준에서 맛보는 좌절은 최고위수준인 자아실현욕구로 향하게 하는데 그는 "존재욕구(being need)"라는 용어를 쓴다.

비록 사람들이 이 수준에서 심리적 고통을 느낄지는 몰라도 네 차원과 연관된 신경과는 다른 것이다. 이제는 유명해진 욕구계층제, 그리고 특히 자아실현개념은 Douglas McGregor와 같은 Maslow의 많은 추종자들이 인정하지 않을지도 모르는 방법으로 관리이론가에 의해 해석되어 왔다.

예컨대 현대상황이론은 욕구계층제를 객관적 지표로서 올바른 관리형태 및 효과적 수행을 위한 유인과 상이한 욕구들을 부합시키기 위해 다양한 근로자를 동기부여하는 다양한 요인을 찾아내는 도구로 간주한다. 근로자의 현재동기수준은 관리자가 조직 효과성 및 목표달성을 위해 관리방책을 변경시킬 수 있는 주어진 것으로 간주된다. 다시 말해 근로자욕구에 대한 지식은 근로자의 발전적 욕구보다는 조직의 수단적 욕구를 위해 쓰여진다.

　욕구계층이론에서는 하위차원의 욕구가 충족되어야만 상위차원의 욕구로 상승한다고 본다. 이에 반해 Alderfer는 존재욕구(existence need), 연관욕구(relatedness need), 성장욕구(growth need) 등의 3가지 욕구로 구분하고 있는데, 하위차원의 욕구가 충족되어 상위차원의 욕구로 상승할 뿐만 아니라 상위차원의 욕구가 충족되지 못하면 좌절 과정을 거쳐 저차원의 욕구를 더 많이 충족시켜 이러한 좌절을 해소하려 한다는 점에서 차이가 있다.

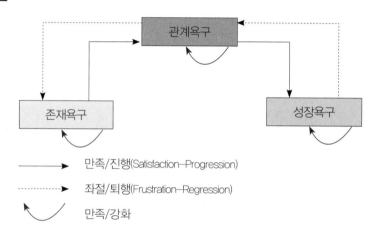

그림 앨더퍼의 ERG 이론

Herzberg는 직무요인을 위생요인(bygone factor)과 동기요인(motivator)으로 구분한다. 봉급, 직업의 안정성 대인관계 등의 위생요인은 최소한의 근무여건만 제공할 뿐 동기부여하지는 못하고, 승진, 직무 성취에 대한 인정, 직무 성취감, 사회봉사 등의 동기요인만 공무원의 동기를 부여하는 요인이라는 것이다.

　취업상황이 좋거나 일반 기업에서는 한국의 공공조직보다는 더 설득력 있는 이론이지만, 극심한 취업난에 공시 공화국이라 불리우는 한국의 경우 위생요인만으로도 만족하는 근로자가 많은 안타까운 실정이다.

　페리(Perry) 등의 공공봉사동기론(public service motivation theory)의 경우도 보수 등의 위생요인보다는 사회에 대한 봉사 등의 동기요인이 공무원으로 하여금 동기를 유발하게 하는 요인이라는 것이다.

출처: 최창현(2019). 그림과 표로 보는 조직론, 박영사.

맥클러랜드는 동기유발에 관여하는 욕구에 크게 세 가지가 있다고 제안한다.

성취욕구(achievement need; nAch): 탁월해지고자 하는 욕망, 평균을 초과한 결과를 내고 싶어하는 것, 성공의 욕구.

권력욕구(power need; nPow): 타인의 행동에 영향을 미쳐 변화를 일으키고 싶어하는 욕구.

제휴욕구(affiliation need; nAff): 개인적 친밀함과 우정에 대한 욕구.

사람에 따라 nAch, nPow, nAff이 각각 다르며 이들은 각기 다른 양상으로 동기부여가 된다. nAch가 높은 사람은 타인에 비해 월등한 성과를 냄으로써 자신의 존재의미를 확인하고자 한다. 이들은 지나치게 가능성이 낮은 업무나 아주 쉽게 달성할 수 있는 목표에는 거의 관심을 갖지 않는다. 실행가능한 범위내에서 어려운 도전할 만한 목표를 제시해 주어야 한다는 목표설정이론에 부합된다.

nPow가 높은 사람은 타인에 대해 영향력을 행사하며 통제할 수 있는 일에 자극받는다. 책임을 맡는 것을 즐기며, 권력 쟁탈전이 심한 상황에 기꺼이 참여한다. 실제적인 업무 성과보다는 높은 지위에 올라서 타인에 영향을 미치는 것에 관심을 갖는다.

욕구이론의 비교

허즈버그의 욕구충족요인이원론	매슬로우의 욕구계층이론	앨더퍼의 ERG이론	맥클러랜드 성취욕구론
(동기요인) - 직무에 대한 성취감 - 직무 그 자체, 사회봉사 - 책임 부여 - 성장 기회	자아실현의 욕구	성장욕구	성취욕구
- 직무 성취에 대한 인정	자긍심 존경의 욕구 타인으로부터 존경받고 싶은 욕구	대인관계 유지욕구	권력욕구
(위생요인) - 근무 감독 - 대인관계	소속의 욕구		친교욕구
- 직업의 안정성 - 조직의 방침	대인관계적 안전 안전의 욕구 신체적 안전	생존욕구	
- 봉급 - 근무조건	생리적 욕구		

nAff이 높은 사람은 다른 사람에게 인정받고 이들과 좋은 관계를 맺는 것에 우선순위를 둔다. 경쟁적인 상황보다는 협동적인 분위기를 좋아한다. 상호이해를 넓힐 수 있는 상황을 지향한다.

다져가기 **공무원 시험문제**

다음 내용을 설명할 수 있는 이론으로 가장 적합한 것은?　　　　　(17 지방직 9급)

> A교육청의 교육감은 직원들의 근무 의욕이 낮아지고 있는 문제를 인식하였다. 이를 해결하기 위해 그는 상관의 감독 방식, 작업 조건 등의 업무 환경요인을 개선하였다. 그러나 직원들에 대한 다양한 조사 결과 직무수행과 관련된 성취감, 책임감, 자기 존중감이 낮아 근무 의욕이 여전히 개선되지 않은 것으로 나타났다.

① 사이먼(H. Simon)의 만족모형

② 브룸(V. Vroom)의 기대이론

③ 애덤스(J. Adams)의 형평이론

④ 허즈버그(F. Herzberg)의 욕구충족요인이원론

○ 정답 ④번

환경요인은 위생요인에 불과하다.

다져가기 **공무원 시험문제**

허즈버그(Herzberg)의 욕구충족요인이원론에 대한 설명으로 옳지 않은 것은?

(17 지방직 9급)

① 욕구의 계층화를 시도한 점에서 매슬로우(Maslow)의 욕구단계이론과 유사하다.

② 불만을 주는 요인과 만족을 주는 요인은 서로 다르다고 주장한다.

③ 무엇이 동기를 유발하는가에 초점을 두는 내용이론으로 분류된다.

④ 작업조건에 대한 불만을 해소한다고 하더라도 근무태도에 장기적인 영향을 미치지는 않는다고 본다.

○ 정답 ①번

욕구의 계층화를 시도한 것이 아니라 욕구를 불만요인과 만족요인 2가지로 구분했다.

다져가기 **공무원 시험문제**

동기유발요인으로 금전적·물질적 보상보다 지역공동체나 국가, 인류를 위해 봉사하려는 이타심에 주목하는 이론은? (15 국가직 7급)

① 페리(Perry)의 공공서비스동기이론

② 스키너(Skinner)의 강화이론

③ 해크만(Hackman)과 올드햄(Oldham)의 직무특성이론

④ 매슬로우(Maslow)의 욕구계층이론

○ 정답 ①번

2 과정이론

과정이론은 동기의 내용적인 측면보다는 동기의 과정에 초점을 두는 이론으로 기대이론과 형평성이론을 구분할 수 있다. 대표적인 기대이론으로는 브룸(Vroom) 그리고 포터와 롤러의 이론을 들 수 있다. 대표적인 형평성이론에는 아담스의 형평성이론을 들 수 있다.

(1) 브룸(Vroom)의 기대이론

Vroom에 의하면 동기란 각 대안의 기대효용가치에 대한 개인의 주관적 평가에 따라 결정된다고 본다. 즉, 기대이론은 유인가(valence), 수단성(instrumentality), 기대감(expectancy)의 세가지 요소로 구성되며 흔히 VIE 모형으로 불리워진다.

기대감(E)은 직무를 완수하기까지 소요되는 개인의 노력과 직무 완수 이후의 실적(업적)·목표달성성과(performance) 사이의 관계에 대한 인식으로, 개인의 노력 여하에 따라 구체적인 실적과 목표를 달성할 수 있을 것인가에 대한 개인의 주관적 믿음을 의미한다.

- 따라서 기대감은 개인의 능력이나 성격 등에 많은 영향을 받게 되며, 이를 수치로 표현하면 목표달성에 대한 믿음이 전혀 없는 0의 상태에서 100% 확신하는 1까지 표시할 수 있다.

수단성(I)은 개인의 노력여하에 따른 실적(업적)·목표달성성과(performance)에 대한 개인의 주관적인 인식과 실적 또는 목표달성 이후에 개인에게 주어질 보상 사이의 관계에 대한 인식으로, 성공적인 직무완수 이후 개인에게 주어질 보상에 대한 가능성을 의미한다.

- 보상에는 개인적 판단에 의한 내재적 보상과 공식적으로 제도화된 외재적 보상으로 구성된다.
- 이를 수치로 표시하면 실적(업적)·목표달성성과(performance)가 항상 적절한 수준의 보상을 가져오게 되는 1에서부터 실적(업적)·목표달성성과(performance)와 보상의 상관관계가 없는 0, 그리고 실적(업적)·목표달성성과(performance)가 오히려 부정적인 보상으로 나타나는 −1까지

표시할 수 있다.

그림 Vroom의 기대이론모형의 요소

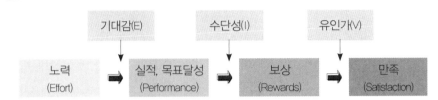

출처: 이영조 외(2004), 행정학원론, p. 216.

유인가(V)는 직무완수 이후 개인에게 돌아올 보상이 얼마나 만족스러운 수준인가에 대한 주관적인 인식을 나타낸다.

　－ 유인가는 직무수행에서 받을 수 있는 보상에 대하여 그 개인이 느끼는 적절성 인식수준이며, 개인이 희망하는 보상정도와 실제 보상 결과에 대한 인식수준이기 때문에 유인가는 주로 보상이 직무를 대하는 개인의 욕구를 얼마나 충족시켜 주는가에 의해 결정된다.

　－ 유인가는 개인이 특정의 결과를 바라는 긍정적인 유인가와 특정의 결과를 바라지 않는 부정적인 유인가 그리고 특정결과와 전혀 무관한 0의 무인가가 있다.

이처럼 기대이론은 기대감, 수단성, 유인가에 의해 노력의 강도가 결정된다는 것이다.

　－ 직무를 대하는 독립된 개인으로 하여금 일정한 노력을 유도하는 동기부여는 개인이 노력해서 직무를 성공적으로 달성할 수 있을 것인가에 대한 기대감과 목적달성에 의해 적절한 보상이 실현될 수 있을 것인지에 대한 수단성, 그리고 보상이 개인에게 얼마나 매력적인 것인가에 대한 유인가에 의해서 결정된다.

이러한 관계를 식으로 표현하면 다음과 같다.

동기부여 $= [E \rightarrow P] \sum [P \rightarrow R]V = E + \sum (I \times V)$

여기서 E = Expectancy, P = Performance, R = Reward,
　　　 I = Instrumentality, V = Valence

여기서 관리를 통해 조작하고 통제할 수 있는 것은 기대감(E)과 수단성(I)이다.

만일 어느 근로자가 더 많이 노력하면 더 많이 물건을 팔 수 있다는 확신을 80% 가지고 있고, 판매량증가가 임금일상을 수반하리라는 확신을 80% 가지고 있다면, 그는 높은 E→P, P→R 기대치를 갖고 있다고 할 수 있다.

그리고 그가 임금인상에 대해 90%의 가치를 부여한다면, 그의 동기수준은 Motivation=[E→P] ∑ [P→R]V =.8*(.8*.9) =.58로 높다고 할 수 있다. 유의성을 갖는다.

- 유인가는 개인적인 문제이기 때문에 관리자는 어떻게 하면 기대감과 수단성을 높일 것인가에 관심을 기울여야할 필요가 있다.

브룸은 전술한 두 가지의 기본 가정과 그 속에 내포되어 있는 주요 개념을 이용하여, 일정한 행동을 작동시키는 개인의 동기는 1차적 결과, 즉 성과에 대한 유의성과 자신의 행동이 1차적 결과를 가져오리라는 주관적 기대감에 의해 결정된다고 했다. 그리고 1차적 결과(즉, 성과)에 대한 유의성은 2차적 결과, 즉 보상에 대한 유의성과 그 보상이 성과에 의해 생기리라는 개인적 기대감, 즉 수단성에 의해 결정된다고 했다.

❀ 기대모형의 예

기대감	성과	수단성	보상	
0.2	행정고시 합격	0.8	훌륭한 배우자	8
		1.0	사회적 존경	10
		0.8	안정적 직장	5
0.4	공기업 입사	0.6	훌륭한 배우자	8
		0.8	사회적 존경	10
		0.5	안정적 직장	5
0.6	자영업	0.5	훌륭한 배우자	8
		0.3	사회적 존경	10
		−0.5	안정적 직장	5
1.0	미취업	−0.5	훌륭한 배우자	8
		−0.9	사회적 존경	10
		−1.0	안정적 직장	5

출처: 이창원·최창현(1996). 새조직론, 대영문화사.

지금까지 살펴본 브룸의 기대이론을 홍길동 군의 예를 이용하여 실질적으로 다시 검토해 보자.

위의 표에서 예시된 홍길동 학생은 본인이 학업을 수행한 성과로서 행정고시합격·공기업 입사·자영업·미취업을 얻을 수 있으며, 이러한 성과에 대한 보상으로 훌륭한 배우자·사회적 존경·안정적 직장 등을 얻을 수 있다고 지각한다고 가정하자. 또한 위의 표에 각 성과가 이러한 보상을 얻는 데 수단이 된다고 믿는 정도인 수단성이 제시되어 있는데, 이 학생은 보상에 대한 유의성으로 훌륭한 배우자에 8, 사회적 존경에 10, 안정적 직장에 5라는 가치를 둔다고 하자. 이때 이 학생의 성과에 대한 유의성, 즉 각 학점별 유의성을 계산해 보면 각각의 값이 다음과 같다.

행정고시 합격의 유의성 $= (0.8 \times 8) + (1.0 \times 10) + (0.8 \times 5) = 20.4$
공기업 입사의 유의성 $= (0.6 \times 8) + (0.8 \times 10) + (0.5 \times 5) = 15.3$
자영업의 유의성 $= (0.5 \times 8) + (0.3 \times 10) + (-0.5 \times 5) = 4.5$
미취업의 유의성 $= (-0.5 \times 8) + (-0.9 \times 10) + (-1.0 \times 5) = -18.0$

이미 전술한 바와 같이 일정한 행동을 작동시키는 개인의 동기는 성과에 대한 유의성과 자신의 행동이 성과를 가져오리라는 주관적 기대감에 의해 결정되므로, 이 학생의 행동이 특정 학점 취득을 위해 동기를 부여하는 정도는 다음과 같다.

행정고시 합격을 위한 동기 수준 $= 0.2 \times 20.4 = 4.08$
공기업 입사를 위한 동기 수준 $= 0.4 \times 15.3 = 6.12$
자영업을 위한 동기 수준 $= 0.6 \times 4.5 = 2.7$
미취업을 위한 동기 수준 $= 1.0 \times (-18.0) = -18.0$

결국 이 학생은 공기업 입사를 위한 동기 수준이 가장 높으므로 여러 가지 행동 중에서 공기업 취업을 획득하기 위한 행동을 수행할 것으로 기대할 수 있다. 이처럼 브룸의 기대이론은 기대감·수단성·유의성에 따라 개인의 행동 방향과 동기의 강도가 정해진다고 보는데, 이 중 어느 것 하나라도 수학적으로 0이 될 경우에는 그 행동을 수행할 개인의 동기가 유발되지 않는다는 것을 의미한다.

따라서 조직관리에서 브룸의 기대이론에 의하면, 직원들에 대한 동기부여가 발생하기 전에 세 가지의 조건이 충족되어야 한다.

첫째, 노력에 따른 성과에 대한 기대가 있어야 한다. 즉, 직원들은 노력을 하면 높은 수준의 성과를 도출할 수 있다고 합리적으로 기대할 수 있어야 한다. 둘째, 성과에 따른 결과에 대한 기대가 있어야 한다. 직원들은 성과를 달성하면 이에 상응하는 가치있는 결과가 발생할 것이라고 믿어야만 한다. 셋째, 기대하는 결과의 가치는 긍정적이어야 한다. 예컨대, 기대되는 결과를 낳기 위해서는 상당한 스트레스와 피곤함을 견뎌야 할지 모른다. 그러나 급여인상, 승진, 인정 등의 긍정적 가치가 부여된다면 전체적으로 긍정적인 가치가 존재하게 된다.

- 기대가 낮으면 동기부여의 힘도 약하게 되고, 결과에 대한 유인가(선호도)가 0이라면, 그것을 성취해 낼 수 있을 것으로 보는 기대의 강도가 높다 하더라도 개인을 동기부여 하는데 별로 영향을 미치지 못한다.
- 즉 Vroom의 기대이론은 성과급제(pay-for-performance)의 도입과 관련하여 커다란 시사점을 보여준다.
- 따라서 관리자는 노력과 성과 간의 합리적인 연계, 그리고 성과와 보상 간의 합리적인 연계, 그리고 보상에 대한 유인 등을 적절히 관리하여 직무를 대하는 개인들의 동기부여를 위해 노력할 필요가 있다.

공무원 보수체계는 5급 이상 연봉제가 적용되며, 정무직은 고정급적연봉제, 고위공무원단 소속 공무원은 직무성과급적연봉제, 1~5급 공무원은 성과급적연봉제를 적용하고 있다. 6급 이하 공무원은 호봉제의 적용을 받고 있다.

고위공무원단(2017년 3월 기준 1552명) 보수는 직무성과급제
기본연봉(기준급+직무급)+성과연봉(전년도 업무실적 평가 반영)

다져가기 **공무원 시험문제**

브룸(Vroom)의 기대이론에 따를 경우 조직구성원의 직무수행동기를 유발하기 위한 조건이 아닌 것은? (17 지방직 9급)

① 내가 노력하면 높은 등급의 실적평가를 받을 수 있다는 기대치(expectancy)가 충족되어야 한다.
② 내가 높은 등급의 실적평가를 받으면 많은 보상을 받을 수 있다는 수단치(instrumentality)가 충족되어야 한다.
③ 내가 받을 보상은 나에게 가치 있는 것이라는 유인가(valence)가 충족되어야 한다.
④ 내가 투입한 노력과 그로 인하여 받은 보상의 비율이, 다른 사람과 비교하여 공평해야 한다는 균형성(balance)이 충족되어야 한다.

○ **정답** ④번
  형평성(공정성)이론이다.

다져가기 **공무원 시험문제**

공무원보수규정상 고위공무원단 소속 공무원에 적용되는 직무성과급적 연봉제에 대한 설명으로 옳지 않은 것은? (17 지방직 9급)

① 고위공무원단에 속하는 모든 공무원에 대하여 적용한다.
② 기본연봉은 기준급과 직무급으로 구성된다.
③ 기준급은 개인의 경력 및 누적성과를 반영하여 책정된다.
④ 직무급은 직무의 곤란성 및 책임의 정도를 반영하여 직무등급에 따라 책정된다.

○ **정답** ③번
  누적성과 반영해 책정되는 것은 성과연봉이다.

(2) 포터와 롤러(Porter & Lawler)의 기대이론

브룸의 기대이론을 수정한 Porter & Lawler의 기대이론에 따르면, 개인이 주어진 직무를 완수하기 위한 노력은 직무완수 이후에 '개인에게 주어질 보상에 대해 개인이 부여하는 가치수준'과 '노력에 대한 보상이 이루어질 확률에 대한 주관적 인식'에 의해 영향을 받게 된다.

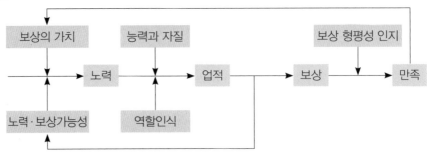

출처: 이영조 외(2004). 행정학원론, p. 218.

따라서 Porter & Lawler(1968)의 기대이론 모형에서는 직무에 투입하는 개인의 노력(effort), 노력을 투입한 이후의 직무의 달성정도를 의미하는 업적(실적)·성과(performance)가, 노력이 투입된 직무의 성과에 대한 보상(rewards), 그리고 보상수준에 대한 개인의 주관적 만족(satisfaction)수준 등과 같은 개념이 사용된다.

– 직무에 대한 개인의 노력이 바람직한 수준의 보상을 가져올 것이라는 확률이 높고 또한 그 보상이 매우 가치가 있다고 느낄 때 노력의 수준은 증가한다.

성과는 여러 가지 요인에 의하여 영향을 받는데 대표적인 것을 보면 활용 가능한 시간, 타인으로부터의 필요한 협조 수준의 정도, 따라야 할 제반 절차 등이 있다.

– 개인의 내적 요인으로서는 자부심, 역할인지, 과거의 경험 등을 들 수 있다.

Porter & Lawler의 기대이론이 주장하는 가장 핵심적인 부분은 성과와 보상의 연계에 관한 것이며, 보상은 성과에 의해 좌우된다는 것이다.

– Porter & Lawler의 이론에서는 보상체계를 외부보상과 내부보상으로 구분하는데 내부보상은 주로 개인의 내부감정과 밀접한 관련을 지니는 주어진 성과에 대한 부산물로서 자신의 능력발휘와 관련된 장인정신이나 전문직업주의정신을 통하여 개인의 내적 보상이 이루어질 수 있다.

– 외부보상은 개인을 둘러싸고 있는 환경으로부터 얻어지는 것으로 성과

자체로부터 직접 나오지는 않으며 성공적 직무수행에 대한 금전적 보상이나 승진, 또는 사회적 인정감 등을 예로 들 수 있다.

Porter & Lawler의 연구에 따르면 실제 보상은 단지 부분적으로 만족에 영향을 주지만 주어진 성과에 대해 개인이 받은 보상이 공정하다고 믿는 것이 만족에 더 큰 영향을 준다고 하였다. 다시 말해 공평한 보상이나 만족수준은 실제 보상이 어느 정도 기대보상 수준에 일치하는가에 대한 개인의 주관적 평가에 의하여 좌우된다.

포터와 롤러의 기대이론과 브룸의 이론은 차이가 있다. 예를 들어 포터-롤러의 이론에는 보상의 형평성에 대한 인지가 중요하고, 능력 이외에도 특성(traits)과 역할 인지(role perceptions), 즉 자신의 직무를 이해하는 정도가 포함되어 있다. 즉 이 이론이 제시하는 인간의 동기 유발 과정을 보면, 조직 내의 어떤 직원이 노력을 하는 정도는 그 직원에게 부여할 수 있는 잠재적 보상의 가치(value of the potential reward), 즉 보상의 유의성과 노력을 하면 보상이 있을 것이라는 기대감에 의해 결정된다고 한다. 또한 그 직원의 노력의 결과 달성되는 근무성과는 그 직원의 능력, 특성 및 역할인지의 수준에도 영향을 받는다는 것이다. 근무성과가 있으면 보상이 따르는데, 보상은 다시 내재적 보상(intrinsic rewards)과 외재적 보상(extrinsic rewards)으로 나눌 수 있다. 내재적 보상에는 성취감 등이 있고, 외재적인 보상에는 봉급이나 승진 등이 있다. 이렇게 보상을 받은 직원은 다른 직원이 받는 보상과 비교하여 그것이 공정하다고 생각하면 만족하게 된다. 이러한 과정을 통해 결정된 보상에 관한 만족도는 앞으로 동기 유발 과정에서 다시 그러한 보상의 유의성에 영향을 주고, 노력의 결과 거둔 실제 성과는 앞으로 노력하면 성과가 있을 것이라는 기대감에 영향을 주면서 동기 유발의 과정이 전체적으로 다시 반복된다는 것이다.

조직에서 기대이론의 적용 지침

1. 각 직원이 우선적으로 어떤 보상을 원하는지 파악한다.
2. 조직의 목표를 달성하기 위해서는 어떤 성과가 어떤 수준으로 요구되는가를 파악한다.
3. 요구되는 수준의 성과가 달성 가능한지 확인한다.
4. 직원들이 원하는 보상을 요구되는 성과에 연결시킨다.

(3) 애덤스(Adams)의 형평성이론

Adams의 형평성이론에 의하면 근로자의 동기는 보상의 형평성정도에 따라 결정된다.

즉 Output/Inputa＝Output/Inputb

이를 그림으로 자세히 살펴보면, 공정성은 한 개인이 일에 들인 노력인 투입(input)과 그 개인이 그 일에 대해 받은 보상인 산출(output) 간의 균형을 말하는 것으로, 종업원이 일에 들이는 투입에는 교육, 특수기술, 노력, 그리고 시간들이 포함되고, 산출에는 급여, 복지혜택, 성취, 인정, 그리고 기타의 다른 보상이 포함된다.

그림 애덤스의 형평성이론

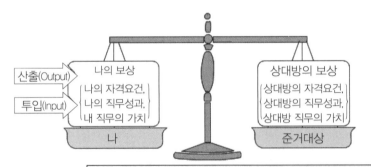

산출(Output)
투입(Input)

나의 보상
나의 자격요건,
나의 직무성과,
내 직무의 가치
나

상대방의 보상
상대방의 자격요건,
상대방의 직무성과,
상대방 직무의 가치
준거대상

중요특징
• 인지된 보상(output)과 노력 등의 투입(input)의 비율이 타인과 동일하지 않을 때 동기부여 되지 않음(demotivate)
• 동일한 노력을 한 다른 사람보다 보상을 덜 받는다고 인식하면 노력 등의 투입(Input)을 줄이는 방식으로 행동함(책임회피, 불성실)

인사관리적 함의
• input과 output의 명확한 정의(목표성과와 보상의 연계)
• 성과관리 프로세스 상 공정성 및 일관성 유지
• 타인의 보상수준과의 비교 금지(보상내용의 confidentiality 확보)

출처: Mercer Human Resource Consulting(2003), 풀무원 성과관리집.

3 목표설정이론

목표설정이론은 로크(Locke)에 의해 시작된 동기 이론으로, 인간이 합리적으로 행동한다는 기본적인 가정에 기초하여, 개인이 의식적으로 얻으려고 설정한 목표가 동기와 행동에 영향을 미친다는 이론이다.

헬리겔과 슬로컴(Hellriegel & Slocum, 1978)은 조직 및 개인이 달성해야 할 목표가 적합하게 설정되어야 하고, 개인의 수행 목표는 다음과 같은 기준을 충족해야 한다고 주장한다.

- 수행 목표는 분명하고 세밀하며 최선을 다하라는 식의 모호한 목표는 제시하지 않아야 한다.
- 수행 목표는 필요조건을 정확하게 기술해야 한다.
- 수행 목표는 조직의 정책과 절차에 일치해야 한다.
- 수행 목표는 경쟁성을 지녀야 한다.
- 수행 목표는 성취가능한 범위내에서 동기 부여하도록 난이도가 높은 어렵고 도전감을 유발할 수 있어야 한다.

출처: [네이버 지식백과] 목표 설정 이론 [goal setting theory] (심리학용어사전, 2014.4. 한국심리학회)

그림 목표설정이론의 기본 모형

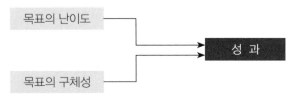

출처: 이창원·최창현(2012). 새조직론.

목표와 보상제도에 관련된 연구 중에서 가장 흥미로운 것은 Mowen, Middlemist, & Luther(1981)의 연구결과이다.

그들은 목표의 난이도와 성과보상시스템 사이의 상호작용을 발견하였다.

예를 들어 어려운 과업에 할당된 사람의 경우에는 개별적인 단위 성과급제도가 가장 효과적이고, 중간 수준의 목표에 할당된 사람의 경우에는 목표를 성공적으로 달성했을 경우 지급하는 보너스 제도가 가장 효과적이었다(Mowen, J. C., Middlemist, R. D., & Luther, D. 1981; 박영범, 1998: pp. 35-38).

> 우리나라의 성과급제도는 크게 연봉제와 성과상여금의 두 가지 제도로 구분되며, 연봉제의 경우 고정급적 연봉제, 성과급적 연봉제, 직무성과급적 연봉제로 구분된다.

그림 **목표설정이론의 주요 내용**

구분	주요내용
목표의 개념	조직구성원들이 희망하는 미래의 상태를 의미함
목표설정의 의미	개인들이 목표달성을 위해 노력하도록 유도하고, 설정된 목표를 달성하는 것은 궁극적으로 개인들에게 성과 향상을 위한 동기를 부여하는 작용을 함
목표설정책임	상사와 부하가 함께 목표설정
목표설정시기	계획수립 기간에 완성된 관리과정, 모든 것은 활동 시작 전에 배치
평가시점	계획수립 중, 작업 중, 완료 후
책임형태	분권화
의사결정방식	참여적 관리방식의 공동의사결정
문제해결방식	가능한 한 계획수립에서 문제해결

주요 특징
- 도전적이고 구체적인 성과 목표(goal)가 종업원들의 성과를 높이는 데 영향을 미침
- 성과 목표는 개인의 performance를 비교할 수 있는 feedback standard로서 기능함
- 목표설정 과정에 본인이 직접 참여해야 목표달성에 몰입하게 됨
- 개인은 성과달성(goal achievement)이 그에 상응하는 보상으로 연계되는 한에서 동기부여됨

인사관리적 함의
- 개인이 performance target에 영향을 미칠 수 있다고 믿어야 함
- 성과에 대한 feedback 강화
- 성과목표에 대한 합의를 위한 의사소통(communication) 강화
- 인센티브를 목표성과 달성과 직접적으로 연계

출처: Mercer Human Resource Consulting(2003).

4 직무특성이론

해크만과 올드햄(Hackman & Oldham, 1976)의 직무특성이론은 직무의 특성이 직무 수행자의 성장욕구 수준(growth need strength)에 부합될 때 직무가 그 직무 수행자에게 더 큰 의미와 책임감을 주고 이로 인해 동기 유발의 측면에서 긍정적인 성과를 얻게 된다는 것을 제시한다.

이 이론은 직무 수행자의 성장욕구 수준이라는 개인차를 고려하고 좀더 구체적으로 직무 특성, 심리 상태 변수, 성과 변수 등의 관계를 제시했다는 측면에서 허즈버그의 욕구충족요인이원론보다 진일보한 것으로 볼 수 있다.

이 이론은 다섯 가지 직무 특성과 세 가지 심리 상태 변수들, 그리고 네 가지 성과 변수들로 구성되어 있다. 먼저 다섯 가지 직무 특성을 살펴보자.

직무(특성)기술설문(Job Diagnostic Survey)

1) 당신의 직무는 얼마나 다양한가?

동일한 일을 반복해야 한다   그저 그렇다   아주 다양하다

| 1 | 2 | 3 | 4 | 5 | 6 | 7 |

2) 어느 한 가지 일을 처음부터 끝까지 혼자 하는가 아니면 부분만을 담당하는가?

부분만 담당   전체 다 담당

| 1 | 2 | 3 | 4 | 5 | 6 | 7 |

3) 당신의 직무는 다른 사람에게 얼마나 중요한가?

중요하지 않다   아주 중요하다

| 1 | 2 | 3 | 4 | 5 | 6 | 7 |

4) 직무 수행상의 자율성은 어느 정도나 보장되어 있는가?

별로 없다   아주 많다

| 1 | 2 | 3 | 4 | 5 | 6 | 7 |

5) 직무를 잘 수행하고 있는지에 대한 정보를 얻을 수 있는가?

있다   없다

| 1 | 2 | 3 | 4 | 5 | 6 | 7 |

첫째, 기술적 다양성(Skill variety)으로써 직무를 수행하는 데 요구되는 기술의 종류가 얼마나 여러 가지인가를 의미한다. 둘째, 직무 정체성(Task identity)으로써 직무의 내용이 하나의 제품이나 서비스를 처음부터 끝까지 완성시킬 수 있도록 구성되어 있는가, 아니면 제품의 어느 특정 부분만을 만드는 것인가를 의미한다. 셋째, 직무 중요성(Task significance)으로써 개인이 수행하는 직무가 조직 내 또는 조직 밖의 다른 사람들의 삶과 일에 얼마나 큰 영향을 미치는가를 의미한다. 넷째, 자율성(Autonomy)으로써 개인이 자신의 직무에 대해 개인적으로 느끼는 책임감의 정도를 의미한다. 다섯째, 환류(Feedback)으로써 직무 자체가 주는 직무 수행 성과에 대한 정보의 유무를 의미한다.

해크만과 올드햄은 이러한 다섯 가지 직무 특성이 서로 어떻게 작용하면서 동기부여를 하는지에 관해 〈표〉의 공식을 통해 제시했다.

🏀 잠재적 동기지수

$$\text{잠재적 동기지수} = \frac{(\text{기술 다양성} + \text{직무 정체성} + \text{직무 중요성})}{3} \times \text{자율성} \times \text{환류}$$

잠재적 동기지수(Motivating Potential Score; MPS)
= 직무풍요(Job Enrichment)의 척도

즉, 어떤 직무가 갖는 잠재적 동기지수(motivating potential score; MPS)에는 다섯 가지 직무 특성이 모두 영향을 미친다. 직무특성이론을 동기부여 측면에서 보면, 개인은 그들이 소중하게 생각하는 직무에 대해 일을 잘 해냈다고 알아차렸을 때 내부적인 보상을 얻게 된다고 주장한다. 더 나아가 이 공식에 의하면, 극단적으로 자율성과 환류 중 어느 한 가지만 없어도 잠재적으로 동기가 전혀 부여되지 않는다.

직무 특성에 의해 영향을 받는 개인의 세 가지 심리 상태 변수를 살펴보면 다음과 같다. 먼저 직무에 대해서 느끼는 의미성(feeling of meaningfullness)이란 개인이 자신의 직무에 대해 '해볼 만하다' 또는 '가치가 있다'라고 느끼고 있는 정도를 의미한다.

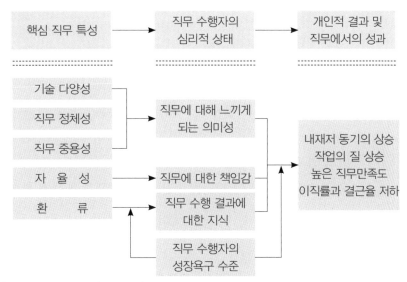

그림 직무특성이론의 체계

핵심 직무 특성 → 직무 수행자의 심리적 상태 → 개인적 결과 및 직무에서의 성과

기술 다양성
직무 정체성
직무 중용성
→ 직무에 대해 느끼게 되는 의미성

자 율 성 → 직무에 대한 책임감

환 류 → 직무 수행 결과에 대한 지식

직무 수행자의 성장욕구 수준

내재저 동기의 상승
작업의 질 상승
높은 직무만족도
이직률과 결근율 저하

출처: Moorhead & Griffin(2004: 173).

직무특성이론에 의하면, 기술 다양성(skill variety), 직무 정체성(task identity), 직무 중요성(task significance)과 같은 직무 특성이 이러한 심리 상태에 영향을 준다고 한다. 또한 직무에 대한 책임감(feeling of responsibility)이란 개인이 자신이 수행하는 일의 결과에 대해 개인적으로 느끼는 책임감과 부담감의 정도를 의미한다. 직무 특성 중 자율성(autonomy)이 이러한 심리 상태에 영향을 준다고 한다.

끝으로 직무 수행 결과에 대한 지식(knowledge of results)이란 개인이 직무 수행 과정에서 직무를 얼마나 효과적으로 수행하고 있는지를 알고 이해하는 정도를 의미한다. 직무 특성 중 환류(feedback)가 영향을 준다고 한다.

5 직무만족

조직관리자는 직원들의 태도를 매우 중요하게 다루어야 한다. 직원들의 태도는 조직의 입장에서 중요한 여러 가지 행동과 밀접하게 연관되어 있다. 예를 들어 불만족한 직원은 자주 직장에 지각하거나 다른 직장으로 옮기려는 경

향이 높다. 따라서 직무만족과 같은 태도에 관한 이론과 연구를 살펴봄으로써
관리자들은 직장에 대한 직원들의 태도를 좀 더 효과적으로 이해할 수 있다.

(1) 직무만족의 의의

직무만족(job satisfaction)이란 사람들이 자신의 직무에 대해 감사하고 성취
감을 느끼는 정도를 말한다. 특히 직무만족은 직무에 대한 개인적 태도로서 조
직학 분야에서 가장 널리 연구된 분야 중 하나이다. 직무만족에 관해서는 수천
건의 연구가 발표되었으며(Griffin & Bateman, 1986; Locke, 1976), 사실상 거의
모든 조직관리자들이 직원들의 만족이나 불만족에 관해 관심이 많다.

(2) 직무만족과 불만족의 원인

그림 **직무만족 및 불만족의 원인 및 결과**

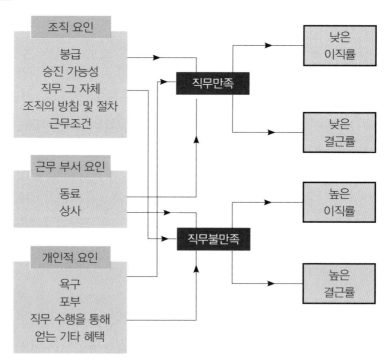

먼저 조직 요인으로는 봉급, 승진 가능성, 직무 그 자체, 조직의 방침 및
절차, 그리고 근무조건 등이 있다. 일반적으로 직원들은 이러한 각 요인에 관

해 각기 다른 수준의 만족을 경험하게 된다.

직무만족과 불만족은 자신이 근무하는 부서 내의 상사나 동료에 의해서도 영향을 받는다. '상사'라는 요인은 조직 요인으로서 간주될 수도 있겠지만, 상사라는 직위 자체가 보통 조직에 의해 결정되기 때문에 부하의 태도에 가장 영향을 많이 주는 것의 하나는 상사의 개인적 특징(예, 따뜻함, 이해심, 성실함 등)인 것이다.

직무만족은 단순히 직무의 조건에 의해서만 영향을 받는 것은 아니다. 성격(personality)도 주요한 역할을 한다. 연구에 의하면, 자신의 가치와 역량에 대해 긍정적인 평가를 하는 사람들은 자신의 일에 보다 만족하는 경향이 있는 것으로 나타났다(Judge and Hurst, 2007: 159-174). 자신의 가치와 역량에 대해 부정적인 평가를 하는 사람들은 지루하고 반복적인 일에 얽매이기 쉽다.

(3) 직무만족과 불만족의 결과

직원들이 자신의 일에 만족하거나 만족하지 못한다면 어떤 일이 일어날까? 그림에서 보는 것과 같이 직원들의 직무만족과 불만족은 그들의 이직률과 결근율에 영향을 미친다. 일반적으로 사람들은 자신의 업무에 불만족하면 몸이 별로 아프지 않아도 아프다고 하면서 결근을 하기 쉽고, 또한 다른 직장으로 이직할 수도 있다.

또는 작업과 관련된 조건을 개선을 요구하는 목소리를 내거나 노조에 가입하여 노조활동을 할 수도 있다. 그렇지 않다면 작업과 관련된 조건이 스스로 개선되기를 기대하면서 소극적으로 기다릴지도 모른다.

직무만족이 작업성과에 영향을 미치는가? 행복한 직원은 생산성이 높은 일꾼이 될 가능성이 높다(Judge, Thoresen, Bono, Patton, 2001: 376-407). 조직적인 차원에서의 연구도 같은 결론에 도달한다. 즉, 직무만족이 높은 직원들로 구성된 조직은 그렇지 못한 조직보다도 더 효과적이다.

직무만족이 조직적 시민활동(OCB)에 미치는 영향이다. 직무만족이 직원들의 조직적 시민활동에 주요한 결정요인이라고 가정할 수 있다. 직무에 만족하는 직원들은 조직에 대해 긍정적으로 이야기하고, 다른 사람을 돕고, 조직의 기본적 기대를 뛰어넘는 활동을 할 것으로 기대된다.

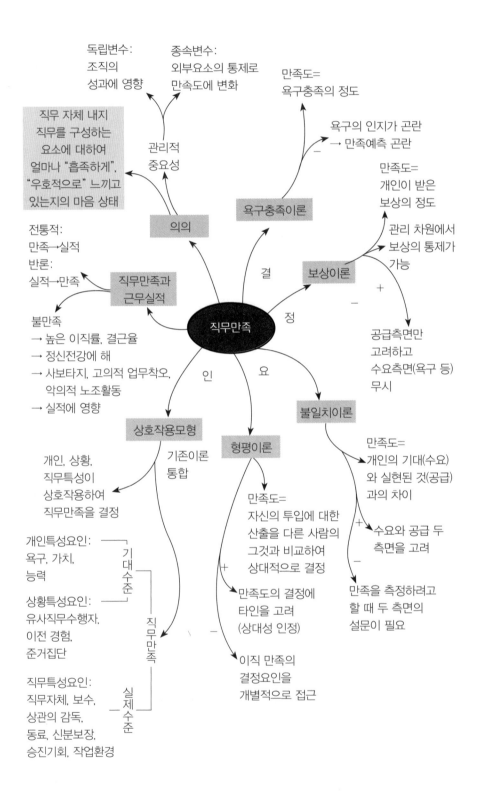

독립변수:
조직의
성과에 영향

종속변수:
외부요소의 통제로
만족도에 변화

만족도=
욕구충족의 정도

직무 자체 내지
직무를 구성하는
요소에 대하여
얼마나 "흡족하게",
"우호적으로" 느끼고
있는지의 마음 상태

관리적
중요성

욕구의 인지가 곤란
→ 만족예측 곤란

만족도=
개인이 받은
보상의 정도

전통적:
만족→실적

반론:
실적→만족

의의

욕구충족이론

관리 차원에서
보상의 통제가
가능

직무만족과
근무실적

보상이론

결

불만족
→ 높은 이직률, 결근율
→ 정신건강에 해
→ 사보타지, 고의적 업무착오,
　악의적 노조활동
→ 실적에 영향

직무만족

정

공급측면만
고려하고
수요측면(욕구 등)
무시

인

요

불일치이론

상호작용모형

형평이론

만족도=
개인의 기대(수요)
와 실현된 것(공급)
과의 차이

개인, 상황,
직무특성이
상호작용하여
직무만족을 결정

기존이론
통합

만족도=
자신의 투입에 대한
산출을 다른 사람의
그것과 비교하여
상대적으로 결정

수요와 공급 두
측면을 고려

개인특성요인:
욕구, 가치,
능력

기대수준

만족도의 결정에
타인을 고려
(상대성 인정)

만족을 측정하려고
할 때 두 측면의
설문이 필요

상황특성요인:
유사직무수행자,
이전 경험,
준거집단

직무만족

이직 만족의
결정요인을
개별적으로 접근

직무특성요인:
직무자체, 보수,
상관의 감독,
동료, 신분보장,
승진기회, 작업환경

실제수준

6 귀인이론

사람들이 다른 사람을 관찰할 때, 그 사람이 어떤 형태로 행동하는 이유에 대해서 추론하고 설명하려는 경향이 있다고 한다. 이와 같이 다른 사람의 행동의 원인을 설명하는 것을 귀인(attribution)이라고 한다. 귀인의 과정은 지각 대상을 어떻게 지각하는가에 따라 다르며, 이러한 지각은 또한 개인에 따라 크게 다르다. 귀인이론(attribution theory)은 인사조직학에서 비교적 새롭게 등장한 것으로 인간의 지각, 동기 및 리더십과 관련이 있는 이론이다.

일반적으로 인간은 어떠한 행동이 인간의 내면적인 요인이나 외면적인 요인으로 인해 야기된다고 생각한다. 내면적 요인에 의한 행동이란 그 행동이 그 사람의 개인적 통제 아래 있다고 믿는 행동이지만, 외면적 요인에 의한 행동은 어떤 상황이 그 사람을 그렇게 행동하도록 만든 경우를 말한다.

예를 들어 부하 직원 중 하나가 소란스럽게 일을 한다고 하자. 여기서 그러한 행동의 원인을 이해하면, 그 직원의 행동을 변화시킬 수 있다. 만약 그 직원만이 그러한 행동을 하고(즉, 낮은 합의성), 매주 여러 번 하며(즉, 높은 일관성), 다른 곳에서도 한다면(즉, 높은 특이성), 논리적으로 그 직원의 내면적인 요인이 그러한 행동의 원인이라고 결론을 내릴 수 있는 것이다.

그러나 그 직원이 속한 부서의 모든 직원들이 그러한 행동을 하고(즉, 높은 합의성), 그 직원만이 자주 그러한 행동을 하지만(즉, 높은 일관성), 다른 곳에서는 그 직원이 그러한 행동을 하지 않는다면(즉, 낮은 특이성), 그 직원의 외면적인 요인이 그러한 행동의 원인이라고 할 수 있을 것이다.

지금까지 살펴본 인간의 귀인 과정은 조직관리상 중요한 의미가 있다. 예를 들어 관리자가 부하의 업무 성과가 낮은 이유를 부하의 능력이나 동기 같은 내면적인 요인으로 돌리면, 이러한 요인을 발전시키는 전략을 개발하고자 할 것이다. 반면에 업무 성과가 낮은 이유를 업무 지원의 부족이나 직무설계 자체가 잘못된 것으로 돌리면, 업무 성과를 높일 수 있는 다른 조치를 취해야 할 것이다(이창원·최창현, 2012).

(1) 귀인오류

귀인이론의 연구에서 가장 흥미로운 결과는 실수 또는 오류가 귀인과정을 왜곡시킬 수 있다는 것이다. 사람들이 다른 사람의 행동에 대해 평가를 할 때, 외면적 요인의 영향을 과소평가하고, 내면적 요인의 영향을 과대평가하는 경향이 있다(Miller and Lawson, 1989: 194-204). 이러한 귀인과정의 오류(attribution error)라고 한다.

다시 말해, 판매부 관리자는 판매부서 직원들의 실적이 저조한 원인을 경쟁사에서 생산하는 혁신적 제품의 출현에서 찾기 보다는 직원들의 게으름에서 찾게 된다.

또 다른 흥미로운 오류는 자기고양적 편향(self-serving bias)인데, 자신의 성공은 자신의 능력과 노력과 같은 내면적 요인에서 찾으려고 하는 반면, 자신의 실패는 불행이나 동료의 비협조 등과 같은 외면적 요소에서 원인을 찾는 경향이 있다(Goerke et al., 2004: 279-292). 소위 잘되면 자기 탓, 못되면 남 탓을 하는 경향을 말한다(이창원·최창현, 2012).

조직에서 일하는 사람들은 항상 다른 사람을 평가하고 판단한다. 특히, 관리자들은 부하직원의 성과와 실적에 대해 평가해야만 한다. 따라서, 사람에 대한 판단은 조직생활에 있어서 대단히 중요하다. 조직관리상 동기, 채용 및 근무성과평정의 측면에서 귀인이론이 갖는 의미를 살펴보고자 한다.

① 동기

조직 내에서 지각은 동기와 상당히 밀접한 관계를 갖고 있다. 예를 들어 어떤 직원이 금전 문제로 어려움을 겪고 있다고 하자. 금전 문제로 인한 걱정으로 기분이 좋지 않고 현재로서는 금전이 가장 중요한 문제이기 때문에, 그 직원은 봉급 문제에 특히 민감할 것이다. 즉 그 직원의 개인적 특성 중 기분(disposition)과 현저성(salience)이 어떻게 사물(즉, 봉급문제)을 지각하고 해석하는가에 영향을 준다는 것이다.

또한 투사(投射, projection)라는 과정을 통해 그 직원은 조직 내의 다른 직원들도 주로 금전에 신경을 많이 쓴다고 생각할 수도 있다. 따라서 다른 직원이 열심히 업무를 수행해서 봉급을 대폭 인상받으면 그 직원도 봉급이 인상되도록 열심히 업무를 수행할 것이다. 즉 그 직원의 지각(즉, 다른 직원의 봉급 인상이 열심히 업무를 수행한 대가라는 해석)이 동기에도 영향을 미치는 것이다.

귀인 과정 역시 동기에 영향을 줄 수 있다. 예를 들어 그 직원이 상사와 인척관계에 있을 때 봉급 인상이 상사의 인척이라는 요인 때문이 아니라(즉, 봉급 인상이라는 결과가 그 직원의 외면적인 요인 때문이 아니라), 그 직원의 노력 때문이라고(즉, 그 직원의 내면적인 요인이라고) 생각하면 다른 직원들도 열심히 노력해서 봉급 인상을 받고자 할 것이다.

② 채용

지각은 직원을 채용하는 데에도 영향을 줄 수 있다. 채용에 지원한 사람이 다른 지원자와 대조가 되거나 독특하면 그가 채용될 가능성이 영향을 받는 것은 당연하다. 채용을 하는 사람 역시 상동적 태도로 인해 지원자들을 인종이나 성별로 정형화할 수 있고, 후광 효과로 인해 지원자의 한 가지 특성만으로 다른 특성에 대한 평가를 무시할 수도 있다. 또한 면접시 면접관의 기분이나 지원자의 어떤 특성에 대한 태도가 면접관의 지각에 영향을 줄 수 있다.

③ 근무성적평정

근무성과평정(performance evaluation)이란 조직구성원들의 근무성과를 평가하여 그들의 근무에서 부족한 면은 수정하고 강점은 파악해 조직구성원들에게 보상을 해 줄 수 있는 기초를 마련하는 것이다. 근무성과평정에서 몇 가지 영역은 특히 지각의 왜곡을 일으키기 쉽다(Wexley & Pulakos, 1983). 직원 사이의 대조는 근무성과평정에 영향을 줄 수 있다.

예를 들어 상사가 부하 직원들을 하나씩 평가하는데, 처음 두 명은 근무성과가 아주 좋아서 좋은 평가를 받았고, 그 다음 부하는 처음 두 명보다는 조금 근무성과가 낮다고 하자. 이때 상사가 처음 두 직원에게 높은 평가를 한 것에 영향을 받는다면, 세 번째 직원은 처음 두 명의 직원들과 대조가 되어 본래 받아야 할 평가보다 낮은 평가를 받을 수 있다는 것이다.

선택(selection) 역시 근무성과평정의 영향을 미칠 수 있다. 어느 특정 직원에게 특별히 호감을 갖고 있는 상사는 그 직원이 성과를 내지 못하는 경우가 발생해도 그러한 경우를 무시할 수 있다. 근무성과평정자의 개인적 특징(예, 현

저성, 기분, 태도 등) 역시 후광 효과와 상동적 태도와 마찬가지로 근무성과평정에 영향을 미친다.

예를 들어 근무시간을 잘 지키는 것을 강조하는 상사는 그것을 평가 기준으로 삼아 비중을 많이 두는 반면, 다른 상사는 근무시간 준수 여부를 별로 중요시하지 않아 평정시 별로 고려하지 않을 수도 있는 것이다.

마지막으로 부하가 거둔 업무성과의 원인을 내면적 또는 외면적 요인으로 돌리는 것에 따라 상사의 근무성과평정이 영향을 받는다. 즉 이미 전술한 바와 같이 부하의 행동을 상사가 관찰시 그 행동의 합의성, 일관성, 특이성에 따라 상사의 근무성과평정이 영향을 받는다는 것이다(이창원·최창현, 새조직론, 1996).

03 성과급제도

앞서 기대이론에서 살펴본 것 같이 성과와 보상의 연계 방안 즉 수단성이 바로 성과급제도(Pay for Performance)와 승진이다.

1 성과급제도의 이론적 검토

성과급제도(Pay for performance system)란 종업원이 달성한 업무성과를 기초로 임금 수준을 결정하는 방식 또는 직무수행 실적을 평가하여 보수결정에 기준으로 삼는 제도로서 성과보상의 제 유형(예, 연공급, 직무급, 직능급, 성과급) 중의 하나이다. 성과급은 공무원들의 직무성과를 금전적 보상으로 연결시켜 주기 때문에 조직구성원들의 근로 노력의지를 자극하는 인센티브로서의 역할과 직무에 대한 동기부여의 역할을 수행한다.

Vroom의 기대이론에서는 성과나 업적에 연계된 보상이 이루어질 경우 사기가 높아지고 근로자는 생산성을 향상시킬 수 있다고 보고되고 있다. Adams(1963: 422) 역시 공정성 이론을 통해 보상의 공정성이 동기의욕이나 사기, 그리고 성과에 영향을 미친다고 보고 있다.

② 한국 공공부문에의 성과급제도 적용사례

우리나라의 성과급제도는 크게 연봉제와 성과상여금의 두 가지 제도로 구분되며, 연봉제의 경우 고정급적 연봉제, 성과급적 연봉제, 직무성과급적 연봉제로 구분된다.

고정급적 연봉제는 업무실적에 따른 성과측정이 곤란한 장·차관 등 정무직 공무원을 대상으로 하며 이들의 경우 성과연봉 체계에 의한 성과급여를 지급하지 않고 직무의 곤란도와 책임도에 부합하는 일정액의 고정연봉을 매년 지급하며, 연봉액은 공무원 처우개선율 등을 감안하여 매년 연초에 조정된다. 성과급적 연봉제의 경우 연봉은 기본연봉과 성과연봉으로 구성된다.

직무성과급적 연봉제의 경우 기본적인 운영체제의 형식은 성과급적 연봉제와 대동소이하나, 연봉결정의 기초가 공무원 개개인의 계급이 아니라 담당하는 직무의 난이도 및 책임도인 점에서 성과급적 연봉제와 근본적인 차이가 있다.

우리나라의 관료문화는 개인보다 집단을 중시하고, 사람간의 관계가 정(情)으로 얽혀있는 문화이며, 연공을 중시하는 권위주의, 집단주의를 기반으로 발전해왔다(이상윤 외, 2005). 선행연구에 따르면, 미국과 같은 개인주의 문화권에서는 집단주의 문화권보다 개인성과급을 더 선호하는 것으로 나타났으며(Porter, Bigley, & Steers, 2003), 집단주의 문화권에 속하는 홍콩근로자들의 집단성과급에 대한 만족도와 성과급에 대한 절차공정성인식이 미국근로자들보다 높다는 결과가 도출되었다.

🔔 6급 이하 성과상여금 평가등급(9급, 7급 합격자 = 연봉제 기반)

지급등급 (인원비율)	S등급 (상위20%)	A등급 (20%초과 60%이내)	B등급 (60%초과 90%이내)	C등급 (하위10%)
지급률 ('기준액'기준)	172.5%이상	125%	85%이하	0%

출처: 2017년 공무원 보수 등의 업무지침.
c 등급 0%=부성적 강화(negative reinforcement)는 없고 긍정적 강화만 있음.

🌐 5급 이상 성과급적 연봉제 평가등급

평가등급	S등급	A등급	B등급	C등급
인원비율	20%	30%	40%	10%
지급률 (지급기준액기준)	8%	6%	4%	0%

출처: 2017년 공무원 보수 등의 업무지침.

c 등급 0%=부정적 강화(negative reinforcement)는 없고 긍정적 강화만 있음.

🌐 성과급 종류에 따른 적용대상

구분		적용대상 공무원	구성
성과연봉	성과급적 연봉제	일반직, 별정직 등 5급(상당) 이상 공무원	기본연봉(기본급+수당)과 성과연봉
	직무성과급적 연봉제	고위공무원단(단, 호봉제 적용 고위공무원의 경우 성과상여금 지급)	기본연봉(기준급+직무급)과 성과연봉
성과상여금		6급 이하 일반직, 6급 상당 이하 별정직 공무원	

출처: 2017년 공무원 보수 등의 업무지침.

* 고정급적 연봉제는 업무실적에 따른 성과측정이 곤란한 장·차관 등 정무직 공무원을 대상으로 하며 이들의 경우 성과연봉 체계에 의한 성과급여를 지급하지 않고 직무의 곤란도와 책임도에 부합하는 일정액의 고정연봉을 매년 지급.

3 한국 공무원 성과급제도의 구체적인 문제점

① 공무원의 부정적 인식과 낮은 수용성

성과급제도가 성공적으로 운영되기 위해서는 무엇보다 성과급제도에 대해 공무원들이 긍정적으로 인식하고 이를 적극적으로 수용해야 한다. 그러나 현행 한국 공무원 성과급제도에 대해 공무원들은 부정적으로 인식하고 있을 뿐만 아니라 성과급제도의 수용도도 낮은 것으로 나타났다. 그 결과 공무원들은 성과급 반납운동, 성과급 폐지운동 등의 부정적 현상을 집단적으로 표출하기도 하였다. 이와 같이 공무원들의 성과급제도에 대한 부정적 인식은 성과급 지급기준의 합리성과 타당성 결여에서 기인한 것일 뿐만 아니라 성과급제도의 운영에 있어서도 객관적이고 공정한 운영이 이루어지지 못하고 있고, 특히 성과가 우수한 공무원에게 지급되는 것이 아니라 연공서열과 같은 요인과 나눠

주기식 지급과 같은 비합리적 운영에서 기인한 것으로 판단된다.

② 기준의 합리성 결여

성과급제도가 성공적으로 운영되기 위해서는 무엇보다 성과급 지급기준과 성과급 평가기준이 합리적으로 구성되어야 한다. 그러나 현행 한국 공무원 성과급제도는 성과급 지급기준과 성과급 평가기준의 합리성이 결여되어 있는 것으로 드러났다. 성과급 지급기준의 문제점을 지적하고 있는 하미승외(2004)의 연구결과를 살펴보면 성과상여금 지급기준에 따른 지급결과를 수용하지 못한 것으로 나타났는데 그 이유는 40.8%가 업무실적의 평가기준과 평가방식이 미비하기 때문이라고 응답하였고, 28.5%는 연공서열에 따라 지급되고 있기 때문이라고 응답하였다. 이러한 경과는 성과급 지급기준이 불명확한 것에서 기인한 결과라고 판단된다.

③ 낮은 효과성

성과급제도의 목표는 우수한 공무원들에게 금전적인 보상을 제공함으로써 이들이 열심히 일하도록 유도하고 긍정적으로 행정의 생산성을 향상시키는데 있다. 하지만 이러한 취지와는 달리 시행과정에서 제도운영의 안정화에 초점을 둔 결과 대부분의 공무원에게 성과급을 지급하고 있을 뿐 아니라 등급 간 차이도 작다는 점, 성과급의 규모가 적어 공무원들이 성과상여금에 대해 많은 매력을 느끼지 못하고 있다는 점, 그 결과 성과상여금을 받기 위해 적극적인 노력을 기울이지도 않고 있다는 사실에서 기인한 결과라고 판단된다(이희태, 2010: 172).

④ 운영 여건과 지급방식의 합리성 결여

성과급제도의 실시를 위해서는 무엇보다도 업무수행상의 개인별 차이를 보수에 반영하는 것이 타당한 것으로 받아 들여져야 한다. 연공서열의 성격이 강한 한국의 공직풍토에서는 일반적으로 연공서열 외의 개인별 능력차이를 보수에 반영하는 것을 부정적으로 생각하는 경향이 있다.

출처: 인사혁신처(2011), 정책행정사례 핸드북 교재개발.

4 외국의 성과계약제 운영 사례

① 영국 고위공무원단(SCS)의 성과계약

부처의 장관과 고위공무원단 구성원간에 업무목표와 업무수행방법 등에 관한 계약을 체결하고, 평가결과에 따라 상여금(bonus)을 차등 지급하는 한편, 익년도 성과계약의 기초로 활용되고 있다.

② 뉴질랜드의 사무차관 및 고위공무원단(SES)의 성과계약

부처의 장관과 사무차관 및 고위공무원단 구성원이 계약대상자로서, 인사위원회(SSC)위원장이 각부의 사무차관 및 고위공무원단 구성원과 면담을 실시하여 성과계약의 달성도를 평가하며, 평가결과는 해당부처 장관에게 제출되며 재계약 여부 등에 활용된다.

③ 호주 인사처의 성과계약

인사처의 처장(Comissioner)과 고위공무원간, 단계적으로 관리자간에 개인별 직무기술서, 성과책임, 성과표준 등을 근거로 성과계약을 체결, 사업계획과 성과에 대한 피드백을 6개월마다 실시하며 평가결과는 개인의 보수와 인사평가에 반영한다.

④ 캐나다 고위공무원단의 성과계약

부처의 장관과 고위공무원단(executive group) 구성원간에 연중 수행과제와 성과지표 등을 계약으로 체결하고, 평가결과를 기본급인상, 일시불 성과급 등에 반영한다.

캐나다의 경우, 실적 및 역량평가에 근거한 보수 인상제도가 1964년에 최초로 도입되었다. 그러나 예산사정으로 1991년 모든 성과급 제도가 중단되었다가 다시 부활된 바 있다.

⑤ 캐나다 정부는 고위 관리직에 있는 공무원들의 보수는 조직목표의 달성에 대한 기여와 성과목표의 달성 정도에 따라 지급하고 있다.

⑥ 캐나다 성과급 제도의 특징은 절대평가 방식을 사용하고 있으므로 공무원이 자신의 실적에 의해서만 충분히 보상받을 수 있다는 점, 성과급이 보수인상과 연계되어 있기 때문에 지속적인 효과를 가질 수 있어서 인센티브의 강

도가 다른 나라에 비해 크다는 점을 들 수 있다(황성원, 2003).

5 미국 국세청(IRS)의 성과보상제도 사례

미 국세청은 연공서열에 따라 보수호봉이 올라가는 것이 아니라, 성과등
급에 따라서 보수호봉과 승진이 이루어지도록 제도를 운용하고 있다.

각 부서마다 성과검토위원회(Performance Review Board)를 설치하여 지속
적으로 보수등급시스템을 모니터링하고 평가하고 성과등급을 검토하도록 하
고 있다.

- 국세청은 성과보수제도를 보다 효과적으로 실시하기 위하여 성과보수
  보너스를 2001년의 $2,400 수준에서 2002년에는 $4,900 수준으로 대폭
  인상하여 지급하였고 이를 점진적으로 확장시키고자 하는 계획을 세우
  고 있다.
- 한편, 미 국세청은 각 직급에 따른 보수등급을 조정하여 성과에 따라 보
  수를 달리 지급하는 방안을 모색하고 있기도 하다.
  예를 들면, GS14등급과 GS15등급을 합쳐서 보수등급을 새로이 신설하
  여 직급보다는 성과에 따라 보수가 결정되도록 하는 제도를 신설한 것
  을 확인할 수 있다.

6 국세청 고위직의 보수등급 성과보상 예시

국세청 고위직의 성과보상은 "Share"로 표시하는데, 이는 총액인건비의
2% 정도를 설정하여 그 90%는 성과보너스로 지급하고 10%는 특별보너스로
지급하는 형태를 취하고 있다.

- "Share"의 숫자는 고위직의 보너스 총액을 기준으로 하되, 고위직 공무
  원 1인당 평균 4개의 "Share"를 주는 것으로 계산한다.
  예를 들면, 고위직 공무원의 보너스 총액이 $2,700,000일 경우 1,500
  명의 고위직이 있으면 약 6,000개의 "Share"가 필요하며, 이에 따라
  각 "Share"는 약 $450 정도로 계산되는 것이다($2,700,000/6,000 Share=

Share 당 $450).

아래 〈표〉에서 보는 바와 같이 4등급인 고위직 공무원이 최우수성과 평가 (outstanding)를 받았을 경우, 8 Share를 받게 되어 $3,600(8×$450＝$3,600)를 성과보상으로 지급 받게 되는 것이다.

🌐 미국 국세청 고위직의 보수등급 성과보상 예시

구분	성과보상 등급(SM Model)			
비율	Level Ⅰ	Level Ⅱ	Level Ⅲ	Level Ⅳ
최우수성과 (Outstanding)	6 Shares	6 Shares	7 Shares	8 Shares
우수성과 (Exceeded)	최우수 성과등급을 상한선으로 하여 유동적으로 결정			
보통(Met)	보상지급 없음(Division Commissioner의 재량권은 있음)			

7 균형성과표(Balanced Score Card; BSC) 모델에 의한 성과평가 사례: 미국 샤롯테 시티

(1) 배경

① North Carolina에 위치하고 있는 City of Charlotte는 공공부문에서 BSC 를 성공적으로 적용한 대표적인 사례로 종종 소개 되고 있다.

② 샤롯테 시티는 1996년 최초로 BSC를 도입하였고, 시 정부의 전략적 기획과정과 예산과정을 연계하여 종합적인 성과관리를 추진하고 있다.

③ 이러한 성과관리의 프로세스는 매년 1월 또는 2월에 열리는 의회의 전략회의에서부터 시작된다.

④ 비전(vision): 향후 2~5년에 걸쳐 시 정부가 지향해 나갈 방향으로서, 모든 전략적인 노력을 통해 성취하려고 하는 궁극적인 결과의 상태 (desired outcome)를 의미한다.

⑤ 전략적 과제 또는 관심영역(strategic themes or focus areas)
- 매년 초 시 의회는 전략적 부분에 대해 목적과 목표를 확인하고, 우선 순위를 정하게 된다. 이렇게 전략이 확정되면 정부의 모든 직원들은

이 전략을 성취하기 위한 노력을 개시한다.
- 2004~2005년에는 다음과 같은 5개의 과제가 선정된 바 있다.
  - 공동체 안전(community safety)
  - 도시 내 공동체(community within a city)
  - 경제개발(economic development)
  - 정부 재설계(restructuring government)
  - 교통(transportation)
⑥ 전략적 원칙(strategic principles): 7개의 주요 성장원칙들을 제시하고 있다.
  - 토지 활용능력의 유지
  - 토지 활용에 대한 효과적인 의사결정
  - 건강한 이웃의식에 의한 공동체의 강화
  - 공동체의 활력을 위한 계획
  - 환경의 보호
  - 선택적인 교통수단의 확충
  - 바람직한 상태를 만들기 위한 촉매제로 공공투자의 활용

(2) 성과평가를 위한 BSC 모델의 활용

① BSC의 네 가지 관점(perspectives)

균형성과표(Balanced Scorecard; BSC)는 전통적으로 중요시되어 오던 재무적 관점 외에 고객, 내부 프로세스, 학습과 성장의 비재무적 관점도 함께 고려하여 조직의 전략을 입체적으로 관리할 수 있도록 도와 주는 효과적인 가치중심의 성과관리 기법이다.

민간기업에서는 재무적 관점이 핵심적인 성과요인이지만, 공공기관에서는 고객관점이 가장 핵심적인 것이고, 재무관점은 사업이나 업무의 효율성(efficiency) 차원에서 다루어지는 것이 일반적이다.

- 고객 관점(customer): 고객에 대한 서비스(serve the customer)
  - 시 정부의 관리자들은 조직이 시민의 요구를 충족시키고 있는지 알아야 하며 고객이 원하는 것을 제공하고 있느냐에 응답할 수 있어야 한다.

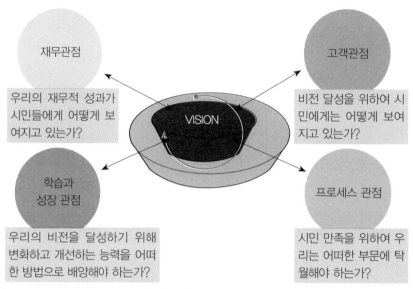

그림 균형성과표(Balanced Scorecard: BSC)의 4가지 관점

재무관점

우리의 재무적 성과가 시민들에게 어떻게 보여지고 있는가?

고객관점

비전 달성을 위하여 시민에게는 어떻게 보여지고 있는가?

VISION

학습과 성장 관점

우리의 비전을 달성하기 위해 변화하고 개선하는 능력을 어떠한 방법으로 배양해야 하는가?

프로세스 관점

시민 만족을 위하여 우리는 어떠한 부문에 탁월해야 하는가?

출처: Mercer Human Resource Consulting(2003).

- 내부 프로세스 관점(internal process): 업무의 수행(run the business)
  - 시 정부의 관리자들은 서비스의 전달방법을 바꿈으로서 서비스를 개선해 나가야 한다.
- 재무적 관점(financial): 자원의 관리(manage resources)
  - 시 정부의 관리자들은 적절한 비용으로 서비스가 전달되도록 해야 한다.
- 학급과 성장의 관점(learning & growth): 구성원의 개발(develop employees)
  - 시민의 요구를 충족시키는 조직의 능력은 구성원의 능력에 직접적으로 의존하므로 시 정부의 관리자들은 지속적인 개선을 위해 기술과 인력을 계발해나가야 한다.

BSC는 전략의 구체화 작업과 하위조직으로의 Cascading을 통하여 전사전략을 조직단위와 연계하며, 고위 공무원에게 전략수행과정을 모니터링 할 수 있는 체계를 제공함으로써 조직단위 사이에 효과적인 의사소통 도구로서의 역할을 담당할 수 있다.

그림 의사소통도구로서의 BSC

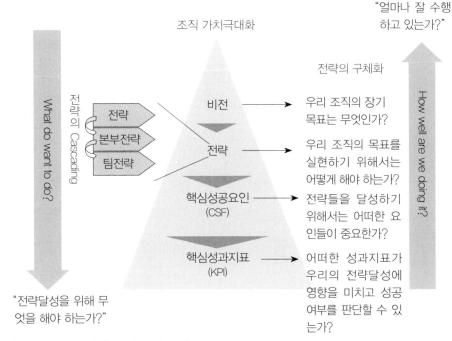

출처: Moorhead & Griffin(2004: 122).

② **전략목표**(strategic objectives)

- 시 정부는 종합적인 BSC관리를 위해 16개의 전략목표를 선정하였다. 각각의 전략목표는 개념적으로 넓게 정의되어 있지만, 조직이 달성해야 할 것이 무엇인지 맥락을 제공하고 있다.
- 5개의 관심영역, 4개의 BSC 관점, 그리고 16개의 전략목표들은 각 부서 및 개인의 활동에 대해 청사진을 제공하는 역할을 수행한다.

③ **측정지표와 달성목표**(measures & targets)

조직 전략의 성공을 위해 필수적인 지표인 핵심성과지표(Key Performance Indicator; KPI) 사례를 들어보면 다음과 같다.

핵심성과지표(Key Performance Indicator; KPI) 인사 사례

주요 기능	핵심과업	핵심성공요인(KSF)	핵심성과지표(KPI)	속성
인사전략 수립 및 운영	• 인사정책에 대한 다양한 정보 수집 및 공유	• 영역별, 업체별 Best Practice	• 인사제도 Best Practice 발표 횟수	정량
교육훈련	• 교육계획 수립 • 교육 관리	• 실행 가능한 교육계획 수립 • 효과적인 직무교육의 실행 • Need에 근거한 교육 제공	• 교육계획 실행률 • 직무교육의 업무 적용도 • 교육 프로그램 만족도	정량
채용 및 인력관리	• 인력의 확보	• 인원 필요 시 신속한 충원	• 필요한 인력 충원 Lead Time 준수율 • 사내공모를 통한 채용율	정량
	• 신규인력의 유지관리	• 사내공모의 효과적 이용	• 신규인력 퇴직율	정량
		• 신규인력의 퇴직률 관리		정량
보상/급여관리	• 임금지급	• 급여처리 기간 단축	• 급여처리 기간 단축	정량
노사관계	• 노사관계 관리	• 노사간 쟁점 효과적 해결	• 노사 쟁점 해결율	정량

- 각각의 전략적인 목표(objectives)에 대해서는 이의 달성을 측정할 수 있도록 측정지표와 달성목표가 설정되어야 한다.
- 이는 전략계획(the strategic plans)에서 정의된다. 예를 들면, 정부재설계의 영역에서 전략목표는 "고객 서비스의 제고"이며, 측정지표와 달성목표는 "2년 단위 만족도 조사(survey)에서 최소한 75%의 시민이 '탁월 (excellent)' 또는 '우수(good)'로 평가"해야 한다는 요건을 제시할 수 있다.
- 측정지표는 설정된 전략목표의 성과를 재는 객관적인 잣대(a ruler)로서, 샤롯테 시 정부는 2003년 기준으로 전체 405개의 측정지표를 가지고 있다.
- 달성목표는 각각의 측정지표에 대해 확인된 구체적인 성과의 수준을 말하는 것으로, 하나의 지표에 대해 단 하나의 달성목표가 만들어야 하고

또한 계량적으로 표현되어야 함을 강조하고 있다.

- 이상에서 설명한 BSC의 네 가지 관점(perspectives), 전략목표(strategic objectives), 측정지표와 달성목표(measures & targets) 등의 내용을 기반으로 샤롯테 시의 종합적인 BSC 구조를 나타내면 〈그림〉과 같다.

그림 샤롯테 시의 종합적인 BSC 구조

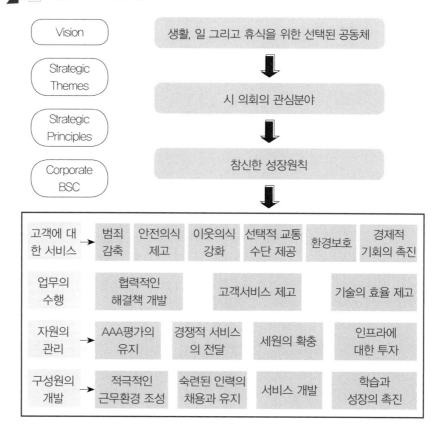

④ 부서단위의 BSC로 연결

- 시 정부 전체의 BSC를 구현해나가기 위해서 전체와 연결되는 부서단위(key business units)의 BSC를 개발하는 것이 중요하다.
- 이를 위해서는 기관 전체적으로 확립된 전략적 목표들(strategic objectives) 중에서 자신의 부서에 해당하는 목표의 원인과 결과의 인과관계(cause and effect relationship)를 확인해야 한다.

예를 들어, 어떤 부서가 "도시 내 공동체(community within a city)"를 강화해야 하는 임무를 갖고 있다면, 그림과 같은 전략적 목표들의 인과관계를 확인하고, 이의 달성을 위해 전략적 방안(strategic initiatives)을 강구해야 하며, 측정지표를 개발해야 할 것이다.

그림 부서단위의 BSC 연결사례

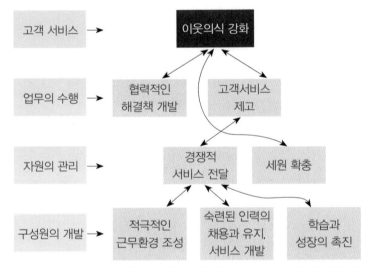

출처: 중앙인사위원회(2004), 정부혁신(성과평가)을 위한 해외 훈련진도 보고서(내부자료) 참조.

⑤ 각 부서의 BSC 성과보고

- 각 부서는 연도별로 BSC를 만들고, 그 결과를 보고하도록 되어 있으며, 그 예시는 다음 〈표〉와 같이 정리할 수 있다.

⚙ 각 부서의 BSC 성과보고 예시(샤롯테 시티)

전체목표		부서의 전략적 방안	측정지표	전년 실적	달성 목표	결과
고객 서비스	안전의식 제고	경찰서비스에 의해 고객 만족과 이웃에서 안전의식을 개선한다.	시민조사의 결과: - 경찰서비스 만족 % - 안전의식 %	85%	85%	-
	이웃의식 강화	적절한 주거형태를 증가시킨다.	적절한 주거형태 %	10%	20%	-
업무 수행	고객과의 접촉절차 간소화	수도, 하수 및 빗물 서비스시스템에 대한 고객의 접근성을 개선한다.	90초 내에 응답한 전화 %	98%	98%	-
자원 관리	편익/비용 극대화	공공/민간 투자비율을 증가시킨다.	공공/민간 투자비율	1: 10.7	1 : 9	-
	편익/비용 극대화	민간부문과 비용을 비교한다.	민간부문 표준 이하로 결정된 한건 당 비용	12% 감소	10% 감소	-
직원 개발	관리정보의 질 제고	기술활용에 대한 전략계획을 수립한다.	2003.6월까지 전략적 정보화 계획 개발	-	2003.6	-

그림 균형성과표(BSC)의 4가지 관점

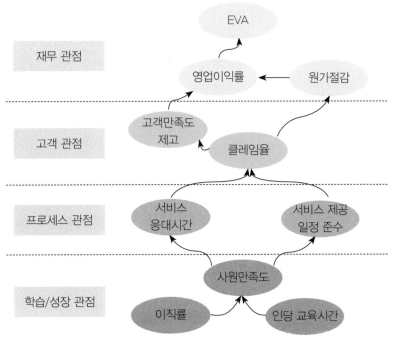

출처: IT Strategy 전문가 고정, CIO University.

다져가기 **공무원 시험문제**

균형성과표(Balanced Scorecard)에 대한 설명으로 옳지 않은 것은? (16 국가직 7급)

① 의사소통의 도구로 조직구성원들에게 조직의 전략 목표를 달성하기 위해 필요한 성과가 무엇인지 알려준다.

② 성과측정시스템으로 균형 있는 핵심성과지표를 설정하고 여러 관점들의 연계를 추구한다.

③ 내부프로세스 관점의 대표적 성과지표에는 정책순응도, 고객만족도 등이 있다.

④ 정부조직의 경우 고객을 정의하기가 쉽지 않다는 한계가 있으나 지방자치단체와 공공기관 등에서 활용하고 있다.

정답 ③번

고객관점이다.

생각해 볼 문제 매슬로우의 욕구계층이론, 앨더퍼의 ERG이론, 허즈버그의 욕구충족요인이원론을 비교해 보자

생각해 볼 문제 | 본인의 경험을 바탕으로 포터와 롤러의 기대이론을 적용할 수 있는 예를 들어보자

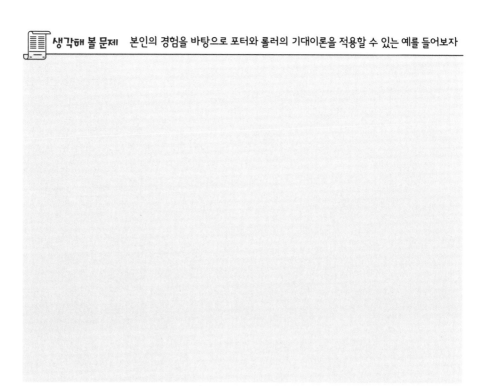

생각해 볼 문제 | 본인의 경험을 바탕으로 공정성(형평성)이론을 적용할 수 있는 예를 들어보자

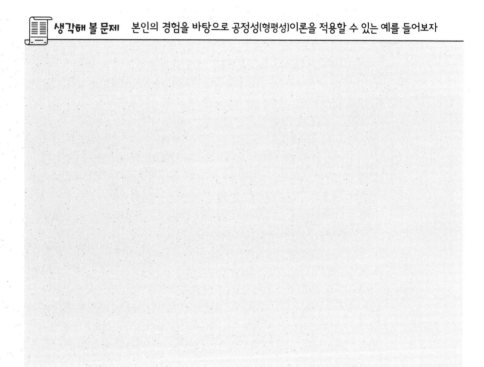

최근 한국전력과 한국동서발전은 조합원 찬반투표 결과 과반수 찬성으로 성과연봉제 도입을 확정했다. 성과연봉제란 직원들의 업무능력 및 성과를 등급별로 평가해 임금에 차등을 두고, 지속적 저성과자를 퇴출해 조직 효율성을 높이려는 제도다.

정부는 이미 지난해에 '공공기관 정상화'의 일환으로 임금피크제 도입을 추진했고, 2016년 들어서는 1월 말 '공공기관 성과연봉제 권고안'에 이어 2월 말 '공공기관 성과연봉제 확대방안'을 발표했다. 공공기관 혁신의 단골메뉴이던 성과연봉제는 지금까지 간부직 중심으로 7% 수준이었지만, 향후 전 직원의 70%까지로 확대하려 한다. 정부 일정에 따르면 120개 공공기관은 2016년 상반기까지, 준정부기관은 하반기까지 도입한다. 정부는 성과연봉제 도입을 촉진하고자 도입 기관엔 보너스 및 경영평가 가산점을 주고, 그 반대는 인건비 동결 등 불이익을 준다.

특히 3월 중순에는 저성과자 퇴출로 대변되는 '일반해고' 시행방안까지 나왔다. 인사규정 등 취업규칙도 개정된다. 또 성과연봉제 47개 선도기관이 발표됐는데 보훈병원, 국립대병원, 적십자사, 근로복지공단 직영병원 등 공공병원도 포함된다.

원래 공공기관은 시민 대중을 상대로 서비스를 제공하는 공익기관이다. 특히 병원은 환자의 생명과 건강을 지키는 막중한 사명을 띤다. 그러나 성과연봉제라는 새로운 인사관리 제도가 조직 효율성 향상이라는 이상을 현실적으로 달성할 수 있을지 의문이다.

첫째, 수많은 시민이 우려하듯, 공공기관의 무능과 부패는 철저히 타파·척결함이 마땅하다. 하지만 현재 도입을 추진 중인 성과연봉제가 그런 목적을 위한 올바른 수단일까? 사실 공공기관의 무능과 부패는 대개의 경우 사장이나 고위 임원의 낙하산식 인사와 무관하지 않다. 우린 이미 이것을 세월호 참사에서 똑똑히 보았다. 해운자본과 해양수산부, 해경과 국회의원, 심지어 국정원까지 이 부패 고리에 연루돼 있다. 바다에 가면 해피아, 철도엔 철피아, 발전소엔 핵피아 등, 각종 관피아가 이 부패 네트워크의 실체다. 이게 공공기관 비효율의 몸통인데, 이걸 혁파하지 않고 일반 직원들만 경쟁의 도가니로 몰아가는 건 주객전도다.

둘째, 물론 일반 직원들 중에는 무임승차자도 있고 아부나 순종으로 출세를 꿈꾸는 이들도 있다. 하지만 성과연봉제를 도입해도 공정한 성과평가와 보상이라는 외피에도 불구하고 능력이나 성과의 계량화가 어렵기에 실제로는 줄 잘 서고 아부 잘하는 이들이 고평가를 받기 쉽다. 더구나 시민 대중을 위한 공공 서비스는 조직 구성원 간 원활한 정보 공유와 유기적 업무 협조가 있을 때 효율적이다. 그러나 성과연봉제는 개별 구성원의 성과에 초점을 맞추기에 정보 공유나 업무 협조 측면에서 정반대의 효과가 나온다. 일례로 이미 8년 정도 성과연봉제를 실시한 어느 공공병원의 경우, 성과평가에서 저평가를 받은 이는 속으로 "저 친구는 나보다 일을 더 잘하지 않았는데 더 좋은 평가를 받았네? 난 '밥을 마셔가며' '몸 태워' 일해도 저평가를 받았으니 예전처럼 안 할래"라며 별로 열심히 하지 않으려는, '성과급의 역설'이 폭넓게 나타났다. 간호팀 이직률도 43%까지 올랐다. 결국 이 병원의 노사는 성과연봉제를 폐기하고 기존의 호봉제를 재도입하기로 했다. 환자의 생명과 건강을 24시간 보살펴야 하는 병원에서 노동거부 심리가 확산한다면 그 결과는 불을 보듯 뻔하다.

셋째, 성과연봉제는 노사관계 차원에서도 치명적이다. 원래 노사관계란 집단적 이해관계를 달리하는 양 당사자가 상호존중과 신뢰의 원칙 위에서 대화·토론·협상·합의를 통해 문제를 합리적으로 푸는 것이 옳다. 하지만 성과연봉제는 노사관계의 한 당사자인 노동조합의 존재 자체를 배격하고 오로지 개별 구성원의 능력이나 성과만 중시한다. 요컨대 성과연봉제는 노동자를 분열시켜 지배하는 데 유효한 통제 도구로 남용될 위험이 크다.

이런 면에서 정부나 공공기관은 성과연봉제를 무비판적으로 강행할 일이 아니라, 다시 원점으로 돌아가 공공기관의 비효율과 무능, 부패를 근원적으로 타파하고 그 위에서 조직 효율성을 드높이기 위한 합리적 방안을 노조와 함께 논의하고 대안을 찾아야 한다. 일반 기업도 마찬가지지만, 특히 대국민 서비스를 하는 공공기관은 시민들에게 만족스러운 서비스를 제공하기 위해서라도 우선 조직 구성원의 만족도를 높여야 한다. 요컨대 '가치경영'을 외치는 공공기관이나 정부 당국은 '돈보다 생명' '직원 행복이 곧 시민 행복'임을 먼저 깨칠 일이다.

제 5 장 공무원의 행동 규범

♡ 학습목표
1. 공무원의 신분보장과 징계에 대해 알아본다.
2. 행정윤리에 대해 알아본다.
3. 공무원의 권리와 부패에 대해 알아본다.

01 공무원의 신분보장과 징계

1 신분보장의 의의와 필요성

공무원은 법이 정한 사유에 의해서만 처벌을 받을 수 있다. 이는 안정된 신분보장을 토대로 공직자들이 공익에 매진할 수 있도록 하기 위함이다.

2 징계제도

(1) 의의

징계제도란 법령·규제·명령 등을 위반했을 때 처벌을 하는 수단이며 공무원 신분을 변경 또는 상실하게 하는 것을 의미한다. 징계제도는 공직자들이 해서는 안 되는 일들을 보여줌으로써 잘못된 행위를 미연에 방지하는 예방효과가 있으며, 잘못된 행위를 했을 경우 그에 대한 책임을 지게 하는 수단이 된다.

(2) 사유

징계의 사유는 정한 국가공무원법 및 제 규정을 위반했을 경우, 직무상 의무를 위반하거나 직무에 태만하였을 경우, 공직자로서의 체면 또는 위신에 손상을 가져올 경우 등이다.

첫 번째 이유를 제외하고는 징계 사유가 상당히 추상적이어서 사회·조직문화에 따라서 일관성 있게 적용되지 않을 수도 있다. 즉, 정치적으로 악용될 소지가 있다.

(3) 징계처분의 종류

국가공무원법에 규정된 징계의 종류는 징계의 정도 순서로 파면, 해임, 강등, 정직, 감봉, 견책 등 6가지로 이루어져 있다. 구체적인 내용은 다음과 같다.

> 국가공무원법 제79조(징계의 종류) 징계는 파면·해임·강등·정직(停職)·감봉·견책(譴責)으로 구분한다.

첫째, 파면은 공무원 신분을 상실하고 향후 5년간 공무원에 임용될 수 없다. 또한 연금지급 대상에서 제외되고, 본인 부담 연금만 수령한다. 둘째, 해임은 파면과 같이 공무원 신분을 상실하고 향후 3년간 공무원에 임용될 수 없다. 연금 대상자에 포함된다. 셋째, 강등은 직급이 1단계 아래로 내려가고 3개월간 직무에 종사하지 못하며 그 기간 중 보수의 전액을 감한다. 넷째, 정직은 1개월 이상 3개월 이하의 기간 동안 직무에 종사하지 못하며 보수의 전액을 감한다. 다섯째, 감봉은 감봉기간 동안 보수액의 1/3이 감해진다. 마지막으로 견책은 잘못된 행동에 대하여 훈계하고 회계토록 하는 것으로 6개월간 승진과 승급이 제한된다.

> **국가공무원법**
> 제80조(징계의 효력) ① 강등은 1계급 아래로 직급을 내리고(고위공무원단에 속하는 공무원은 3급으로 임용하고, 연구관 및 지도관은 연구사 및 지도사로 한다) 공무원신분은 보유하나

3개월간 직무에 종사하지 못하며 그 기간 중 보수는 전액을 감한다. 다만, 제4조 제2항에 따라 계급을 구분하지 아니하는 공무원과 임기제공무원에 대해서는 강등을 적용하지 아니한다.

② 제1항에도 불구하고 이 법의 적용을 받는 특정직 공무원 중 외무공무원과 교육공무원의 강등의 효력은 다음 각 호와 같다.

1. 외무공무원의 강등은 외무공무원법 제20조의2에 따라 배정받은 직무등급을 1등급 아래로 내리고(14등급 외무공무원은 고위공무원단 직위로 임용하고, 고위공무원단에 속하는 외무공무원은 9등급으로 임용하며, 8등급부터 6등급까지의 외무공무원은 5등급으로 임용한다) 공무원신분은 보유하나 3개월간 직무에 종사하지 못하며 그 기간 중 보수는 전액을 감한다.

2. 교육공무원의 강등은 교육공무원법 제2조 제10항에 따라 동종의 직무 내에서 하위의 직위에 임명하고, 공무원신분은 보유하나 3개월간 직무에 종사하지 못하며 그 기간 중 보수는 전액을 감한다. 다만, 고등교육법 제14조에 해당하는 교원 및 조교에 대하여는 강등을 적용하지 아니한다.

③ 정직은 1개월 이상 3개월 이하의 기간으로 하고, 정직 처분을 받은 자는 그 기간 중 공무원의 신분은 보유하나 직무에 종사하지 못하며 보수는 전액을 감한다.

④ 감봉은 1개월 이상 3개월 이하의 기간 동안 보수의 3분의 1을 감한다.

⑤ 견책(譴責)은 전과(前過)에 대하여 훈계하고 회개하게 한다.

⑥ 공무원으로서 징계처분을 받은 자에 대하여는 그 처분을 받은 날 또는 그 집행이 끝난 날부터 대통령령등으로 정하는 기간 동안 승진임용 또는 승급할 수 없다. 다만, 징계처분을 받은 후 직무수행의 공적으로 포상 등을 받은 공무원에 대하여는 대통령령등으로 정하는 바에 따라 승진임용이나 승급을 제한하는 기간을 단축하거나 면제할 수 있다.

⑦ 징계에 관하여 다른 법률의 적용을 받는 공무원이 이 법의 징계에 관한 규정을 적용받는 공무원이 된 경우에는 다른 법률에 따라 받은 징계처분은 그 처분일부터 이 법에 따른 징계처분을 받은 것으로 본다. 다만, 제79조에서 정한 징계의 종류 외의 징계처분의 효력에 관하여는 대통령령등으로 정한다.

⑧ 특수경력직 공무원이 경력직 공무원으로 임용된 경우에는 해당 특수경력직 공무원의 징계를 규율하는 법령에 따라 받은 징계처분은 그 처분일부터 이 법에 따른 징계처분을 받은 것으로 본다. 다만, 제79조에서 정한 징계의 종류 외의 징계처분의 효력에 관하여는 대통령령등으로 정한다.

징계에 대한 보충 설명은 부록 4를 참조하면 된다.

다져가기 **공무원 기출문제**

다음 징계 중에서 가장 강도가 높은 것은? (11 특채전환)

① 감봉 ② 견책 ③ 강등 ④ 정직

○ 정답 ③번

　견-감-정-강-해-파 중에서 강등이 강도가 강하다.

다져가기 **공무원 기출문제**

임용에 대한 설명으로 옳지 않은 것은? (14 국가직 7급)

① 징계로 해임처분을 받은 때부터 5년이 지나지 아니한 자는 공무원으로 임용될 수 없다.
② 승진의 기준으로 공무원 근무경력만을 중시하는 경우 행정의 능률성을 저하시킬 수 있다.
③ 전직과 전보는 부처 간 할거주의의 폐단을 타파하고 부처 간 협력조성을 위한 기반을 마련해 줄 수 있다.
④ 임용권자는 직제 또는 정원이 변경되거나 예산의 감소 등으로 직위가 폐직되었을 경우 또는 본인이 동의한 경우에는 소속 공무원을 강임할 수 있다.

○ 정답 ①번

　해임이 아니라 파면처분이다.
　해임은 파면과 같이 공무원 신분을 상실하고 향후 3년간 공무원에 임용될 수 없다. 연금 대상자에 포함된다.

다져가기 **공무원 기출문제**

국가공무원법상 공무원의 인사에 대한 규정으로 옳지 않은 것은? (15 지방직 7급)

① 정직은 1개월 이상 3개월 이하의 기간으로 하고, 정직 처분을 받은 자는 그 기간 중 공무원의 신분은 보유하나 직무에 종사하지 못하며 보수의 3분의 2를 감한다.
② 강임은 1계급 아래로 직급을 내리고 공무원 신분은 보유하나 3개월간 직무에 종사하지 못하며 그 기간 중 보수의 3분의 2를 감한다.

③ 징계로 해임처분을 받은 때부터 3년이 지나지 아니한 자는 공무원으로 임용될 수 없다.

④ 징계로 파면처분을 받은 때부터 5년이 지나지 아니한 자는 공무원으로 임용될 수 없다.

○ 정답 ②번
강등에 관한 설명이다.
강등은 공무원의 계급 즉, 1~9급으로 되어있는 일반직 공무원의 계급이 내려가는 것을 말하고, 강임은 계급은 그대로 유지한 채 하위 직급으로 바뀌는 것이다. 강임은 자기의사에 의해서, 자기 스스로 청해서 강등 임용되는 것으로 징계와 구별된다.

3 직위해제와 대기명령

(1) 직위해제

국가공무원법에 의하면 임용권자 또는 임명제청권자가 형사사건으로 기소된 자, 직무수행능력이 부족하거나 근무성적이 극히 불량한 자, 징계의결이 요구 중인 자에 대하여 직위를 부여하여서는 안 된다고 규정하고 있다.

(2) 대기명령과 직권면직

① 대기명령

직무수행능력이 부족한 사람, 근무성적불량자, 근무태도가 불성실한 공무원으로서 직위가 해제된 자에 대하여 3개월 이내의 기간 동안 대기명령을 내리고 능력회복이나 태도개선을 위한 교육훈련 또는 특별한 연구과제의 부여 등 필요한 조치를 취하는 제도를 말한다.

② 직권면직

면직은 공무원 관계를 소멸시키는 것을 말하는데, 그것이 자의에 의한 것이냐 타의에 의한 것이냐에 따라 의원면직과 직권면직으로 나뉜다. 직무수행에 필수적인 자격증의 효력 상실 또는 면허가 취소되어 직무를 수행할 수 없게 된 때, 대기명령 후 3개월 이내 능력의 향상 또는 개전의 정이 없다고 판단될 때, 휴직기간의 만료 또는 휴직사유가 소멸된 이후에도 직무에 복귀하지 않거나 담당할 능력이 없다고 판단될 때 직권으로 면직시킬 수 있다.

4 정년제도

정년제도는 일정한 시기에 도달하면 자동적으로 공직에서 퇴직하는 것을 말한다.

정년의 유형은 연령정년제, 근속정년제, 계급정년제로 나눌 수 있다. 연령정년제는 일정한 나이에 도달하면 자동으로 퇴직하는 것을 말한다. 근무능력의 유무가 아닌 연령으로 퇴직여부를 결정하는 것으로 헌법에 보장된 기본권을 침해할 소지가 있다. 근속정년제는 일정한 근속기간에 도달하면 자동으로 퇴직하는 것을 말한다. 우리나라에서는 사용되고 있지 않다. 계급정년제는 승진을 하지 못하고 한 계급에 일정기간이상 머물러 있을 경우 자동적으로 퇴직하는 것을 말한다. 무능한 공직자를 퇴출시킬 수 있는 방법이기도 하지만 구성원들의 사기를 저하시킬 수 있다. 경찰과 군대에서 활용되고 있는 제도이다.

02 행정윤리

1 행정윤리 논의의 배경

행정윤리란 옳고 그름에 대한 판단기준의 척도이며 자신의 판단에 대한 책임성을 의미한다. 윤리원칙은 행동·목표와 도덕적 책임성을 반영하며 공직사회의 의미성을 부여한다고도 볼 수 있다. 그러나 행정윤리의 원칙은 종종 추상적이며 때로는 윤리원칙의 적용이 불가능해 보이는 것처럼 모호하기도 하다. 이러한 윤리적 딜레마를 해결하기 위해서는 공직자 자신의 가치관 전환을 바탕으로 행정윤리의 확립이 필요하다고 본다.

윤리에 관한 기존 연구는 행정윤리의 핵심가치, 윤리적 행동기준에 위반되는 법적 제한사항, 행정윤리의 정향 및 방향, 그리고 윤리기풍의 실증적 연구 등을 주로 다루어 왔다. 하지만 획일적, 형식적, 타율적 윤리규정만으로는 공직사회의 책임성 회복에도 아무런 영향을 미치지 못하고 공직윤리의 확립마

저도 어렵다. 따라서 보편성과 정치적 자율성을 바탕으로 공무원의 도덕 가치적 책임의 재량권 확보와 더불어 윤리에 대한 교육훈련, 직업공무원제에 의한 근무여건개선, 상벌의 실질가치화, 행정절차의 공개와 참여행정을 구현하는 관리결정과 업무구조의 재구성, 그리고 외부통제의 강화와 국민의 가치관 변화에 따른 환경적 요인을 바탕으로 윤리기준을 재정립하고, 이에 따른 행정윤리의 확립이 필요하다고 본다.

요사이 인구에 회자되는 정보화, 세계화, 구조조정, 감원, 개방형 임용제 등 공무원과 고객으로서의 시민간의 관계 및 위상 변화, 사회적 규범의 변화 등과 같은 행정환경의 급변으로 인해 관료는 행정 행동상의 갈등상황에 직면해 있다. 지금까지의 경험으로 보아도 전통적 농경사회의 의식과 행동이 외형적인 산업화의 변화에 따라가지 못하는 데서 오는 여러 가지 문제를 안고 있듯이 정보기술이 발전함에 따라 문화지체현상(cultural lag)과 같이 정보지체현상(information lag)이 초래된다. 정보의 증가는 사람들의 정보소화능력보다 앞지르기 때문에 정보소화불량증에 시달리게 하고 있고, 정보혁명은 너무 빨리 진척되고 있어 정치, 사회, 경제 등 모든 분야에서 적응하지 못하는 현상이 속출하고 있다. 이러한 현상은 관료의 행태에 있어서도 예외는 아니다(최창현, 1993).

아직도 전자정부 기본법 등의 입법조치가 미비한 상황하에서 급격한 정보화로 인해 산업사회에 만들어진 헌법을 위시한 제 법률아래에서 정보사회의 각종 업무를 수행해야 하는 관료들에게 많은 갈등상황을 초래할 수밖에 없다. 예를 들어, 새로운 행정 환경을 적절히 반영해 주지 못하는 법이나 규칙 등에 의거한 행위에 집착할 경우 합법적이긴 하지만 나쁜 사회적 효과를 수반할 수밖에 없는 행위를 해야만 할 수도 있다. 또한 시대에 맞지 않는 법, 규칙, 규정에는 어긋나지만 좋은 사회적 효과를 수반하는 여러 유형의 행위사이에서 고민할 수도 있을 것이다.

윤리에 관한 기존 연구는 행정윤리의 핵심가치, 윤리적 행동기준에 위반되는 법적 제한사항, 행정윤리의 정향 및 방향, 그리고 윤리기풍의 실증적 연구 등을 주로 다루어 왔다.

2 윤리에 관한 기존 연구

윤리적 행위 유형에 대한 구체적 논의에 앞서 윤리개념과 유사개념, 행정윤리의 실제 내용 등을 살펴보고 행정윤리에 관한 기존 연구가 어떠하였는가 하는 점을 살피고자 한다.

(1) 윤리의 개념

윤리(ethics)란 일반적으로 '사람행동의 옳고 그름에 대한 표준규범'을 말하는 것으로 공동체생활을 하는 사람들이 무엇을 어떤 기준에 의해 행할 것인가에 대한 원리의 체계화 및 준거를 의미한다. 이 표준규범이 공직자를 대상으로 지켜야 할 규범과 도리일 때에는 국민윤리, 행정의 공익성 추구와 합리적인 정책 형성과 집행에서 요구되는 규범이라는 의미에서는 '행정윤리' 등으로 쓰인다. 이 윤리의 규범적 의미 외에 '의미론적 의의' 세 가지를 유념할 필요가 있다. 첫째가 '좋다(good)'는 의미이고, 둘째가 '옳다(right)'는 의미이고, 셋째가 '해야한다(ought to)'는 의미의 내재적 뜻이다.

여기서 행정윤리라 하면 특히 행정인 또는 행정체제 내부에서 지켜져야 할 규범이라 할 수 있다. 윤리와 구분해야 할 개념으로서 가치(values)가 있는데 가치는 개인적 사회적 정치적 관계의 기초를 이루는 것으로서 특별히 개인에 의해서 소유되는 신념 태도이다.

D. Waldo(1974)는 '행정윤리는 자기자신, 가족, 집단만의 이익이 아니라 포괄적인 국민대중의 이익을 위해 봉사하는 행위'로 설명하고 있다. 또한 백완기(1996)는 '행정윤리란 행정의 모든 역할들을 보다 바람직하고 공정한 방향으로 인도하는 규범적 기준으로서 그것은 내재적이고 비공식적이고 상황적이다'라고 말하고 있다. 이러한 행정윤리의 작용적 효과는 특정의 개인이나 집단에만 미칠수도 있고 사회전체에 미칠 수도 있다.

(2) 윤리와 유사개념의 관계

정서(ethos), 이념(ideology), 윤리(ethics), 도덕(morality), 가치(values), 활동(conduct) 등의 윤리와 유사한 개념간에는 그 개념 정의가 합의되어 있지는 않고, 흔히 상호 혼용되기도 한다.

　정서(ethos)는 공공 서비스에 있어 전반적인 문화를 규정하는 총체적 이상(the sum of ideals which define an overall culture in the public service), 이념(ideology)은 특정 방침을 합리화, 정당화하기 위해 미화된 신념 및 가치체계, 가치(values)는 무엇이 좋고 적절한 것인가에 대한 판단의 기준이 되는 원칙 혹은 기준, 윤리(ethics)란 특징적인 이상이나 정서를 일상적인 실천으로 옮기는 규칙(the rules that translate characteristic ideals or ethos into everyday practice), 그리고 활동(conduct)이란 공무원의 실제 행위와 행동을 의미한다. 특히 도적적 활동유형에 관해 임의영(1996)은 자신의 논문에서 윤리와 관련된 행동과 행위의 개념을 재구분하여 정의하는데, 행동(behavior)을 경험과 분석을 바탕으로 한 자극에 대한 반응과 행동의 결과에 의해서 조건화가 이루어지는 작동으로 정의하고, 관찰가능한 인간활동으로 환경에 의해 결정된다고 본다. 이는 조직의 목표를 이루는데 적합한 행동으로 통제를 위한 도구적·기술적 행정윤리인 실증주의에 개념적 근거를 둔다고 한다. 이에 반해, 행위(action)란 역사·해석적 관점에서 주관적 의미(동기, 의도, 목적) 또는 경험이 부여된 행동으로 상호 이해와 자기이해에 초점을 두는 의미 추구적·실천적·현상학적 행정윤리와 연관된다고 정의하고 있다. 그러나 이들 유사 개념들은 그 추상성 및 구체성 정도에 따라 구분될 수 있다.

그림 윤리와 유사개념 간의 관계

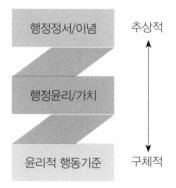

행정정서/이념　　추상적

행정윤리/가치

윤리적 행동기준　　구체적

윤리(ethics)와 도덕(morality)은 인간행동의 옳고 그름에 대한 표준 내지 규범을 의미하는 점에서는 대체 가능한 것으로 사용되어 오고 있으나 엄밀한 의미에서는 차이가 인정된다. '도덕'은 종교적인 판단기준을 토대로 개인성(덕행, 품행, 풍기 등), 구체성(이웃봉사, 헌신), 사실성(타인존중)을 가지나 '윤리'는 종교적 원천과는 관계없이 초월적인 것으로 추상성(선험적), 이론성(실천이성법칙), 집단성(직업, 전문성: 의사의 환자 비밀 유지)을 띤다.

3 행정윤리의 내용

미국에서는 1951년 '정부에 있어서의 윤리 기준에 관한 소위원회(Subcommittee on Ethical Standards in Government)'를 설치하여 심의하기에 이르렀다. 1958년에 연방공무원의 윤리강령이 제정되었고 1978년에 정부윤리국(Office of Government Ethics)이 설치되어 연방공무원의 행정행위에 대한 윤리, 도덕성을 심사하였다.

그러나 공무원의 윤리강령이 최초로 채택된 것은 1924년 국제 도시관리협회(International City Management Association)에서 였다. 행정윤리를 정치행정관계의 구조적 관계측면에서 생각해 볼 때, 정치행정의 이원론이 약화되고 행정은 정책결정과정에서 그들의 의사결정에 관한 고도의 정치성이 부여되어 그 당시 강조되었던 능률성, 생산성 등의 행정이념과 함께 이제는 도덕적·규범적 측면의 행정행위가 강조되었던 것이다. 근래 미국에 있어서는 주나 도시간의 공무원의 '윤리강령'(professional codes of ethics)을 만드는 것이 하나의 통례로 되어 있으며, 이 윤리강령은 행정을 실천함에 있어서 무엇이 선이며 무엇이 악인가를 판단하기 위한 윤리적 기준을 설정하고 일상적인 집무에 도움이 되도록 하는데 목적이 있는 것이다. 그 후 1978년에 정부윤리법(Ethics in Government Act)이 제정되었으며, 1980년대에는 공무원 윤리규정법이 제정되었다.

여기서 1980년의 공무윤리규정법에 따라 공무원의 복무기준의 내용을 보면 ① 모든 공무원은 국가에 충성을 서약하고 가장 고결한 도덕원칙을 지킨다, ② 모든 공무원은 합중국 헌법과 정부의 모든 법률 및 규칙을 준수한다, ③ 성심성의를 다하여 직무를 수행하되, 1일 급료에 상응하는 충분한 노동력을 제공한다. ④ 모든 공무원은 자기직무에 관련된 공적 약속을 해서는 안된다. ⑤ 관직이 공공의 신뢰를 받고 있다는 사실을 자각하고 이들의 원칙을 지켜야 한다는 것 등이다.

행정윤리의 구체적 내용은 각국에 따라 다양하다. 우리나라의 경우 국가공무원법 제7장 제56조 등에서 공무원의 행동규범을 규정해 놓고 있다. 여기에는 성실의무, 복종의무, 직장이탈금지의무, 친절공정의무, 비밀엄수의무, 청렴의무, 품위유지의무, 영리업무겸직 금지의 의무, 집단행위금지, 정치활동금지의무 등이 있다. 또한 공무원이 실제 행정활동에 있어 지켜야 할 행동규약으로서 1980년 12월 공무원의 자율적인 행동윤리강령으로서 공무원 윤리 헌장을 제정해 놓고 있다. 이 헌장에는 국가에 대해서는 헌신과 충성을 해야하며 국민에 대해서는 정직과 봉사를 하도록 하고 있다. 또한 직무에 대해서는 창의와 책임을 다해야 하며, 직장에서는 경애와 신의를 다하며, 생활면에 있어서는 청렴과 질서를 다하도록 규정해 놓고 있다. 그리고 1981년 제정된 공직자윤리법에는 고위공직자의 재산등록 의무화, 외국 정부 등으로부터 받은 선물신고, 퇴직 공무원의 취업제한 규정을 두고 있으며, 1993년 개정된 공직자윤리법은 4급 이상(특정분야는 6급 이상)의 모든 공직자와 이에 상응하는 공직유관단체 임원들은 재산을 등록해야 하며, 1급 이상의 중앙부처 공무원과 공직유관단체 임원들은 재산을 총무처에 등록하고 이를 공개하도록 규정하고 있다.

그러나 윤리강령은 애매모호한 내용으로 구체성을 결여하고 있다. 아래의 표는 OECD 국가 문헌분석에 나타난 행정윤리의 핵심가치로 많은 국가들이 중립성, 합법성, 정직성, 투명성, 능률성, 형평성, 책임성 등을 핵심적 가치로 꼽고 있다.

OECD 국가의 행정윤리의 핵심 가치

핵심가치	국가
중립성	호주, 오스트리아, 캐나다, 체코, 독일, 덴마크, 스페인, 핀란드, 영국, 그리스, 헝가리, 아일랜드, 아이슬란드, 이태리, 일본, 한국, 룩셈부르크, 네덜란드, 노르웨이, 폴란드, 포르투갈, 스웨덴, 터키, 미국
합법성	오스트리아, 벨기에, 캐나다, 스위스, 독일, 덴마크, 스페인, 핀란드, 영국, 헝가리, 일본, 아이슬란드, 이태리, 한국, 멕시코, 네덜란드, 노르웨이, 포르투갈, 스웨덴, 터키, 미국
정직성	오스트리아, 벨기에, 호주, 캐나다, 독일, 덴마크, 영국, 그리스, 일본, 한국, 멕시코, 네덜란드, 뉴질랜드, 폴란드, 포르투갈, 스웨덴, 터키, 미국
투명성	캐나다, 핀란드, 아이슬란드, 영국, 그리스, 아일랜드, 룩셈부르크, 멕시코, 네덜란드, 뉴질랜드, 노르웨이, 포르투갈, 스웨덴, 미국
능률성	호주, 체코, 덴마크, 스페인, 그리스, 헝가리, 아일랜드, 이태리, 멕시코, 뉴질랜드, 노르웨이, 포르투갈, 스웨덴, 미국
형평성	호주, 독일, 아일랜드, 일본, 룩셈부르크, 네덜란드, 포르투갈, 스웨덴, 터키, 미국
책임성	오스트리아, 독일, 프랑스, 핀란드, 영국, 헝가리, 아이슬란드, 멕시코, 뉴질랜드, 포르투갈, 스웨덴
공평성	호주, 독일, 스페인, 헝가리, 아일랜드, 뉴질랜드, 노르웨이, 포르투갈, 스웨덴, 터키
충성	독일, 이태리, 한국, 노르웨이, 터키
친절	호주, 한국, 헝가리

출처: Trust in Government: Ethics Measures in OECD Countries, OECD, 2000.

이러한 가치는 법, 헌법, 공무원법 등에 명문화되어 있다. 그러나 문제는 이러한 행정윤리의 핵심가치들이 사실 행정이념과 크게 다를 바 없다는 것이다. 이념이나 윤리는 공무원의 실제 행위를 인도하는 기준으로는 너무도 고차원적이고 추상적인 개념이다.

다음 표는 윤리적 행위에 위반되는 구체적인 행위 기준으로 공공정보의 누설, 시설·재정남용, 직권남용, 거래에 있어서의 영향력 행사, 선물 및 특혜 등의 법적 제한사항들을 제시하고 있다. 그러나 이러한 구체적인 행위 기준도 공무원의 실제 행위를 인도하는 기준으로는 역시 추상적인 개념이다.

🌐 윤리적 행동에 위반되는 법적 제한사항

법적 제한사항	국가
공공정보의 누설	호주, 오스트리아, 벨기에, 캐나다, 스위스, 체코, 독일, 덴마크, 핀란드, 프랑스, 영국, 그리스, 헝가리, 아이슬란드, 아일랜드, 이태리, 일본, 한국, 멕시코, 네덜란드, 뉴질랜드, 폴란드, 스웨덴, 터키, 미국
시설, 재정남용	호주, 오스트리아, 벨기에, 캐나다, 스위스, 체코, 독일, 덴마크, 스페인, 프랑스, 헝가리, 이태리, 한국, 멕시코, 스웨덴, 미국
거래에 영향력 행사	벨기에, 캐나다, 독일, 덴마크, 스페인, 핀란드, 프랑스, 그리스, 아일랜드, 한국, 폴란드, 터키, 미국
사부문 근무	오스트리아, 벨기에, 체코, 독일, 덴마크, 스페인, 프랑스, 헝가리, 아일랜드, 이태리, 한국, 멕시코, 뉴질랜드, 폴란드, 미국
공문서 위조, 조작	호주, 오스트리아, 벨기에, 스위스, 독일, 프랑스, 아일랜드, 이태리, 일본, 한국, 멕시코, 폴란드, 터키, 미국
선물, 특혜	벨기에, 체코, 독일, 덴마크, 핀란드, 영국, 아일랜드, 일본, 한국, 스웨덴, 터키, 미국
선거	캐나다, 스위스, 체코, 영국, 헝가리, 아일랜드, 한국, 멕시코, 스웨덴
조달업무 개입	오스트리아, 벨기에, 독일, 프랑스, 멕시코, 폴란드, 스웨덴, 터키, 미국
정치활동	독일, 아일랜드, 일본, 한국, 터키, 미국
차별	호주, 오스트리아, 독일, 영국, 아일랜드, 터키, 미국
파업가담	독일, 이태리, 한국, 폴란드, 터키, 미국
직무유기	독일, 아이슬란드, 일본, 한국
연고주의	독일, 그리스, 폴란드, 미국
직무태만	아이슬란드, 이태리, 한국, 터키

출처: Trust in Government: Ethics Measures in OECD Countries, OECD, 2000.

4 행정윤리에 관한 기존 연구

임의영(1999; 1996)은 윤리란 공동체의 조화를 이루는 원리이며, 행정윤리를 개인의 자율성과 사회의 민주주의를 바탕으로 개인과 조직, 그리고 사회의 조화를 지향하는 논리라고 정의하고 있다. 이는 Weber가 말한 관료제의 기본 축인 지배와 예속의 실존조건을 극복함으로써 실현될 수 있는데, 관료조직이란 권력관계의 정당성을 법에서 찾음으로써 관리주의적 인간관의 한계를 드러내고 있음을 언급하고 있다. 이는 인간을 도구화함으로써 관료제적 윤리를 강조하고 개인의 도덕가치를 개인의 내면으로 추방시킴으로써 의사소통을 차단하고 있다는 것이다.

이러한 문제점의 대안으로 민주주의적 가치체제를 현실 속에 용해시키는 조직의 인간화 즉, 정당성 확립의 필요성을 주장하고 있다.

행정인은 사회적 존재 또는 시민이며, 자연인이고 동시에 조직의 구성원이다. 따라서 그들에게는 자신의 존재규정과 관련된 다양한 의무를 수행해야하는 책임이 부과된다. 불행하게도 사회와 개인, 그리고 조직은 일관된 의무를 부여하기도 하지만, 때로는 서로 갈등하는 의무를 부과하기도 한다. 바로 이러한 현상이 임의영이 주장하는 행정윤리적 경향의 다양성을 가져오게 하는 이유이다.

이서행(1986)은 기존이론의 논지를 통해 행정윤리를 행정의 바람직한 목표를 달성하기 위해 공무원이 지켜야할 규범적 기초 즉, 공직윤리라고 정의하고, 이는 행정목적의 실현과 부정부패의 제거, 개인의 존엄성 또는 국민 전체적인 생활향상을 실현하는 행정의 사명과 목표지향의 가치와 당위—민주성과 능률성—이며, 공직자로서 마땅히 그리고 스스로 준수해야 할 행동규범으로 올바른 판단과 선택, 행위에 필요한 능력, 행정의 가치기준과 그 기준의 실천, 공직의 길잡이, 실천가치의 준거, 그리고 행정권력을 행사하는 정당성의 이유라고 설명한다. 이를 종합해, 이서행은 행정윤리를 행정인이 목표달성을 위해 행정기능을 수행함에 있어서 바람직한 가치관의 확립과 그 가치관을 구현하는 과정이라고 정의한다.

김호섭(1989)은 행정관료가 두 개의 바람직한 행위 즉, 법적 책임성(accountability)과 같은 목적론적 가치(teleological value)에 입각한 합리적인 행위와 도덕적 책임성(responsibility)과 같은 의무론적 가치(deontological value)에 입각한 도덕적인 행위를 놓고 선택의 기로에 있을 때, 어떤 행위를 택할 것이냐 하는 윤리적 문제를 다루고 있다. 합리적으로 '좋은(good) 행정'을 택할 것이냐, 아니면 도덕적으로 '옳은 행정'을 수행할 것이냐 두 개의 강요적 가치가 내재하는 한 다음과 같은 논리적 반응이 있을 수 있다고 본다.

첫째, 설득력 있는 규범적 이유를 가지고 양자간의 선택을 하는 것으로, 이는 옳은 행정을 비합리적으로 수행하거나 혹은 좋은 행정을 비도덕적으로 구현함을 의미한다. 이와 같은 방법은 행정학자들로부터 가장 적은 관심을 얻었는데, 이는 아마도 한 가지의 선택이 행정으로 하여금 충분한 정당성의 확보를 어렵게 하기 때문인 것 같다. 둘째, 가장 이상적인 경우로서 양자 모두를 취할 수 있기에 선택할 필요가 없다고 응답하는 것이다. 행정학 분야에서 가장 다양한 반응을 얻은 방법론이라고 한다.

기존 이론이 윤리를 인간행위의 옳고 그름을 결정하는 일련의 규범으로 정의하고 행정윤리란 행정관료가 준수해야할 행동규범으로 행정관료나 조직이 바람직한 행동을 할 수 있도록 이끌어주는 행위의 준거 또는 지침이라고 언급하지만, 김호섭은 합의된 개념도출의 어려움을 토로하고, 이런 행정윤리를 다시 '규범적 윤리(normative ethics)'와 '응용윤리(applied ethics)'라는 지배적 접근방법을 통하여 행정윤리의 특수성을 제시하려 하였다. 규범적 윤리는 무엇이 이루어져야 하는가(what ought to be done)를 규명하는 공공정책 산출과 연관된 행위의 실질적(substantive) 측면을 다루는 것이고, 이에 반해, 응용윤리는 정부과정에서의 절차적(procedural) 형평이나 정당성 등에 관한 현실문제점의 논의라고 그 특성을 제시한다. 이를 바탕으로, 행정윤리의 실체인 바람직한 행정을 '생산의 극대화'와 '배분적 정의'를 동시에 실현하는 행정이라고 정의하며, '생산의 극대화'는 행정의 합리성을 기본가치로 목적론적 사고에, 그리고 '배분적 정의'는 도덕성을 바탕으로 의무론적 인식체계에 근거를 두고 있다고 설명하고 있다. 즉, 목적론적 사고(teleological)에 바탕을 둔 '좋은 행정'을 관료적 행정, 그리고 의무론적(deontological) 사고에 근거를 둔 '옳은 행정'을 민주적 행정이라 부르며 각각의 관점에서 법적 책임성과 도덕적 책임성을 근간으로 하는 윤리강령의 정립으로 행정윤리의 활성화를 주장하고 있다.

정철현(1999)은 구청 공무원의 윤리기풍을 Victor와 Cullen의 윤리기풍 설문(Ethics Climate Questionnaire; ECQ)을 이용하여 실증적으로 연구하였다.

첫째, 수단형(instrumental)은 윤리적 문제를 다루는데 있어 이기주의적 성향이 강하게 작용한다. 특히 개인과 조직의 이익만 대변한다. 둘째, 봉사형(caring)은 개인과 조직의 이익을 고려하는데 그 평가에 있어서는 공리주의적 입장이다. 셋째, 독립형(independence)은 윤리적 판단에 있어 스스로 결정한다. 넷째, 규칙형(rules)은 조직 내부의 규칙·정책·절차·규범에 따른다. 다섯째, 법과 규약형(law and code)은 조직외부의 전문성, 법, 규약에 따른다.

윤리이론		분석의 초점		
		개인	지역	세계
	이기주의	개인이익형 (수단형) (Instrumental)	회사이익형 (수단형) (Instrumental)	능률주의형
	공리주의	우정형 (봉사형) (Caring)	집단이익형 (봉사형) (Caring)	사회책임형
	원칙주의	개인도덕형 (독립형) (Instrumental)	규칙과 절차형 (규칙형) (Rules)	법과 규약형 (법과 규약형) (Low and codes)

이와 같이 윤리에 관한 기존 연구는 행정윤리의 핵심가치, 윤리적 행동기준에 위반되는 법적 제한사항, 행정윤리의 정향 및 방향, 그리고 윤리기풍에 관한 실증적 연구 등을 주로 다루어 왔다.

5 관료의 윤리적 행위 유형: 사회적 효과성과 법률주의

급격한 정보화로 인해 산업사회에 만들어진 헌법을 위시한 제 법률아래에서 정보사회의 각종 업무를 수행해야 하는 관료들에게 많은 갈등상황을 초래할 수밖에 없다. 예를 들어, 새로운 행정 환경을 적절히 반영해 주지 못하는 법, 규칙 등에 의거한 행위에 집착할 경우 합법적이긴 하지만 나쁜 사회적 효과를 수반할 수밖에 없는 행위를 해야만 할 수도 있다. 또한 시대에 맞지 않는 법, 규칙, 규정에는 어긋나지만 좋은 사회적 효과를 수반하는 행위사이에서 고민할 수도 있을 것이다.

공직자가 공공직무를 수행함에 있어 그 판단기준에 대한 논란이 분분하지만, 이 글에서는 효과적인 행정윤리의 판단기준으로 윤리적 적용을 반영하는 사회적 효과성과 형식적 합리성을 극대화하여 조직구조와 조직규범을 발달시키는 관료 조직의 법률주의를 상호 연관시키고자 한다.

이 두 변수–사회적 효과성과 법률주의–를 병렬시킴으로써 다음과 같은 행정윤리의 분석 틀을 구성할 수 있다. 이 분석 틀은 도구적 합리성인 규칙, 규정의 유무와 사회적 효과성을 상호연관 시킴으로써 행정윤리의 4가지 특징을 보여준다.

이 분석 틀은 관료조직의 행정윤리 유형을 분석-판단하는데 사용될 수 있다.

그림 사회적 능률성과 법률(규칙)주의

좋은 사회적 효과(Social Good)

적법(규칙, 규정지향성)Lawful

불법(규칙무시) Unlawful

I   II   III   IV

나쁜 사회적 효과(Social Evil)

먼저 I분면(윤리적으로 바람직한 규칙형 행위 유형)은 절차적 법률주의가 관료주의 운영을 위한 합리적 가치들이 잘 적응할 수 있는 분위기를 조성하여 좋은 사회적 효과를 나타낸 경우라 할 수 있다. 하지만 기존연구에서도 언급되었듯이 법률로서 모든 경우에 적용 가능한 판단기준을 정하는 것이 불가능하다. 따라서 보편성과 정치적 자율성을 바탕으로 공무원의 도덕 가치적 책임의 재량권 확립이 필요하게 될 것이다.

분석틀의 II분면(자율형)과 III분면(규칙악용형)은 비효과적 행정윤리의 판단기준을 나타내고 있다. III분면은 비록 나쁜 사회적 효과를 가져왔지만, 공직자는 관료조직에서 요구하는 규칙에 따라 공공직무를 수행할 때 나타날 수 있는 경우로 행정윤리의 왜곡된 현상이라 말할 수 있다. 즉, 현실과 괴리된 법령의 이중적인 규칙이나 규제규정으로 인해 행정윤리가 잘못 해석된 것으로 절차적 모순으로 인한 부정의 소지가 문제시되고 있다. 이와는 반대로 II분면은 공직자가 규칙을 무시하고 공공직무를 수행하였음에도 불구하고 좋은 사회적 효과를 가져오는 것으로 공직자가 의도적으로 모순된 규칙이나 규정을 무시하고 자율적·독립적으로 행동하는 비판적 행동윤리로 인해 공공선에 대한 의식적 실천을 반영하고 있는 경우이다.

Ⅳ분면 자율악용형에서는 공직자가 공공직무를 수행함에 있어 규칙을 무시함으로써 나쁜 사회적 효과를 초래하는 경우로 책임을 유지할 수 있는 절차가 없기 때문에 비윤리적 행위가 존재하거나 인적요소, 제도적 장치의 미비, 그리고 환경적 요인 등 총체적 요인이 행정윤리를 저해함으로써 부정부패가 구조화 되어있는 경우이다. 여기서 부패란 법규 위반이나 부적절한 수단으로 인한 잘못된 행위의 유도를 총칭하는 것으로 전세계적으로 문제가 되고 있다.

이는 공무원의 비현실적인 보수수준과 연금의 적정화가 실현되지 못함으로써 문제가 되고, 정치적 사회적 불안으로 인한 공무원의 신분상의 불안이 행정윤리를 저해하고 있는 것이다. 또한 법적 규제장치와 같은 제도적 장치가 미비함으로써 때로는 조직의 목표달성만을 위해 공직자로 하여금 윤리기준마저 포기하도록 강요하는 경우도 생긴다.

6 공무원의 행동 규범

공무원의 행동 규범은 국가공무원법, 공무원 윤리헌장(공무원 헌장), 공무원 신조, 취임선서, 복무 선서 등에 규정되고 있다. 우리나라의 국가공무원법에서 공무원의 법적 의무로 규정하고 있는 행동 규범은 다음과 같다. 여기에는 어떤 행동을 요구하는 규범과 금지 규범이 포함되어 있다. 아래는 공무원 10대 의무이다.

(1) 성실의 의무

모든 공무원은 법령을 준수하며 성실히 직무를 수행해야 한다. 직무의 민주적·능률적 수행을 위하여 창의와 성실로써 맡은 바 책무를 완수하여야 한다. 성실의 의무는 정부가 맡겨 준 역할을 충실히 수행하되, 민주성·능률성·창의성 등의 가치기준을 존중하라는 규범으로 이행된다.

(2) 복종의 의무

공무원은 직무를 수행함에 있어서 소속 상관의 직무상의 명령에 복종해야 한다. 대개 공무원은 지위와 역할이 분화되어 있는 계층 체제하에서 근무하기 때문에 조직 내의 질서유지와 기강 확립을 위해서 복무규정을 확립한 것으로 생각된다.

(3) 직무 이탈의 금지

공무원은 소속 상관의 허가 또는 정당한 사유 없이는 직장을 이탈하지 못한다. 수사기관이 현행범이 아닌 공무원을 구속하고자 할 때에는 사전에 그 소속기관장에게 통보를 하여야 한다. 직장이탈을 금지하는 규범은 직무를 충실히 수행하고 직장 내의 질서를 유지해야 한다는 규범을 보완하는 것으로 이해된다.

(4) 친절·공정의 의무

공무원은 국민 전체의 봉사자로서 친절하고 공정하게 직무를 집행하여야 한다. 공무원은 공사를 분별하고, 고객과 국민의 인격을 존중하며, 친절·공정하고, 신속·정확하게 업무를 처리하여야 한다.

(5) 비밀 엄수의 의무

공무원은 재직 중은 물론, 퇴직 후에도 직무상 알게 된 비밀을 엄격하게 준수하여야 한다. 이 규범은 모든 행정행위가 비밀로서 엄수되어야 한다는 뜻은 아니다. 직무상의 기밀(classified information)로 규정된 비밀만을 엄수해야 하는 뜻으로 본다. 직무상의 기밀이라 함은 국가와 국민 전체의 안위를 위해서 또는 조직 내의 질서유지, 고객의 이익과 인권 옹호 등을 위해서 필요한 기밀유지를 말한다. 그러나 국민의 알 권리와 언론의 자유 그리고 국민에 의한 행정통제와의 상충으로 논란의 대상이 되는 경우도 많다.

(6) 청렴의 의무

공무원은 직무와 관련하여 직접적으로나 간접적으로나 사례·증여 또는 향응을 주거나 받을 수 없다. 그리고 공무원은 직무상의 관계 여부를 떠나서 그 소속 상관에게 증여하거나, 소속 공무원으로부터 증여를 받아서도 안 된다. 이것은 공무원의 부정·부패를 방지하기 위한 규범으로 볼 수 있다.

(7) 영예 등의 수령 규제

공무원이 외국 정부로부터 영예 또는 증여를 받을 경우에는 대통령의 허가를 받아야 한다.

(8) 품위유지의 의무

공무원은 직무의 내외를 불문하고 그 품위를 손상하는 행위를 하여서는 안 된다. 공무원이기 때문에 직장에서는 물론, 직장 밖의 사회생활에서도 공무원의 신분에 걸맞은 품위를 유지해야 한다.

(9) 영리 업무 및 겸직의 금지

공무원은 공무 이외의 영리를 목적으로 하는 업무에 종사하지 못하며, 소속기관장의 허가 없이 다른 직무를 겸할 수 없다. 이러한 조항은 충실한 직무수행을 보장하는 이른 바 이익충돌(conflict of interests)로 인한 공익침해를 막기 위한 규범이라고 풀이된다. 공무원이 공무 이외의 영리 업무에 종사한다면 직무수행의 능률이 저하되고 공익과 상반되는 사익을 추구하게 되기 때문에, 정부에 대한 신뢰감을 저하시킬 위험이 있으므로 영리 업무에 종사하는 것을 금지한다.

(10) 종교중립의 의무

헌법이 보장하는 종교의 자유에 입각해 종교에 따른 차별없이 직무를 수행해야 한다.

7 공무원 헌장

공무원 헌장

우리는 자랑스러운 대한민국의 공무원이다.

우리는 헌법이 지향하는 가치를 실현하며 국가에 헌신하고 국민에게 봉사한다.

우리는 국민의 안녕과 행복을 추구하고 조국의 평화 통일과 지속 가능한 발전에 기여한다.

이에 굳은 각오와 다짐으로 다음을 실천한다.

- **하나** 공익을 우선시하며 투명하고 공정하게 맡은 바 책임을 다한다.

- **하나** 창의성과 전문성을 바탕으로 업무를 적극적으로 수행한다.

- **하나** 우리 사회의 다양성을 존중하고 국민과 함께 하는 민주 행정을 구현한다.

- **하나** 청렴을 생활화하고 규범과 건전한 상식에 따라 행동한다.

다져가기 **공무원 시험문제**

공직윤리에 대한 설명으로 옳지 않은 것은? (16 국가직 7급)

① 부패방지 및 국민권익위원회의 설치와 운영에 관한 법률에서 내부고발자 보호 제도를 도입하여 운영하고 있다.

② 공직자윤리법에 의하면 취업심사대상자 중 퇴직공직자는 퇴직일로부터 2년간 퇴직 전 5년 동안 소속하였던 부서의 업무와 밀접한 관련이 있는 기관에 취업할 수 없다.

③ 공직윤리의 가치 기준으로서 공익의 과정설은 어떤 과정이나 절차를 통해 공익을 달성할 수 있는가에 주목한다.

④ 공직에서 이해 충돌의 회피가 중요시되는 이유는 공직자가 국민의 대리인이기 때문이다.

○ 정답 ②번

2년간이 아니라 3년간이다.

제17조(퇴직공직자의 취업제한) ① 등록의무자(이하 이 장에서 "취업심사대상자"라 한다)는 퇴직일부터 3년간 퇴직 전 5년 동안 소속하였던 부서 또는 기관의 업무와 밀접한 관련성이 있는 다음 각 호의 어느 하나에 해당하는 기관(이하 "취업제한기관"이라 한다)에 취업할 수 없다. 다만, 관할 공직자윤리위원회의 승인을 받은 때에는 그러하지 아니하다.

다져가기 **공무원 시험문제**

소청심사제도에 대한 설명으로 옳지 않은 것은?   (16 국가직 7급)

① 인사혁신처에 설치된 소청심사위원회는 중앙선거관리위원회소속 공무원의 소청을 심사 결정한다.

② 소청심사위원회 결정에 불복하는 소청인은 소청결정서를 받은날부터 90일 이내에 행정소송을 제기할 수 있다.

③ 소청심사위원회는 임시결정의 경우를 제외하고는 심사청구를 받은 날부터 60일 이내에 결정을 해야 하며, 불가피한 경우 위원회의 의결로 30일을 연장할 수 있다.

④ 소청 사건의 결정은 재적 위원 3분의 2 이상의 출석과 출석위원 과반수의 합의에 따르되, 의견이 나뉠 경우에는 출석위원 과반수에 이를 때까지 소청인에게 가장 불리한 의견에 차례로 유리한 의견을 더하여 그 중 가장 유리한 의견을 합의된 의견으로 본다.

○ 정답 ②번

90일이 아니라 30일이다. 숫자에 유의해야 한다(정답이 확실하기 때문. 오답시비 피하기 위해).

소청의 절차는 징계처분, 강임, 휴직, 직위해제, 면직처분의 경우에는 처분사유 설명서 교부받은 날부터 30일 이내에 이루어져야 하며, 기타의 불리한 처분의 경우에는 처분이 있음을 안 날로부터 30일 이내 이루어져야 한다.

국가공무원 징계에 대한 설명으로 옳지 않은 것은?　(17 국가직 7급)

① 징계의결 등을 요구한 기관의 장은 징계위원회의 의결이 가볍다고 인정하면 그 처분을 하기 전에 직근 상급기관에 설치된 징계위원회에 심사나 재심사를 청구할 수 있다.

② 징계의결 요구는 일반적으로 5급 이상 공무원 및 고위공무원단에 속하는 일반직 공무원은 소속 장관이, 6급 이하의 공무원은 소속 기관의 장 또는 소속 상급기관의 장이 한다.

③ 보통징계위원회는 징계 등 대상자보다 상위계급의 공무원이 징계위원회의 위원이 될 수 있도록 관할권을 조정할 수 있다.

④ 중앙징계위원회의 회의는 위원장과 위원장이 회의마다 지정하는 8명의 위원으로 구성하며, 이 경우 공무원이 4명 이상 포함되어야 한다.

○ **정답**　④번

　제4조(중앙징계위원회의 구성 등) ① 중앙징계위원회는 위원장 1명을 포함하여 17명 이상 33명 이하의 공무원위원과 민간위원으로 구성한다. 이 경우 민간위원의 수는 위원장을 제외한 위원 수의 2분의 1 이상이어야 한다.

공무원 징계령

제1조(목적) 이 영은 국가공무원법 제10장에 따라 공무원의 징계와 징계부가금 부과에 필요한 사항을 규정함을 목적으로 한다.

제1조의3(정의) 이 영에서 사용하는 용어의 뜻은 다음과 같다.

　1. "중징계"란 파면, 해임, 강등 또는 정직을 말한다.

　2. "경징계"란 감봉 또는 견책을 말한다.

제2조(징계위원회의 종류 및 관할) ① 징계위원회는 중앙징계위원회와 보통징계위원회로 구분한다.

　② 중앙징계위원회는 다음 각 호의 징계 또는 법 제78조의2에 따른 징계부가금(이하 "징계부가금"이라 한다) 사건을 심의·의결한다.

　1. 고위공무원단에 속하는 공무원의 징계 또는 징계부가금(이하 "징계등"이라 한다) 사건

1의2. 다음 각 목의 어느 하나에 해당하는 공무원(이하 "5급 이상 공무원등"이라 한다)의 징계등 사건

가. 5급 이상 공무원

　③ 보통징계위원회는 6급 이하 공무원등의 징계등 사건(제2항 제3호의 징계등 사건은 제외한다)을 심의·의결한다.

제3조(징계위원회의 설치) ① 중앙징계위원회는 국무총리 소속으로 둔다.

② 보통징계위원회는 중앙행정기관에 둔다. 다만, 중앙행정기관의 장이 필요하다고 인정할 때에는 그 소속기관에도 설치할 수 있다.

③ 제2항 단서에 따라 소속기관에 보통징계위원회를 설치하는 경우 해당 중앙행정기관의 장은 그 운영 등에 필요한 사항을 미리 정하여야 한다.

④ 보통징계위원회는 징계등 대상자보다 상위계급의 공무원(고위공무원단에 속하는 공무원을 포함한다)이 징계위원회의 위원이 될 수 있도록 관할권을 조정할 수 있다. 이 경우에 관할에서 제외된 징계등 대상자는 그 징계위원회가 설치된 바로 위의 감독기관의 징계위원회에서 관할한다.

제4조(중앙징계위원회의 구성 등) ① 중앙징계위원회는 위원장 1명을 포함하여 17명 이상 33명 이하의 공무원위원과 민간위원으로 구성한다. 이 경우 민간위원의 수는 위원장을 제외한 위원 수의 2분의 1 이상이어야 한다.

② 공무원위원은 다음 각 호의 직위 중 국무총리가 정하는 직위에 근무하는 사람으로 한다.

1. 고위공무원단 직위 중 직무분석규정 제8조 제2항에 따른 직무등급 중 가등급에 해당하는 직위

2. 제1호에 상당하는 특정직 공무원으로 보하는 직위

③ 국무총리는 다음 각 호의 어느 하나에 해당하는 사람 중에서 민간위원을 위촉한다.

1. 법관, 검사 또는 변호사로 10년 이상 근무한 사람

2. 대학에서 법학 또는 행정학을 담당하는 부교수 이상으로 재직 중인 사람

3. 공무원으로서 중앙징계위원회의 위원으로 임명될 수 있는 직위에 근무하고 퇴직한 사람

4. 민간부문에서 인사·감사 업무를 담당하는 임원급 또는 이에 상응하는 직위에 근무한 경력이 있는 사람

④ 중앙징계위원회의 위원장은 인사혁신처장이 된다.

⑤ 중앙징계위원회의 회의는 위원장과 위원장이 회의마다 지정하는 8명의 위원으로 구성한다. 이 경우 제3항에 따른 민간위원이 5명 이상 포함되어야 한다.

제5조(보통징계위원회의 구성) ① 보통징계위원회는 위원장 1명을 포함하여 9명 이상 15명 이하의 공무원위원과 민간위원으로 구성한다. 이 경우 민간위원의 수는 위원장을 제외한 위원 수의 2분의 1 이상이어야 한다.

공무원의 권리와 부패 문제

1 정치적 중립성

모든 국민은 헌법에 보장된 기본권을 향유할 권리를 가진다. 그러나 공무원은 직업적 특수성으로 인하여 기본권의 제한이 이루어질 수 있다. 공직자는 일반 국민의 한 사람이면서 또는 공익에 대한 봉사자로 직무를 수행해야 하는 신분을 갖고 있다. 선진국의 기본적인 경향은 과거보다는 신분의 특수성에도 불구하고 공직자의 기본권 향유의 범위를 더 넓혀가고 있다.

공직자에게는 일반 국민과는 달리 엽관제의 폐단을 극복하기 위해 정치적 중립성이 요구된다. 일반 국민은 정치적 의견을 자유롭게 표현할 수 있고, 정당에 가입하여 능동적으로 정치적 활동을 할 수 있는 권리가 보장된다. 그러나 공직자는 정당으로부터의 정치적 영향을 받지 않고 독립적으로 직무를 수행하도록 하기 위해서 정치적 활동에서 제한을 받는다.

국가공무원법 제65조와 지방공무원법 제57조에 의하면 다음과 같은 정치 활동의 제한이 이루어진다.

첫째, 공무원은 정당이나 그 밖의 정치단체의 결성에 관여하거나 이에 가입할 수 없다.

둘째, 공무원은 선거에서 특정 정당 또는 특정인을 지지 또는 반대하기 위한 다음의 행위는 할 수 없다.

① 투표를 하거나 하지 않도록 권유운동을 하는 행위

② 서명운동을 기도·주재하거나 권유하는 행위

③ 문서 또는 도서를 공공시설 등에 게시하거나 게시하게 하는 행위

④ 기부금을 모집 또는 모집하게 하거나 공공자금을 이용 또는 이용하게 하는 행위

⑤ 타인에게 정당이나 그 밖의 정치단체에 가입하게 하거나 가입하지 않도록 권유 운동을 하는 행위

(이명박 정부와 박근혜 정부 당시 국정원과 기무사의 댓글 부대 운영은 심각한 공무원의 정치적 중립성 위반 사례)

2 표현의 자유에 대한 제한

　　표현의 자유는 헌법에 보장된 기본권 중 가장 큰 의미를 지니는 권리로 평가되기도 한다. 모든 국민이 자유롭게 자신의 의견을 표현할 수 있는 자유가 보장되어 있지 않는 상황에서는 건강한 민주주의에 기반을 둔 사회공동체의 형성이 불가능할 것이다.

　　그러나 공무원은 신분을 특수성으로 인해 일반 국민에게 주어진 표현의 자유를 온전히 사용할 수 없게 된다. 공직자들의 의사표현은 상황에 따라서 정치적일 수 있기 때문이다. 표현의 자유는 표현의 대상집단, 집단성 유무, 공무원 신분의 여부, 직무의 종류, 직급 등의 기준에 따라 제한될 수 있다(유민봉, 2010).

3 사생활자유권의 제한

　　일반 국민에게는 보호의 대상임에도 불구하고 공직자는 보호받지 못하는 경우가 있다. 일반 국민이나 사기업에 종사하는 사람들과 비교했을 때, 상대적으로 높은 윤리적 기준이 적용되는 것을 보면 공직자의 사생활보호는 더 제한적임을 알 수 있다. 공직자의 재산증식 과정, 이성문제, 가족문제 등이 그 예가

될 수 있다.

4 공무원 노동조합

노동조합은 조직구성원의 권익을 스스로 실현시킬 수 있도록 하는 제도적 장치이다. 공무원의 노동조합도 사조직의 노동조합과는 달리 업무의 특수성과 독점성 등의 이유로 일정 부분이 제한되고 있다.

공무원 노동조합의 필요성과 인정의 한계를 지적하면 다음과 같다(유민봉, 2010). 먼저 공무원 노동조합의 필요성이다.

첫째, 국제기구에 가입하여 자격을 유지하기 위해서는 노동조건의 선진화가 요구된다. 둘째, 관리의 민주성과 효율성을 높일 수 있다. 셋째, 조합원들의 권익을 실현시키기 위함이다.

공무원의 노동조합을 인정하기 어려운 이유는 다음과 같다.

첫째, 공무원은 전체국민에 대한 봉사자라는 것이다. 조합원들의 권익을 위해서 공익이 희생되는 경우가 발생할 수 있다. 둘째, 직무의 공공성 때문이다. 조합원들의 단체행동은 사회적으로 엄청난 파급효과를 초래할 수 있다. 셋째, 관리의 비효율성을 들 수 있다. 정부조직에 변화를 꾀하기가 어려워진다.

공무원들에게도 노조가 있다. 심지어 공무원의 노조 조직률은 64.1%로 민간 노조 조직률(9.1%)보다 7배나 높다(우정사업본부는 노조가 5개). 공무원들이 민간부문 노동자와 똑같이 노동3권을 보장받는 것은 아니다. 국민을 대상으로 공적 서비스를 제공하는 업무 특성을 감안해 특별법으로 노동자로서의 권리를 제한하고 있다.

노동3권은 헌법에 명시된 노동자의 기본 권리다. 헌법 제33조 제1항은 '근로자는 근로조건의 향상을 위하여 자주적인 단결권·단체교섭권 및 단체행동권을 가진다'고 규정하고 있다. 노동을 제공하고 임금을 받아 생계를 이어가는 노동자가 사용자와 평등한 관계에서 계약을 맺을 수 있도록 만든 법적인 보호장치이다.

공무원은 예외적이다. 헌법 제33조 제2항에는 공무원 노동자에 대해 '법률에 정하는 자'라는 단서 조항이 있다. 국가공무원법과 지방공무원법에 따라 노무에 종사하는 현업공무원을 제외한 공무원들의 노동3권은 사실상 제한된다.

공무원노조법에 따라 현재 노조 가입이 가능한 대상은 6급 이하의 공무원이다. 이중에서도 지휘·감독 업무를 하거나 행정기관의 입장에서 일하는 공무원, 군인·경찰·소방관 등 특수직 공무원은 배제한다. 노조의 정치활동과 정상적인 업무를 방해하는 모든 쟁의행위도 금지한다.

공무원노조법은 단결권과 단체교섭권을 인정하고 있다. 하지만 형식적일 뿐 법이 적용되는 현장에서는 단결권조차 제대로 보장되지 않는다는 지적이다.

국가공무원법상 공무원은 직무와 관련하여 직접적이든 간접적이든 사례(謝禮), 증여를 주거나 받을 수 없다는 청렴의무, 공무원은 공무 외에 영리를 목적으로 하는 업무에 종사하지 못한다는 영리업무 및 겸직금지, 공무원은 종교에 따른 차별 없이 직무를 수행해야 하며, 이에 위배되는 상관의 직무상 명령을 따르지 않을 수 있다는 종교중립의 의무, 그리고 친철공정, 성실, 비밀엄수, 복종, 품위유지, 근무지이탈금지. 정치운동금지, 집단행동금지의 13대 의무가 있다. 그리고 공직자윤리법상 이해충돌방지와 재산등록 및 공개의무 등이 있다.

5 단체행동권

공무원 노조의 설립을 인정하지만 공무원의 단체행동권을 둘러싸고 전국공무원노동조합과 행정안전부 및 경찰 간에 치열한 공방이 벌어지고 있다. 공무원의 단체행동권을 어떻게 보아야 할 것인가?

(1) 단체행동권 불인정과 관련한 논란

정부와 전국공무원노조, 이른바 전공노 간에 이견을 보이고 있는 핵심 쟁점은 전공노의 단체행동권 인정여부다.

전공노는 그동안 단체행동권 없는 교섭권은 의미가 없다며 지속적으로 완전한 공무원의 노동3권 보장을 요구해왔다. 그러나 정부는 단체행동권 보장은 공무원들의 파업을 인정하는 셈인 만큼 받아들일 수 없는 무리한 주장이라며 팽팽히 맞서왔다.

쉽게 말해 노동자들이 파업권을 갖는다면 사용자로서는 직장폐쇄권을 가져야 하는데, 정부가 공무원들이 파업한다고 해서 국가기관을 직장폐쇄를 할 수는 없지 않느냐는 얘기다. 정부는 이에 따라 이같은 내용의 공무원조직법안을 확정해 국회에 제출해 놓은 상태고, 전공노는 이에 대해 이 법안은 오히려 공무원 노조활동을 제한·처벌하기 위한 악법이라며 반발하고 있다.

(2) 공무원 노조의 단체행동권에 대한 각 집단의 입장

① 찬성 집단
- 전국공무원노동조합 및 각 지부
- 민주노동당
- 민주노총, 한국노총
- 민변(공무원 노조법의 위헌소지 다분)
- 진보적 언론(한겨레 등)
- 시민단체(민중의 소리 등)
- 학계(학설 및 판례)

② 반대 집단
- 정부(행정안전부, 산업통상자원부, 기획재정부, 고용노동부, 경찰, 검찰 등)
- 자한당(법안이 국회에서 논의될 경우 공무원 노조에 대해서 자유한국당이 강경하게 반대의 입장을 표명하고 있기 때문에 정부 선에서 법안의 수정을 가져오려는 것이 전국공무원노동조합의 의도이기도 함)
- 더불어민주당(신중한 반대 입장)
- 보수적 언론(조선, 중앙, 동아 등)
- 여론은 반대의 성향이 강함

(3) 각 집단의 공무원 단체행동권 찬반 논거

■ **공무원 단체행동권 찬성의 논거**
① "근로자의 기본적인 인권인 노동3권을 공무원에게 완전히 보장"해야 한다.
공무원노조에 대한 단체행동권 금지는 헌법에 보장된 권리를 법률로 원천적으로 제한하기 때문에 위헌의 소지가 있다. 정부의 개정 법안은 헌법 제33조

제2항에 보장되어 있는 공무원 노동자의 기본권을 침해하는 것이다.

② 단체행동권은 노조의 실질적인 권한이다.

단체행동을 하지 못하는 노조가 무슨 영향력을 발휘할 수 있는지, 단체행동을 하지 못하는 노조의 단체교섭권이 제대로 행사 될 수 있는지 의문시되며, 공공의 안녕질서를 수호하는 군인, 경찰, 소방, 교정직 공무원을 제외하고는 원칙적으로 쟁의행위를 허용해야 한다.

③ 대상 구분의 문제점

가입범위를 6급 이하 기능직·고용직 등으로 제한한 것은 5급 이상은 관리자 또는 사용자이고, 6급 이하는 노동자라는 이분법적인 구분으로 어떠한 논리로도 합리화 될 수 없다. 게다가 이는 ILO 협약 제151조에 위배되고, 일본·미국 등에서도 찾아볼 수 없는 조항이다.

④ 특별법이라는 형식 자체가 헌법에 위배한다.

정부가 발의한 공무원노조법안의 단체행동권 금지는 노동기본권의 일부를 완전히 금지하는 것으로 기본권 제한법리에 있어서 과잉금지의 원칙, 비례의 원칙, 최소제한의 원칙 및 본질적 내용의 침해금지의 원칙에 반한다.

⑤ 헌법재판소판결(93년 3월 11일 헌재의 결정 88헌마5)

노동기본권 중에서 단체행동권은 단결권과 단체교섭권의 실효성을 담보하는 권리로서 그것을 부인하는 것은 노동기본권 자체를 무력화 시키는 결과를 낳는다.

⑥ 단체행동의 궁극적 목적

파업의 궁극적인 목적은 공무원들의 노동3권을 보장해 공직사회를 건강하게 하고 부정부패를 추방해 공직사회를 개혁하고자 하는데 있으며 이를 통해 국민의 진정한 봉사자로 거듭날 수 있을 것이다.

■ 공무원 단체행동권 반대의 논거

① 공무원에게 노조는 필요한가?

일반 국민이 느끼기에 공무원은 약자도 아니며 사용자인 정부와 더불어 공동 목표를 수행해가는 공인이다. 국민의 세금에 기반하고 있는 공무원의 급여나 복리후생은 다른 부문에 비해 결코 뒤떨어지지 않을 정도로 개선되었다.

또한 공무원은 일반 기업의 근로자와는 달리 국가공무원법, 지방공무원법, 연금법 등으로 그 지위와 정년이 보장되어 있다. 자칫 공무원의 노조설립이 국민의 눈에는 자기 이익을 극대화하기 위한 수단으로 비칠 우려도 있다.

② 공무원의 단체행동시 파급효과

또 우리나라와 같이 행정부의 규제가 강한 곳에서 공무원의 노조결성으로 파업 또는 태업이 발생할 경우, 철도, 도시철도, 시내버스, 수도 및 전기, 가스, 병원, 은행, 통신사업 등 필수 공익사업부문 못지않게 거시경제적 파급효과가 크게 나타날 것이다. 강력한 대통령 중심제에서 규제완화가 미미한 현 상황에서는 건축허가, 환경감시, 치안 등이 지연되거나 마비될 우려도 크다.

③ 단체행동시 대처할 수 있는 방안이 없다.

개별기업에서 품질, 납기일 준수, 불량률 등을 방치한 상황에서 노조를 결성하겠다고 할 경우 사업을 계속할 기업주는 없을 것이다. 기업주는 파업이 지속될 경우, 사업장 폐쇄라는 특단의 조치를 취할 수 있다. 하지만 정부는 공무원을 상대로 국가기관 폐쇄라는 조치를 내릴 수가 없다.

④ 국제노동기구의 기준은 권고사항일 뿐

전공노 측에서는 최근 국제노동기구(ILO)가 정부에 결사의 자유 확대를 촉구했다고 하나 선진국들도 ILO의 권고를 자국의 상황을 고려하여 신축성 있게 선별적으로 채택하고 있다. 공무원법을 개정해서라도 공무원노조 설립을 추진하겠다는 것은 우리나라의 정치, 경제 상황과 함께 고려할 문제이지, 일정한 기준에 따라 천편일률적으로 판단할 문제가 아니다.

⑤ 전공노와 교섭의 여지가 없다(정부, 특히 행정안전부 및 경찰의 입장).

전국공무원노동조합은 현재 불법단체이다. 따라서 전공노와 단체교섭을 벌일 여지가 없다. 전공노와 협의하는 것 자체가 법의 적정절차 원리에 위배되며, 교섭은 이미 고용노동부와 충분히 이뤄졌다고 정부는 판단하고 있다. 또한 국무회의에서 통과하여 법안이 확정·상정된 만큼 차후의 논의는 국회의 단계에서 이뤄져야 할 것이다.

⑥ 공무원에게는 복종의 의무가 있다.

(4) 공무원 노조 운동 실패에 대한 집단행동론적 분석

① Janis의 집단사고이론의 적용

정책을 결정하는 내집단성원들간에 우애가 깊고 단결심이 강할수록 비판적, 독자적 사고 대신에 집단사고가 나타날 위험이 커진다. 그러나 이번 전국 공무원노조 파업에서 보듯이 14만 조합원 중 2%에 불과한 2,800여명이 참석한 것을 통해 공무원 집단의 집단 결속력이 다른 노조보다 약하다는 것을 알 수 있다. 이는 공무원을 구성하는 구성원들의 내적 경향과도 밀접하게 연관되어 있다고 할 수 있다. 공무원 집단은 다른 집단보다 안정성을 추구하는 경향이 강하고(보신주의), 변화하는데 대해 거부감을 가지고 있다. 이러한 성향이 결국 공무원 집단 내부 결속력조차 다지지 못하는 결과를 낳았다고 본다.

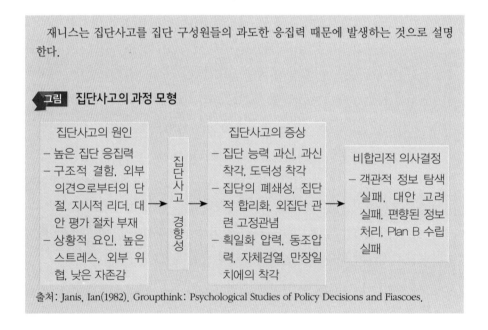

재니스는 집단사고를 집단 구성원들의 과도한 응집력 때문에 발생하는 것으로 설명한다.

그림 **집단사고의 과정 모형**

집단사고의 원인	집단사고 경향성	집단사고의 증상	비합리적 의사결정
- 높은 집단 응집력 - 구조적 결함, 외부 의견으로부터의 단절, 지시적 리더, 대안 평가 절차 부재 - 상황적 요인, 높은 스트레스, 외부 위협, 낮은 자존감		- 집단 능력 과신, 과신 착각, 도덕성 착각 - 집단의 폐쇄성, 집단적 합리화, 외집단 관련 고정관념 - 획일화 압력, 동조압력, 자체검열, 만장일치에의 착각	- 객관적 정보 탐색 실패, 대안 고려 실패, 편향된 정보처리, Plan B 수립 실패

출처: Janis, Ian(1982), Groupthink: Psychological Studies of Policy Decisions and Fiascoes.

② 상대박탈이론의 적용

여론의 성향을 상대박탈이론을 통해 분석할 수 있다고 본다. 최근 들어 경제가 어렵고, 실업자가 급증하면서 공무원 노조 뿐 아니라 일반 근로자들의 파업까지도 부정적으로 보는 인식이 나타나고 있다. 이는 국민적 공감대를 얻지 못하는 각종 시위, 집회나 파업이 실패하는 사례를 통해 알 수 있다. 이번 공무원 노조 파업, 지난 철도 파업에서도 어느 노조 하나 국민의 공감대를 형성하지 못했다.

Davis의 이론에 따르면, 개인이 얻고자 하는 일정한 결과를 가진 사람 중 자신과 비교하여 개인이 그 자격을 소지한 경우 상대박탈이 생긴다고 본다.

공무원들의 경우 다른 일반 근로자들에게 상대적 박탈감을 크게 느끼지 않았다고 본다. 이는 오히려 공무원들이 일반 근로자들이 갖지 못하는 다른 것들(정년 보장, 각종 혜택 등)을 가졌기 때문일지도 모른다.

그러나 일반 국민들이나 근로자들은 공무원에게 상대적 박탈감을 느꼈을 수 있다. 이러한 감정들이 여론 형성에 적잖은 영향을 미쳤다고 본다.

(5) 단체행동권에 대한 현 상황

청와대가 2018년 2월 공무원에게도 원칙적으로 '노동3권(단결권·단체교섭권·단체행동권)'을 인정하는 개헌안을 공개하자 교육계가 술렁이고 있다.

현행법상 교사를 포함한 모든 공무원은 단결권과 단체교섭권은 갖지만, 단체행동권은 인정되지 않는다. 이번 개헌안은 공무원에게 파업 등 쟁의행위를 할 수 있는 단체행동권을 부여하면서 '현역군인 등 법률로 정한 예외적인 경

그림 공무원 단체행동권

현행	대통령 개헌안
헌법 제33조 ② 공무원은 **법률이 정하는 자**에 한해 단결권·단체교섭권·단체행동권을 가진다.	공무원에게도 **원칙적으로 노동3권을 인정**하면서, 현역 군인 등 법률로 정한 예외적인 경우에만 이를 제한할 수 있도록 개선
교원노조법 제8조 노동조합과 그 조합원은 파업, 태업 또는 그 밖에 업무의 정상적인 운영을 방해하는 일체의 쟁의행위를 해서는 안 된다.	개정 여부 **추후 논의**

출처: http://news.chosun.com/site/data/html_dir/2018/03/22/2018032200155.html.

우에만 제한할 수 있다'고 밝혔다.

원칙적으로 공무원도 단체행동권을 갖되, 예외적인 경우에만 이를 제한하도록 한 것이다. 그러자 교사에게 단체행동권을 줘야 하는지, 준다면 어느 선에서 제한해야 할지 등을 놓고 찬반 논란이 뜨거워지고 있다.

현행 교원노조법엔 '노조와 조합원은 파업·태업 등 업무의 정상적인 운영을 방해하는 일체의 쟁의 행위를 해서는 안 된다'고 규정돼 있다. 교사의 파업으로 학생들의 학습권이 침해되는 등 부작용이 크다는 이유에서다(공무원 노조에 관한 더 많은 정보는 부록 5: 공무원 노조 참조).

동서양을 막론하고 공무원은 그 신분관계의 특수성 때문에 노동조합을 결성할 수 없다는 인식이 지배적이었으나, 근래 들어 많은 국가에서 공무원의 근로자성을 인정하자는 인식이 확산되었다. 공무원들도 그들의 권익 신장을 목적으로 하는 노동조합의 결성을 허용하여 사용자인 정부와 교섭을 할 수 있게 하려는 추세가 강화되고 있다. 한국의 공무원 단체활동과 관련하여 지적되고 있는 문제점은 다른 외국의 노동조합에 비해 단체활동의 범위가 너무 제한되고 있다는 것과 현행의 재한을 인정하여도 그 기준이 합당하지 못하다는 것이다.

아직은 많은 국민들이 공무원 단체활동이 장기적으로는 허용된다는데 동의하면서도 정서적으로 국민 전체에 대한 봉사자로서의 공무원이 자기 권익을 주장하는 것에 대해 호의적이지 못하다. 더군다나 최근 경제위기가 겹치면서 단체행동권을 요구하는 공무원들에 대한 국민의 시선이 따가운 실정이다.

국제적 노동기준과 세계적 경향에 비추어 볼 때 공무원에 대해 단결권과 단체교섭권을 인정하는 것은 바람직하다. 그러나 공무원의 단체활동은 다자주의를 채택하고 있기 때문에 노동 기본권 차원과 함께 공익추구에 소홀할 수 없는 상황을 직시할 필요가 있다. 따라서 단체행동권과 관련하여서는 한국의 경우 전반적인 노사관계가 안정되지 못한 관계로 당장에 현업공무원을 제외한 다른 공무원들에게도 이를 부여하는 것은 무리이다.

또한 정책이나 법이라는 것이 시대상황을 반영하고, 국민의 법감정에서 벗어나서는 안 된다는 점을 감안할 때, 공무원 노동조합의 단체행동권을 인정하는 것은 시기상조라고 할 수 있다.

우리나라의 공직사회의 역사 속에 어두운 점이 많았던 것은 사실이다. 그러한 과거의 폐단을 반복하지 않기 위해서 공무원의 단체행동권이 필요하다는 것이 일리가 있을 수는 있다.

하지만 공직사회의 진정한 민주화는 제도로서 이뤄지는 것이 아니다. 사회의 민주화가 공직사회에 투영되었을 때, 공직사회에도 진정한 민주화가 이뤄지는 것이다.

공직사회의 민주화와 공무원의 단체행동권이 진정 필요하다고 느낄 때, 국민들은 절대로 공무원들을 외면하지 않을 것이다. 공무원 노조 등에 관한 보충 사항은 부록 5를 참조하면 된다.

다져가기 **공무원 시험문제**

공무원의 공직윤리에 관한 설명으로 옳은 것은?　　　　　　　(17 지방직 9급)

① 법령적 규제의 형식을 지닌 법적 공직윤리는 자율적 공직윤리에 비해 구속력이 낮다.
② 공무원 윤리헌장이 공무원 헌장으로 전부 개정되어, 2016년 1월 1일부터 시행되고 있다.
③ 국가공무원법에는 성실의 의무, 재산 등록 및 공개의 의무, 주식백지신탁의 의무를 규정하고 있다.
④ 공직자윤리법에는 이해충돌 방지의 의무, 비밀엄수의 의무, 종교 중립의 의무를 규정하고 있다.

◑ **정답** ②번
　① 은 법령 규제의 구속력이 더 높다, ③은 공직자윤리법, ④는 국가공무원법이다.

6 부패

(1) 부패의 정의

부패는 이를 연구하는 학자들마다 현상을 바라보는 시각, 관점, 기준 및 접근 방법들이 다르기 때문에 부패에 대한 정의 또한 다양하게 나타난다.[1] 일반적으로 공직부패에서 부패의 개념은 "사적 이익을 위한 공적 권한의 오용 (misuse of public power for private gain)"이라고 할 수 있다(Berlinski, 2009: 73; Svensson, 2005: 20; Ackerman, 1999: 91; 윤태범, 2000: 196).[2] 하이덴하이머 (Heidenheimer, 1978)는 공공선(public good)에 반대하여 개인의 사욕을 위해 불법 수단으로 부나 권력을 획득하는 행위와 행동으로 정의하고 있다. 하이덴하이머는 직무중심(public-office-centered), 시장중심(market-centered), 공익중심 (public-interest-centered)으로 3가지 관점에서 구분하여 정의하고 있다.

먼저, 직무중심의 정의는 공직의 개념에서 정의하는 입장으로 부패는 공직에 근무하는 자가 직무에 관련된 규정이나 의무사항을 벗어나 자신의 이익을 추구하거나 그 직책을 이용하여 부당하게 다른 사람에게 영향력을 행사함으로써 사회적·공적 신뢰를 저해하는 행위를 말한다(장지원, 2010: 15). 시장중심의 정의는 공무원이 공직을 자신의 수입을 극대화하는 업무로 간주한다는 입장이다.

즉, 부패는 공직에 근무하는 자가 직무수행을 하나의 사업으로 보고 직무수행을 통한 부의 축적과 수입의 수단으로 이용하는 것이다. 공익중심 정의의 부패는 공직자가 직무집행 시에 공익에 침해되는 행위로 사회 전체 또는 대다수 국민에게 공공이익을 침해하는 행위로 본다. 이러한 정의는 공무원이 공익에 반해서 특정 개인에게 특별혜택이나 편익을 제공하는 행위로 가장 폭넓은 개념정의라 할 수 있다(Heidenheimer, 1970: 5-6).

한편, 우리나라의 부패방지 및 국민권익위원회의 설치와 운영에 관한 법

---

1 라틴어인 'corruptus'를 어원으로 하는 부패(corruption)는 부러뜨림(break)을 의미하는 것으로, 이는 부패가 사회조직을 파괴하는 효과가 있다는 점과 공무원의 신뢰를 깨뜨린다는 의미를 내포하고 있다.

2 조일형·이현철·권기헌(2013). 공직부패 유발 요인에 관한 연구: 기업 및 사업자의 인식을 중심으로, 한국행정연구, 제23권 제1호, 2014.

률 제2조 제4호에 따르면, 공직부패란 "공직자가 직무와 관련하여 그 지위 또는 권한을 남용하거나 법령을 위반하여 자기 또는 제3자의 이익을 도모하거나 공공기관에 대하여 재산상 손해를 가하는 행위 혹은 그 행위나 그 은폐를 강요, 권고, 제의, 유인하는 행위"라고 따로 정의하고 있다.

오늘날 부패 영역의 관심은 공직중심에서 시장중심과 공익중심의 관점으로 변화되고 있는 추세이다. 여기서 말하는 행정의 '투명성'이란 행정기관이 갖고 있는 정보가 무엇이 있으며 결정은 어떠한 과정을 거쳐서 이루어지는지를 외부에서 분명히 파악할 수 있는 상태를 의미한다고 하겠다.

프랜시스 베이컨(Francis Bacon)은 시민을 배제시키고 공직자만이 정보를 독점하고 행정에 비밀주의가 만연된다면 공직자의 권력은 비대해지고 시민은 공직자에 대해 효과적으로 통제할 수 없게 된다고 하였다. 민주주의를 가능케 하는 것은 정부의 활동에 대해 충분한 정보공개가 먼저 이루어져야 시민이 행정과정에 참여할 수 있고, 공직자에 대한 민주적 통제를 통하여 시민의 권리보호가 가능해진다. 미국의 제헌국부(國父) 중 한 사람인 제임스 매디슨(James Madison)은 대중이 정부에 대한 정보가 없거나 혹은 정보를 얻는 수단을 갖지 않는 국가에서는 민주정부가 불가능하며 민주정부의 국민이 되기 위해서는 반드시 정부에 대한 지식으로 무장해야 한다고 말했다. 오늘날 국민의 '알 권리(right to know)'는 기본권으로 인정되고 정보공개청구권이 법적으로 보장되고 있다.

정부의 행정서비스는 민간기업과 달리 독점적 형태로 제공되기 때문에 의사결정에 재량권이 많고 정보를 독점하여 행정인과 시민 사이에 정보의 불균형이 일어날 수 있다.

공직자가 스스로 정보의 공개를 꺼려하는 비밀주의는 공개할 경우 있을지도 모르는 공직자의 실수가 드러나는 것을 막으려는 데서 생겨난다. 이상형 관료제를 주창하며 관료제의 논의를 처음 시작한 막스 베버(Max Weber)도 일찍이 비밀주의에 빠지기 쉬운 공직자의 속성을 간파하였다.[3]

또한 공직자가 행정과정을 숨기려하는 이유는 이권추구와 부패에 대한 유

---

3 Max Weber, "Bureaucracy", in Dean L. Yarwood(ed.), Public Administration, Politics and the People(New York: Longman, Inc, 1987), pp. 16-17.

혹 때문일 수 있다. 특히, 우리나라는 가족주의적 가치관에 따라 지연, 혈연, 학연을 통한 이권청탁이나 민원인과의 상호유착이 있을 경우 행정처리 과정을 더욱 숨기려 할 것이다. 부패는 어두운 곳에서 자라나게 된다.

클릿가드(R. Klitgaard)에 따르면, 부패에 대한 다음의 공식이 성립한다.

그림 Klitgaard의 부패 공식

공직자가 권력을 독점하고 재량권이 많을수록 부패가능성이 높아지며 통제수단을 통하여 책임성을 높일수록 부패는 줄어든다.

부패기대비용모델(Susan Rose-Ackerman)에서 부패의 기대비용은 적발확률을 높이고 적발되었을 경우 반드시 처벌할 확률을 높이고 벌칙의 강도를 높일 경우 부패가 줄어든다고 보고 있다.

이를 도식하여 보면

부패의 기대비용 = 적발확률 × 처벌확률 × 벌칙의 강도

라고 할 수 있다.

일반적으로 우리나라의 부패는 상탁하청구조라 한다. 위는 탁하고 아래는 상대적으로 청렴하다고 할 수 있는데 부패기대비용모델에 의해 설명해 볼 수 있다.

우리나라 권력층 부패의 경우 본인들이 여러 가지 정보를 많이 가지고 있기 때문에 단속을 피해 감으로써 적발확률이 낮으며, 적발되더라도 사실상 권력의 힘을 빌려 실제 처벌될 확률이 낮으며, 또한 설령 처벌이 되더라도 일반사면과 같은 제도에 의해 금방 풀려 나오며 따라 벌칙의 강도가 낮아서 부패가 심각하다고 볼 수 있다.

이에 반해 일반 중하위직 공직자의 경우 항상 상시모니터링이 이루어지고 있기 때문에 적발될 확률이 높으며, 비리사건으로 적발되면 반드시 처벌되며, 원스트라이크 아웃과 같이 벌칙의 강도도 매우 높아 부패의 수준이 낮다고 할

수 있다.

행정처리 과정에 대한 정보공개를 통하여 행정을 투명하게 한다면 재량권을 줄이고 시민감시를 통하여 책임성을 높임으로써 부패를 효과적으로 통제할 수 있을 것이다.

질병에 걸리고 나서 치료하는 것보다 사전에 예방하는 것이 더 나은 것처럼 부패가 발생된 이후 사후통제보다 사전에 투명한 행정을 만들어 부패를 차단하는 것이 더 낫다.

공개행정은 사회와 산업의 질병을 치료하며 햇빛은 최고의 살균제라고 말해진다.

공공정보의 공개는 행정의 투명성을 높이고 경보체제를 작동시키므로 부패억제에 효과적이다. 정보공개에서 공개의 최대의 목적은 국정이 공정하게 행해지도록 국민이 감시하는 기능을 가지며 국민이 행정의 비리에 감시의 눈을 구석구석까지 미치고 유리처럼 투명한 행정을 실현시키고자 하는 것이다.[4] 정보공개를 통한 투명행정은 시민의 알 권리를 충족시켜 민주행정을 가능케 하며 공직자의 권력남용과 부패를 방지할 수 있는 수단이 된다.

그러면 여기서 부패와 행정의 '투명성(transparency)'을 살펴보기로 한다. 행정의 투명성은 행정의 의사결정 및 행정서비스 제공과 관련된 적절한 모든 정보를 시민 누구나 적시에 접근가능하고 정보가 자유롭게 유통되는 정도라고 할 수 있다. 투명성의 상태에는 다음 세 가지 요소가 포함되어 있다.

첫째, 누구든지 평등하게 정보에 쉽게 접근 가능해야 한다. 둘째, 시민이 정보를 얻고자 하는 분야에서 타당하고 적절한 모든 정보가 빠짐없이 제공되어야 한다. 셋째, 정보가 제공되어야 할 시기에 질 높은 정보가 신뢰성 있게 제공되어야 한다.

지금 세계는 컴퓨터와 인터넷을 통하여 디지털 혁명이 급속히 진행되고 있어 획기적으로 변하고 있으며 국민의 행정도 이러한 정보기술을 활용하여 행정의 혁신을 가져왔다.

이와 같이 정보가 공개되고 행정 내부의 절차가 분명해져 누가 결정하였

---

4 Tara Vishwanath & Daniel Kaufmann, "Towards Transparency in Finance and Governance", (The World Bank, September 6, 1999) pp. 3-4.

는지를 알 수 있게 되면 행정부패나 행정 불신이 크게 개선될 수 있을 것이 기대되고 어떻게 보면 행정발전에 가장 효과적인 방안이라고 할 수 있겠다. 이를 돕는 제도적 장치로서는 행정정보공개법, 행정절차법 및 부패방지법 등이 있다. 행정정보공개법, 행정절차법은 1996년에 제정되어 1998년부터 적용되고 있으며, 부패방지법도 2001년에 제정되었다.

이러한 법들의 내용 자체에 약간의 미비한 점도 있지만 보다 근본적으로는 공직자의 투명화의 의지 및 시민의 이의 중요성에 대한 인식과 강한 요청이 있어야 하는데 상당한 정도 미흡하다고 하겠다. 그러나 민도와 급속한 정보화는 이러한 법령의 내실을 갖추고 행정의 투명화를 위한 진전이 느리지만 있을 것이 기대된다.

(2) 공무원 부패의 접근법

외환위기를 겪으면서 우리나라는 글로벌 스탠더드의 수용 노력을 하고 있지만 아직도 권력형 부정부패 등 극심한 과도기적 혼란 상황에 처해 있고 구태의연한 정치 행태는 경제 성장의 발목을 잡고 국가 발전의 걸림돌이 되는 가장 주된 요인이 되고 있다. 이러한 권력형 부패는 우리 사회가 반드시 해결해야할 중차대한 국가적 과제라 할 수 있다.

공자는 제자 자로가 완성된 인간에 대한 질문을 하자, 사람의 이름을 불러가며 예로 들면서 지혜, 무욕, 재능, 예악을 갖춘 사람이라고 대답한다. 그리고 성인(成人)의 세 가지 덕목을 덧붙인다.

"견리사의(見利思義), 견위수명(見危授命), 구요불망평생지언(久要不忘平生之言): 이익을 눈앞에 두고 의리를 생각하며, 국가가 위태로울 때 목숨을 바치며, 오래된 약속일지라도 평소에 한 것처럼 잊지 않는다."

여기서 견리사의(見利思義)는 이익 보는 것을 비판하는 것이 아니라 그 이익을 얻는 과정이 정당한 것인지 아닌지를 따져보라는 뜻이다. 이익이 된다고 수단과 방법을 가리지 않고 이익을 쫓으면 안 되기 때문이다. 그러니까 공자는 이윤추구를 부인한 것이 아니라 정당한 이익을 강조하고 있다고 할 수 있다.

우리는 세상을 살면서 크고 작은 이익의 문제에 부딪힐 때 공자의 이 말은 좋은 기준이 되고 있다. 이익이 눈앞에서 왔다 갔다 할 때 이것이 의로운 것인지 아닌지를 어떻게 알 수 있을까. 일단 모든 과정이 공개된다고 생각하면 된다. 세상에서 일어나는 대부분의 부정부패는 언젠가 공개되리라는 믿음이 없거나 약하기 때문에 생긴다. 언론에 보도되는 뇌물사건이나 사기사건들도 마찬가지다. 정권이 바뀌고 나면 권력형 부패 혹은 비리 역시 예외 없이 터져 나온다.

부패의 유형은 크게 권력형 부패(power-related corruption)와 관료부패(bureaucratic corruption)로 구분할 수 있다. 권력형 부패는 주로 정치인이 주축이 됨으로 정치 부패라고도 한다. 정책결정 이전 단계에서 발생한다. 관료부패는 정책집행 단계에서 주로 발생한다.

제도화된 정도에 따라 제도적 부패(systematic corruption)와 우발적 부패(accidental corruption)로 구분하기도 한다. 제도적 부패의 경우에는 부패에 저항하는 조직 구성원에게 위협을 가하여 침묵시키는 부패를 말한다. 우발적 부패란 부패가 연속성은 없고 구조화 혹은 제도화 되지 않은 일시 일탈형적 부패를 의미한다.

또한 사회 구성원의 관용도에 따라 다수가 어느 정도 용인하는 떡값 정도 혹은 새빨간 기짓말이 아닌 하얀 거짓말(white lie) 정도의 백색부패(white corruption), 구성원 모두가 처벌해야 한다고 생각하는 흑색부패(black corruption), 그리고 일부만 처벌을 원하는 회색부패(grey corruption)로 구분되기도 한다. 마지막으로 뇌물을 주고 받는 거래형 부패와 거래당사자 없이 공금횡령이나 회계부정 등 공무원만으로 일방적으로 발생하는 비거래형 부패로 나눌 수도 있다.

권력형 부패란 상대방에 대한 우월한 권한이나 권력을 이용하여 이루어지는 부정부패나 비리를 의미한다. 부패와 연관된 개념으로 부정은 타당치 않은 행위, 불법은 위법행위, 부패는 포괄적인 용어로 불법행위, 부정행위 뿐만 아니라 사회적 公益을 위반하는 모든 행위로 볼 수 있다(김영종, 1993). Wraith 윤리설(moral theory)에 의하면 부패란 윤리적으로 비난 받을 행위, Lasswell의 공익설(public interest)에 의하면 공익을 위반하는 모든 행위, Riggs의 권력관계설(power relations)에 의하면 권력남용행위, Klaverno의 시장교환설(market exchange)에 의하면 이익추구행위를 부패로 볼 수 있다.

부패의 원인에 대한 접근법은 ① 개인의 윤리의식 탓으로 보는 도덕적 접근법, ② 공무원의 자의적 해석을 허용하는 모호한 법규정 등의 제도상의 결함에 기인한다고 보는 제도적 접근법, ③ 공식적인 법규(이제는 김영란 법으로 훨씬 강화됨)보다는 전통적으로 선물 등으로 인사하는 사회문화적인 관습에 의해 부패가 발생한다는 사회문화적 접근법, ④ 개인의 윤리, 제도 및 사회문화적 환경 등의 여러 요인들이 복합적으로 상호작용해 발생한다고 보는 체제론적 접근법 등이 있다.

권력은 사람에게 착시현상을 주어 그 권력이 오래가리라는 믿음을 주는 속성이 있다고 한다. 이런 유혹에서 어떻게 자유로울 수 있는지 그 방법을 찾아보자.

(3) 권력형 부패의 현황

2010년 국제투명성기구가 발표한 국가별 부패지수 순위에서도 우리나라는 조사 대상 178개국 가운데 39위를 기록했다. 대체 우리 사회의 체감 부패지수는 얼마나 될까. 2011년 7월 〈시사저널〉은 그 수준을 알아보기 위해 교수, 변호사, 연구원 등을 주축으로 구성된 '한국반부패정책학회'와 손잡고 각계 전문가들을 대상으로 한 설문조사를 실시했다.

"기존의 일반인 조사와는 달리 부패 관련 분야 대학 교수, 국책연구원 등만을 대상으로 전문가 심층 조사를 실시해 현재 우리나라의 부패 실태를 좀 더 정확히 진단·평가해보고자 했으며, 이를 위해 총 2백명의 전문가를 대상으로 폐쇄형(객관식) 질문과 개방형(주관식) 질문을 혼합 구성했다.

'한국 사회의 부패 정도가 어느 정도라고 생각하는가'라는 질문에 대해 전문가들은 무려 87.5%가 '부패하다'라고 답했다. 10명 중에 9명꼴로 우리 사회에 부패가 만연해 있다는 인식을 하고 있는 셈이다. 특히 이 가운데서도 37.5%는 '매우 부패하다'라고 답했다. '보통이다'라는 응답은 12.5%였으며, '부패하지 않다'라고 답한 전문가들은 단 한 명도 없었다. 우리 사회의 부패 정도가 얼마나 심각한 수준에 이르고 있는지를 보여주는 단적인 사례이다.

이번 조사에 응한 전문가들은 우리 사회의 직업군 가운데 정치인이 가장 부패하다고 꼽았다. '가장 부패한 직업인은 누구라고 생각하는가'라는 질문에서 전체의 30.1%가 '정치인'을 선택했다. 그 뒤를 기업인(16.1%), 법조인 (15.2%), 행정공무원(13.1%), 교육자(11.4%) 등이 10%대를 기록하며 이었다. 이 들이 상대적으로 부패 정도가 심각한 직업군으로 꼽혔다.

그림 한국 사회의 부패 정도에 대한 설문조사

가장 부패한 직업인은 누구라고 생각하십니까?

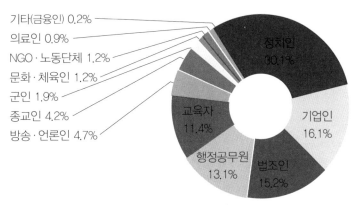

가장 부패한 기관은 어디라고 생각하십니까?

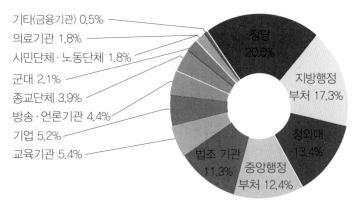

출처: 시사저널, 2011년 1139호.

　가장 부패한 기관을 묻는 질문에는 정당을 꼽은 이가 20.6%로 가장 많았 다. 부패 직업군으로 정치인을 1위로 선택한 것과 맥을 같이한다. 2위는 지방행 정부처로 17.3%였다. 4위를 차지한 중앙행정부처(12.4%)보다 지방행정부처가 오히려 부패 정도가 더 높게 나타난 점이 눈에 띈다. 3위는 청와대(13.4%)가 차지했다. 정치 · 행정기관이 전체의 63.7%를 차지하고 있다. 다섯 번째 자리를 차지한 법조기관도 11.3%의 지목률로 비교적 부패지수가 높은 기관으로 꼽혔다.

한국의 부패 문제는 구조화, 관례화, 만연화되어 있다(황성돈, 1994). 한국의 부패 문제는 이미 개인의 차원을 넘어 구조화되서 시스템의 문제로 되어 있다. 따라서 공직자 개인의 차원에서 부패의 원인을 규명해 봐야 별 실효성이 없을 것이다. 부패를 손쉽게 만들어 주는 제도, 법, 사회구조 등의 문제점을 규명함으로써 그 대책이 나올 수 있을 것이다.

① 엄정성을 결여한 사정기관, 감시체제

사정기구 간의 견제와 균형의 원리가 결여되어 있다. 기소독점주의와 기소편의주의 등 유독 검찰에만 비대한 사정권이 편중되어 있다. 또한 검찰총장과 경찰청장 등 사정기관의 장에 대한 임명권을 대통령을 비롯한 집권세력이 갖고 있다. 즉 권력은 부패하고, 절대 권력은 절대적으로 부패한다는 명언처럼 절대 권력이 임명권을 갖고 있으니 절대적으로 부패할 수 밖에 없다.

이러한 맥락에서 공직부패수사처나 특검제 등과 같은 특별수사기관의 도입이 조속히 이루어 져야 한다.

② 행정체제상의 문제점

현실성을 결여한 수많은 법규, 제도, 규칙, 규정, 각종 인허가, 신고, 등록 등을 만들어 놓고, 공무원의 자유재량권을 악용하여 행정편의주의적 뒷다리잡기식 규제행정 및 애매모호한 법규 등을 통해 급행료나 상납 등이 관례화되고 결국 부패가 성행하게 된다. 예를 들어 사업을 하려면 법규정에 따라 수백가지 서류를 여러 행정 기관에 제출하도록 만들어 공무원에 대한 금품 등의 대가 없이는 사업자체를 어렵게 만들어 결국 부패를 유발시키는데 기여하는 것이라 할 수 있다.

③ 정치구조의 문제점

한국정당이 고비용구조의 악순환고리로 되어 있어 막대한 정치자금을 정경유착을 통해 조달하다보니 정경유착 현상이 발생하여 관료부패의 소지가 필연적으로 발생된다. 부패한 정치권력이 부패한 관료를 처벌하기 어려워지게 된다.

(4) 권력형 부패의 대책

시사저널과 한국부패정책학회의 공동 조사 결과, 전문가들은 '비리 행위에 대한 처벌을 강화해야 한다'(4.74점)는 점을 1순위로 꼽았다. '사정 당국의 수사를 좀 더 강화해야 한다'(4.33점)는 주문이 2순위로 나왔다. 부패·비리에 대해 좀 더 강력한 수사와 처벌을 원하고 있는 것이다. 그만큼 우리 사회가 부패·비리에 대해서 너무나 관대한 솜방망이 처벌에 그치고 있다는 지적인 셈이다. 이어서 3순위로 거론된 것이 '내부 고발 확대 여건 조성'(3.89점)이었고, 4순위가 '청렴 의식 교육 강화'(3.06점)였다. 5순위는 '정보 공개 강화'(2.67점), 6순위는 '시민 감시 시스템 강화'(2.30점)였다.

① 엄정한 사정과 처벌

첫째, 절대 권력이 사정기관장의 임명권을 갖고 있으니 절대적으로 부패할 수 밖에 없다. 이러한 맥락에서 공직부패수사처나 특검제 등과 같은 특별수사기관의 도입이 조속히 이루어 져야 한다.

둘째, 사정기관 간의 협조체제가 미흡하다는 점을 지적하지 않을 수 없다. 노무현 정부 시절 국가청렴위원회와 국민고충처리위원회 그리고 국무총리실의 행정심판위원회가 수행했던 기능이 현 정부 들어 모두 권익위로 통합되었다. 국가청렴위는 과거 부패방지위원회의 후신이었다. 따라서 권익위가 부패방지 기능을 흡수하게 된 것이다.

쉽게 말해 기존에 있던 '반부패 독립 기구'가 사라진 셈이다. 이에 대한 국제 사회의 평가는 그리 좋지 않다. 해외에서 한국의 부패 문제를 다룰 때 꼭 이야기하는 것이 바로 부패를 다루는 기구가 사라졌다는 점이다. 이것이 부패지수에도 반영되었다고 보아야 할 것이다.

부패방지법상 국가권익위원회는 부패방지와 관련된 다양한 기능을 수행하도록 되어 있음에도 불구하고 현실적으로는 조정기능을 수행하기 어렵다. 차기 정부에서는 권익위의 부패 방지 기능을 전면 폐지하고, 새로운 반부패 개혁 청사진을 제시하면서 좀 더 새롭고 강력한 부패 방지 전담 기관을 신설할 필요가 있다.

셋째, 최근 부러진 화살이라는 영화에서도 잘 묘사된 것처럼 정치화된 사법부도 사법권이 부당하게 행사되고 있다는 국민적 인식을 심어주고 있는 실정이다. 권력형 부패에 연루된 정치인이나 고위 공직자들이 사면되고 복권된 것을 지켜보는 국민이 혐오감을 갖게 되는 것은 당연하다 할 것이다.

넷째, 부패의 사정기관이라 할 수 있는 감사원 및 검찰 등이 대통령 관할 하에 있는 공무원과 동일한 행정부 소속으로 되어 있어, 동료의식으로 인해 엄정한 사정이 이루어지지 않고 있다.

② 행정편의주의적 뒷다리잡기식 규제행정 및 애매모호한 법규의 개혁

수많은 법규, 제도, 규칙, 규정, 각종 인허가, 신고, 등록 등을 현실에 맞게 제도를 지속적으로 점검해야 한다. 시대가 바뀌어 불필요하게 된 제도는 폐지하고, 제도개선이 필요하다면 지속적으로 개선되어야 한다. 행정제도 점검시스템이 개발되어 있으니 이를 잘 활용하여 지속적인 제도점검이 이루어 져야 한다.

③ 정치구조의 개혁

고비용구조의 악순환고리를 끊으려면 중앙당과 지구당의 방대한 사무조직을 슬림화할 필요가 있다. 동원 소지를 줄이기 위해 중앙당과 지구당의 집행기구를 없앤다. 평소에는 중앙당을 원내 정당화하고 선거 때만 한시적으로 의결 기구 중심의 각급 선거대책기구를 운용한다. 각급 선거의 공천은 해당 지역의 당원과 일반 시민이 일정 비율로 참여하는 오픈 프라이머리에서 결정한다. 모든 당내 선거도 선관위에서 관리하게 한다. 선거 운동은 당원 등 정치를 지망하거나 관심이 큰 사람들의 무보수 자원 봉사에 의존하는 것도 한 방안이다.

당비를 내는 당원을 통해 저비용정치구조를 만들고, sns 등의 매체를 활용하는 등 당원이 정당의 위사결정에 참여할 수 있도록 숙의 민주주의적 열린 정당으로 거듭나야 한다.

우리 정치에서 필요악처럼 되어버린 돈 봉투 폐습을 단절하려면 다면적 대응이 요구된다. 이번에 노출된 돈 봉투 사건의 책임부터 철저히 추궁해 '돈 봉투＝패가망신'이라는 인식을 심고 확산하는 것과 함께 지금처럼 돈 드는 정치 시스템을 혁파해나가야 한다.

④ 이 밖에도 내부 고발 확대 여건 조성, 청렴 윤리 의식 교육 강화, 정보 공개 강화, 그리고 시민 감시 시스템 강화 등의 제 방안을 강구할 필요가 있다.

검찰 개혁 문제가 꾸준히 제기되고 있는 점을 미루어볼 때, 한국의 권력은 지나치게 사정 기관에 집중되어 있다. 권력을 분산시기는 것이 가장 시급한 과제이다. 또 법을 엄정하게 집행하기 위해 대통령이 사면권을 함부로 휘두르지 않는 제도도 필요하다.

흥미로운 점은 지난 3년 동안 IMD가 발표한 국가경쟁력지수는 지속적으로 오르고 있는 반면, 부패지수는 계속 떨어지고 있다는 점이다. 다시말해 우리사회의 부패를 줄인다면 그만큼 국가경쟁력이 강화될 여지가 있다는 의미일 것이다.

다져가기 **공무원 시험문제**

공무원 부패의 사례와 그 유형을 바르게 연결한 것은?　　　　　(18 국가직 9급)

> ㄱ. 무허가 업소를 단속하던 공무원이 정상적인 단속활동을 수행하다가 금품을 제공하는 특정 업소에 대해서는 단속을 하지 않는다.
> ㄴ. 금융위기가 심각함에도 불구하고 국민들의 동요나 기업활동의 위축을 방지하기 위해 금융위기가 전혀 없다고 관련 공무원이 거짓말을 한다.
> ㄷ. 인·허가와 관련된 업무를 담당하는 공무원의 대부분은 업무를 처리하면서 민원인으로부터 의례적으로 '급행료'를 받는다.
> ㄹ. 거래당사자 없이 공금 횡령, 개인적 이익 편취, 회계 부정 등이 공무원에 의해 일방적으로 발생한다.

	ㄱ	ㄴ	ㄷ	ㄹ
①	제도화된 부패	회색 부패	일탈형 부패	생계형 부패
②	일탈형 부패	생계형 부패	조직 부패	회색 부패
③	일탈형 부패	백색 부패	제도화된 부패	비거래형 부패
④	조직 부패	백색 부패	생계형 부패	비거래형 부패

○ 정답　③번

공무원 시험문제

공무원 사회의 독특한 선물관행이나 인사문화와 관련된 부패에 대한 접근방법은?

(05 지방직 9급)

① 사회문화적 접근   ② 체제론적 접근
③ 제도적 접근   ④ 개인적·도덕적 접근

● 정답 ①번
  ① 사회문화적 접근법은 지배적인 관습이 부패의 요인이라고 본다. ② 공무원 부패에 대한 체제론적 접근방법은 어느 하나의 변수에 의해 설명되는 것이 아니라 제도상 결함, 구조상 모순 그리고 공무원의 부정적 행태 등 다양한 요인에 의해 복합적으로 발생한다고 보는 접근방법이다. ③ 제도적 접근법은 사회의 법이나 제도상의 결함이, ④ 도덕적 접근법은 개인의 성격이 각각 부패의 요인이라고 본다.

공무원 시험문제

공무원 부패에 대한 체제론적 접근방법을 설명한 것으로 옳은 것은?

(15 국가직 7급)

① 공무원 부패는 개인들의 윤리의식과 자질 때문에 발생한다.
② 부패는 하나의 변수가 아니라 다양한 요인에 의해 복합적으로 나타난다.
③ 사회의 법과 제도상의 결함 때문에 부패가 발생한다.
④ 특정한 지배적 관습이나 경험적 습성과 같은 것이 부패를 조장한다.

● 정답 ②번
  ①은 도덕적 접근법, ③은 제도적 접근법, ④는 사회문화적 접근법에 대한 설명이다.

(5) 부패인식지수(Corruption Perceptions Index; CPI)

국제투명성기구(Transparency International; TI)가 1993년 독일의 베를린에 본부를 두고 부패에 대항하여 싸우고 있는 세계 비영리, 비정치 연합체로 1995년에 이후 매년 부패인식지수(Corruption Perceptions Index; CPI)를 발표하고 있다.

CPI의 부패란 "공무원에 대한 뇌물공여, 정부 조달 사업에서의 리베이트, 공적 자금의 횡령을 포함하는 사적이익을 위한 공권력의 남용"으로 정의된다.

현재 조사되는 대표적인 부패인식지수는 TI에서 매년 각 국가별로 공무원과 정치인들 사이에서 부패가 어느 정도 존재하는가에 대한 기업인, 애널리스트들의 인식 정도를 발표한다. '부패 수준'이란 용어는 최소한 두 가지 측면을 포함하고 있다.

첫째는 부패의 빈도이고, 둘째는 지불된 뇌물의 총 가치이다. 이 두 가지 측면은 보통 공통적으로 나타나게 되는데, 뇌물공여 및 발생 빈도가 높은 국가들이 기업 수익의 많은 부분을 뇌물로 제공하고 있다.

CPI에 사용된 지수는 다양한 국제적 기관들에 의해 수행된 다양한 설문조사들 가운데에서 부패와 관련된 자료만을 집계하여 지수로 산출하고 있다. 사용된 지수는 주로 공공부문에서의 부패에 초점을 맞추고 있으며, 대부분 사적이익을 위한 공적 권력의 남용과 오용에 관련된 질문들이다.

CPI 평가방법은 과거 3년간의 데이터를 기반으로 하여 계산되며, 기본적으로 7개의 서로 다른 기관으로부터 14개의 데이터 소스를 바탕으로 도출되는 합성지수이다. CPI의 장점은 단일 지수에 다중 데이터 소스를 조합하여 개별 국가의 점수에 대한 신뢰도를 향상시킨 점에 있으며, 가용한 신뢰성 있는 데이터가 세 개 이하인 경우에는 해당 국가를 평가에서 제외시킨다.

CPI의 데이터 소스로 포함되기 위한 조건으로는 첫째, 국가들이 순위를 제공해야 하고, 둘째, 전반적인 부패 수준을 측정해야만 한다. 각각의 소스는 제공되는 국가 순위가 다양할 수 있는데, 이러한 문제를 TI는 개별 국가 점수의 표준 편차를 구하여 해결한다.

TI는 PERC를 자료를 인용하면서 대부분의 아시아 국가들이 금융위기에도 불구하고 여전히 부패가 심각한 것으로 지적했다. 경기침체로 가장 타격을 받은 아시아 기업들은 대부분 공개경쟁보다는 부정한 타협에 의존하고 있다는 것이다. 그러나 한국과 일본을 예로 들면서, 그동안 아시아 국가들에서 기술 및 건전한 사업 계획과 관련하여 만연되어왔던 유착관계가 더 이상 밀착되지는 않았다고 평가했다.

한국의 CPI 평가를 TI의 연도별 CPI 순위(한국)로 살펴보면, 2000년 48위, 2001년 42위, 2002년 40위로 개선되다가, 2003년 국민의 정부 정권이양 시기에 50위로 하락하였다가, 2004년 47위, 2005년 40위를 유지하고 있다. 2006년

조사 결과에서는 42위로 나타난다.

국가별 CPI의 연도별로 변화하는 것은 국가의 성과에 대한 인식의 변화뿐만 아니라 조사 표본이나 방법론 및 지수를 구성하는 원자료 등이 바뀌는 것으로부터도 변화가 올 수 있다. 그러나 람스돌프(Johann Graf Lambsdorff)는 1995년부터 2005년까지의 CPI와 사용된 자료를 검토한 결과에서 60개 국가에서 국가별로 일발적인 추세변화를 찾아냈다. 그리고 국가별 CPI는 국민 일인당 GDP와 상관관계가 있다고 밝혀지고 있다(Kaufmann, 2004; 남궁근, 2005).

🔔 TI의 CPI 설문조사 출처

출처 기관	출처 자료명	출처 기관의 설문 질문
PERC	Asian Intelligence Issue	외국회사에 대한 사업 환경을 저하시키는 부패의 정도 전반적인 주거 및 작업 환경에 미치는 영향 또는 부패의 질에 의한 부패 평가 방법
IMD	World Competitiveness Yearbook	공공부문에 있어서 뇌물 공여 및 부패 존재 여부
World Bank	World Business Environment Survey	뇌물 공여 빈도 및 사업에 대한 제한요인으로서 부패
Pricewaterhouse Coopers	Opacity Index	다양한 부문(예를 들면, 수출입 허가 또는 보조금 획득, 세금 포탈)에서 부패 빈도
EIU	Country Risk Service and Country Forecast	정치인 및 공무원들의 부패 만연 정도 평가
Freedom House	Nations in Transit	부패 수준(level)
WEF	Africa Competitiveness Report	부패가 문제가 되는 정도, 비정기적인 추가 지불이 필요한지 여부, 뇌물의 양
	Global Competitiveness Report	수출입 허가, 공익사업 및 계약, 사업 면허 취득, 세금 지불 또는 대출 신청과 관련된 부정기적인 추가 지불이 통상적인지의 여부

2002년부터 국가청렴위원회는 부패방지법에 근거하여 공공기관 청렴도를 측정하여 발표하고 있다. 공공기관 청렴도는 민원인의 입장에서 공무원이

부패행위를 하지 않고 객관적이고 공정하게 업무처리한 정도로 정의하고 있으며, 공무원의 부패행위와 관련된 체감청렴도와 부패를 유발시키는 요인과 관련된 잠재청렴도의 두 가지 측면에서 조사하고 있다.

일반적으로 부패정도를 측정하는 방법에는 부패유발요인지수, 부패수준인식지수, 부패처벌지수 등으로 다양하다. 부패유발지수로는 부패의 원인을 평가할 수 있으며, 부패수준인식지수는 피평가자의 인식도를 조사한다. 부패징계 및 처벌지수는 적발된 징계나 사법처리현황이다. 총체적인 부패정도는 이 세가지 지수가 함께 고려된다.

(6) 부패가 만연한 국가들의 공통적인 특징은 무엇인가

부패의 수준이 높은 국가는 어떤 공통적인 특징들이 있을까? 우선 부패인식지수의 하위를 차지하는 국가들을 보면 어느 정도 공통적인 특징들을 도출할 수 있다. 우선 개발도상국가나 체제 변화 국가들에게서 부패수준이 높게 나타나고 있다는 점을 발견할 수 있다.

또 다른 하나의 특징은 부패한 국가는 소득수준이 낮다는 것을 알 수 있다. 또한 경제체제가 폐쇄적일수록 부패한 특징을 드러내고 있다. 이렇게 부패순위를 통한 직관적인 특징 이외에 이론적인 접근을 통해 부패 수준이 높은 국가들의 특징은 무엇일까? Svensson(2005)은 이론적 논의를 통해 나타나는 부패수준의 결정요인으로 경제 및 구조적 정책 그리고 제도의 역할이 부패를 결정짓는 요인으로 보고 있다.

제도이론은 두 가지로 구분해서 볼 수 있는데 첫 번째는 경제적 요인에 의해 형성되는 제도의 질을 강조하는 그룹이다. 이 그룹의 핵심적 요지는 국가의 소득수준과 수요에 대응해서 제도가 발전한다는 것이다. 따라서 이 그룹의 핵심적인 부패의 원인으로 일인당 소득수준과 교육수준을 제시한다.

두 번째는 제도의 역할을 강조하는 그룹으로 볼 수 있다. 이 이론이 강조하는 것은 제도가 지속적이며 내재화 된다는 점이다. 경제 그리고 정치적 제도 관점에서 경제구조나 정치제도는 시장과 정치제도의 경쟁을 제한하면서 부패의 정도에 영향을 미치기도 한다. 수출회사 간의 경쟁에서 시장에서의 제한이나 진입기업에 관한 규제 등이 그 예일 수 있다. 또한 정치적인 측면에서 자유로운 언론은 대중에게 좀 더 많은 정보를 제공함으로 인하여 유권자들이 정부와 공공부문의 잘못된 행위 등을 알 수 있도록 도와준다.

이러한 제도적 접근을 통한 가정 등을 뒷받침할 만한 증거는 무엇인가? 우선 일인당 GDP와 부패수준과의 관계 등에 대한 경험적 분석 결과는 부유한 국가일수록 부패의 수준이 낮다는 것이다.

(7) 관료들에 대한 높은 임금이 부패를 줄이는가

정말 관료들의 임금을 높이면 부패의 수준을 낮출 수 있을까? 어느 정도 논리적으로 일리 있는 말로 들린다. 그리고 북유럽 국가들의 역사적 사례 등을 통해서 공무원에 대한 보상이 부패를 낮추는데 효과가 있다는 증거들이 존재한다. 17~18세기 유럽지역에서 가장 부패했던 스웨덴의 경우 지금 가장 부패하지 않은 국가로 나타나고 있는데 이러한 현상은 공무원에 대한 보상이 상대적으로 높아지면서 가능했던 일이다.

하지만 이에 대한 반론도 만만치 않다. 공무원의 임금이 높아지게 되면 뇌물을 통한 기대비용이 더 높아지는 결과를 가져오게 되고, 공무원은 더 높은 수준의 뇌물을 기대하게 만든다는 연구결과도 있다(Mookherjee and png, 1995).

공무원의 임금이 부패를 예방하는데 효과가 있다고 단정을 내리기는 어려운 점이 있다. 하지만 일반적으로 공무원의 임금을 올려 부패의 수준을 낮추는 것에는 전제조건이 있다. 그 전제조건은 바로 공직사회를 견제할 수 있는 외부의 감독기구가 있어야 한다는 것이고 또 다른 하나는 공직 내부의 감독기구들이 효과적으로 기능할 때만이 가능하다는 점이다.

(8) 부패는 국가경쟁력과 국가성장에 역효과를 미치는가

정치권이 특정기업에게 특혜를 제공하고 이에 대한 대가로 비자금을 챙기는 정경유착적고리에서는 기업의 입장에서 비자금의 상당부분을 소비자에게 상품을 통해 전가할 것이며, 생산 비용을 절감할 수 있는 각종 기술개발에 등한시함으로써 장기적으로 기업의 경쟁력이 떨어질 것이며 이는 곧 국가경쟁력 저하로 이어질 것이다.

또한 부패가 심각할 경우 외국인들의 투자유치를 확보하는데 있어 코리아

디스카운트 현상이 발생하게 되며, 우리기업들이 외국자본을 유치하는데 있어서도 불이익을 당할 가능성이 높을 것이다.

부패는 국가의 경제성장에 긍정적인 효과를 가진다는 "효율적 부패"라는 주장이 있었다. 즉 뇌물이 관료독점의 경제구조에서 뇌물은 일을 빠르게 진행하는 윤활유 역할을 하게 되어 기업들이 쉽게 일을 처리할 수 있는 환경이 조성되게 되고 이를 통해 경제가 성장할 수 있다는 것이다.

하지만 이러한 주장에는 모순이 있다. 분명 뇌물이 급행료의 역할을 해 효율적인 일처리에 도움이 되는 경우가 있지만 이는 경제 및 사회제도가 제대로 정착되지 못한 저개발국가나 개발도상국가에서 발생하는 하나의 특이한 현상이다. 이러한 현상을 일반화시켜 부패의 효용성을 논하는 것은 현상을 왜곡하게 된다.

현재 대부분의 이론적 근거들은 부패가 국가경제성장을 둔화시키고 부패는 사회적 비용을 유발한다는 것이 주를 이루고 있다. Mauro(1995)는 최초로 경제성장과 부패 사이의 관계를 연구했는데 관료의 효율성이 투자와 성장 간에 관계가 있는 것을 밝혀냈다. 그리고 부패수준이 경제성장과 관련이 있는 것을 밝혀냈다.

> **부패와 경제변수들과의 관계**
>
> 부패라는 문제는 국민성, 전통, 관습 등과 같은 비경제적 변수보다 소득 및 투자 등 경제변수들과의 상관관계가 더 높다.
>
> 부패가 일정한 조건에서 급행료 혹은 윤활유와 같은 역할을 하여 경제효율성을 높이는데 긍정적인 역할을 할 것이라는 부패순기능적인 견해에 비해 부패는 경제성장이나 국민소득과 같은 경제적인 변수에 대해 부정적인 영향을 미칠 수 있다는 견해가 지배적이다. 부패가 감소하면 자원배분의 효율성이 증가할 것이며, 이는 대외신인도를 상승시켜 외국인의 투자를 증가시켜 결국 수출입이 증가하여 국민소득 증가로 이어질 개연성이 높다는 점이다.

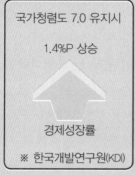

그림 부패(국가청렴도)와 경제변수들과의 관계

국가청렴도 7.0 유지시

1.4%P 상승

경제성장률

※ 한국개발연구원(KDI)

국가청렴도 1점 상승시

31% 상승   26% 상승   25% 상승 $4,713 상승

1인당 교역   외국인 투자 관심도   1인당 GNP   1인당 국민 소득

※ 반부패시스템연구소(시립대)   ※ 한국행정학회

출처: 국민권익위원회 청렴교육 내부자료.

 생각해 볼 문제   부패가 국가경쟁력에 미치는 영향을 알아보자

다져가기 **공무원 시험문제**

국가공무원법상 명시된 공무원의 의무에 해당하지 않는 것은?   (16 국가직 7급)

① 재산등록공개의무   ② 종교중립의무
③ 품위유지의무   ④ 청렴의 의무

○ **정답** ①번
　공직자윤리법상 공무원의 직무와 재산상 이해 간 충돌을 방지하기 위해 노력할 의무는 지방
　자치단체에 있다는 이해충돌방지의무와 재산등록 및 공개의무가 있다.

다져가기 **공무원 시험문제**

우리나라 지방자치단체의 공무원이 준수해야 할 행동규범에 관한 기술로 틀린 것
은?   (16 국가직 7급)

① 공무원은 공무 외에 영리를 목적으로 하는 업무에 종사하지 못한다.
② 공무원은 직무와 관련하여 직접적이든 간접적이든 사례(謝禮)증여를 주거나
　받을 수 없다.
③ 공무원은 종교에 따른 차별 없이 직무를 수행해야 하며, 이에 위배되는 상관의
　직무상 명령을 따르지 않을 수 있다.
④ 공무원의 직무와 재산상 이해 간 충돌을 방지하기 위해 노력할 의무는 지방자
　치단체에 있지 않고 공무원 자신에게 있다.

○ **정답** ④번
　공직자윤리법상 공무원의 직무와 재산상 이해 간 충돌을 방지하기 위해 노력할 의무는 지방
　자치단체에 있다.

제 6 장　인사행정의 발전방향

🔔 **학습목표**

1. 인력계획에 대해 알아본다.
2. 인력활용제도에 대해 알아본다.
3. 인사행정의 패러다임 전환에 대해 알아본다.
4. 공무원의 역량평가에 대해 알아본다.

01 인력계획과 인력충원

1 중장기 인력계획 수립 미흡

각 부처내 인사담당자의 자율성이 보장되지 못한 현 상황에서 중장기 인력계획 수립은 역부족이다. 또한 각부처의 인력충원 요구와 실제 충원의 괴리현상이 심하다.

02 인력활용제도

1 미국의 일자리 나누기(Job Sharing)제도

일자리 나누기(job sharing)제도는 직원의 일과 가정 양립을 지원하기 위한 목적을 가지는데, 두 명의 공무원이 풀타임보다 적은 시간을 일하면서 서로 스케줄과 파업을 조정해서 풀타임을 한 사람이 수행할 만한 일의 임무로 나누고 한 사람이 감당할 책임을 담당하는 제도이다.

육아휴직제도 대체인력이 필요한 경우 이 제도를 활용할 수 있다.

2 미국의 전보제도

전보가 동기유발책이 될 수 있도록 경제적 유인을 활용하고 있는 미국은 인력 채용(recruitment), 재배치(relocation), 보유(retention)를 위해서 각 기관에 자율성을 많이 주고 있다. 예를 들어, 유인이 없는 직위에 채용(recruitment)할 경우 일정 기간만 수행한다는 내용에 대해 서명하고, 일정 범위 내에서 경제적 인센티브를 줄 수 있다. 한편, 다른 지역으로 전보(relocation)해야 하는 경우 그 직위가 매력적이지 않은 곳에 보낼 때도 사전에 기간에 대해 동의하며, 경제적 인센티브를 제고한다. 그리고 높은 수준이나 특수한 자격을 지닌 직원이 필요할 때 해당 직위에 유지(retention)시키기 위하여 인센티브를 허용한다. 이러한 인센티브(retention incentive)는 개별 직원이나 해당 그룹에 속하는 직원들 중 10%에게 기본급의 25%를 넘지 않는 선에서 경제적 보상이 지급될 수 있다.

3 직위분류제 구축 필요성

직위분류제(職位分類制, position classification system)는 조직 내의 직위를 각 직위가 내포하고 있는 직무 종류별로 분류하고, 또 직무 수행의 곤란성과 책임성에 따라 직급별·등급별로 분류해 관리하는 인사행정제도를 말한다. 인간 중심적 제도(person-oriented system)인 계급제와는 달리 직무의 특성이나 차이를 중심으로 삼아 공직의 구조를 형성하는 직무지향적 공무원제도(job-oriented career system)를 구축할 필요가 있다.

4 개방형 직위 확대

정부관료제의 자율적 요동을 통한 새로운 질서로 가기 위해서는 현재의 폐쇄적 인사체제에서 탈피하여 개방적 인사충원제도가 도입되어야만 한다. 현재 이러한 시도가 엿보이기는 하지만 일부 극소수의 새로운 피만 수혈되어서는 곧 전체를 차지하는 고인 피에 동화되고 말 것이다. 예를 들어 문화체육관광부 내에 문화관광 전문가들을 공무원으로 영입하여 조직에 자율적 요동을 주어야 한다.

03 인사행정 패러다임의 전환

앞으로 전통적인 인사행정은 다음 표와 같이 변화를 적극적으로 수용하고, 필요인재의 수시 채용, 성과급 강화, 유동적인 근무 시간(flexitime) 등 새로운 인적자원관리로 나아가는 것이 바람직하다.

🌐 인사행정 패러다임의 전환

구분	전통적 인사행정 (Traditional Personnel Administrarion)	새로운 인적자원관리 (New Human Resource Management)
변화 수용	소극적 수용 위험 회피	적극적 수용 위험 감수
인사 이념	조직의 화합 결과로서의 평등	개인의 존중 공정 경쟁 및 선택의 자유
인사 기능	행정적 기능 분절적 행정	전략적 기능(strategic) 중시 상호연계
임용	신규인력 정기 채용 규격화된 임용 경직되고 형식요건 중시 평생 한 직장(고용보장) Stock형 인재확보 그물(Net)형 채용제도	필요인재 수시 채용 유연한 임용(flexible) 실적(성과) 치중 평생 복수 직장(경력보장) Stock형 인재와 Flow형 인재 낚시/타겟형 채용제도

관리	인간중심의 주종적 관리 집단일률관리 기능별 조직	과업중심의 합리적 관리 개별다양관리 과제해결형 조직
교육 훈련	공급자중심 내부기관에서 실시	수요자중심 내외구분없이 실수요 중시 교육훈련의 다양화·전문화
보수체계	연공적 보수체계 획일화 연공급 균일임금체계 일률성 중시	성과급 강화 다양화·차별화 역할성과급 복수임금체계 공헌도와 다양성 중시
근무평정	감점주의(실책처벌) 능력중시(투입지향) 비공개주의	가점·감점 모두 채택 역할성과중시(결과지향) 공개와 피드백
복무관리	고정근무 시간과 투입관리 Negative제도(처벌징계위주) 공무원 단체 불인정	자유시간근무, 재택근무 역할성과와 결과관리 Positive제도(보상과 포상활용) 공무원 단체 인정
경력 개발	일반행정가 지향 기관주도의 일률형	전문가 지향 자유와 자기책임의 선택형

출처: 김판석(2002) 수정.

04 공무원에 대한 역량평가

(1) 역량평가의 의의 및 도입 배경

지금까지 인사정책이나 인사제도의 설계 및 운용에 있어 그 중심 개념이 연공 서열(seniority)이나 직무(job)였다면, 최근에는 전문가로서의 공무원 역량이 여러 기관에서 중요한 기준으로 채택되고 있다. 즉, 역량 기반의 인적자원관리가 등장하였다.

고위공무원을 범정부적 차원에서 효율적으로 인사관리하여 정부의 경쟁력을 높이기 위해 2006년 7월 1일부터 고위공무원단제도가 시행되었다. 아울러 고위공무원단으로서의 기본 역량을 갖춘 사람만이 고위공무원단에 진입할 수 있도록 역량 교육 및 평가를 의무화했다.

출처: http://www.mpm.go.kr/mpm/info/infoBiz/compAppr/compAppr03/

(2) 역량의 개념

역량의 개념이나 접근방법은 학자들에 따라 다양하지만, 그 연구 취지와 목적은 대체적으로 유지되어 왔다. 그동안 역량의 개념에 대한 여러 연구 결과의 공통점은 "조직의 목표 달성과 연계한 조직 및 직무의 높은 성과와 이와 관련된 직무 담당자의 행동 특성과 태도"라는 점이다.

역량에 대한 최초 연구자로 인정받는 맥클리랜드(McClleland)는 '역량'을 "개인성과를 예측하거나 설명할 수 있는 다양한 심리적·행동적 특성"이라고 정의하며, 역량이 지능지수(IQ)보다 실제 직무성과를 더 잘 예측한다고 주장했다.

(3) 역량의 특징

일반적으로 역량의 의미를 '능력'이라는 뜻과 구분하지 않고 사용하지만 엄밀하게는 분명한 차이가 존재한다.

① 역량은 행동이다(behavior)

역량은 행동이다. 보유하고 있는 지식이나 기술(skill) 그 자체가 아니라 내면의 동기, 가치, 태도 등이 지식이나 기술 등과 결합하여 나타나는 행동이 역량이다. 즉 역량은 보유 능력이 아니라 발휘 능력이자 실천 능력을 의미한다.

② 역량은 성과와 연계된 행동이다(performance—related)

본인 의사를 상대에게 논리적으로 전달하는 능력이 매우 뛰어나더라도 그러한 특성이 해당 직무의 성과 창출을 위한 중요한 행동이 아니라면, 일반적인 의미에서는 '의사소통'능력이 뛰어나다고 할 수 있다. 그렇다고 해당 직무에 적합한 '역량'을 갖추었다고는 할 수 없다.

③ 역량은 직무마다 다르고, 동일 직무라도 상황이 바뀌면 요구되는 역량이 다를 수 있다(job—specific or situation—related)

같은 영업 직무라도 기업마다, 상품마다 경쟁하는 환경이 다르기 때문에 영업사원에게 필요한 역량도 다를 수밖에 없다. 같은 관리자라도 군대 조직의 지휘관, 공공부문의 관리자, 민간부문의 관리자에게 요구되는 리더십 특성은 다르게 나타날 수 있다.

④ **역량은 행동이기 때문에 관찰이 가능하며(observable), 그 모습이 높은 수준의 행동인지 아닌지를 판단할 수 있다(measurable)**

역량은 행동이기 때문에 객관적으로 측정할 수 있고, 그 측정 결과를 피드백 할 수 있다. 따라서 역량은 피드백과 코칭, 자기성찰 등의 방법을 통해 그 수준을 높이거나 수정할 수 있기 때문에 개발 가능한 것이다(Trainable).

(4) 공무원의 표준역량

고위공무원단 뿐만 아니라 일반 공무원들의 역량 도출에 참고할 수 있도록 2001년도에 다음과 같은 대한민국 공무원 표준역량 19개가 규명되었다.

🏵 공무원 표준역량

역량	정의
공무원 윤리의식	대한민국 국민의 공복으로서 기본적으로 갖추어야 할 윤리를 준수하고 이를 기준으로 행동하는 능력
조직 헌신도	수행업무 성과, 질을 높이기 위해 최선을 다하며 필요한 자기학습을 위해 노력하는 능력
협조성	타 부서 혹은 타 공무원과 협력하여 업무를 수행하거나 '팀의 일원'으로서 공동의 목표를 달성하기 위해 일하는 능력
고객/수혜자 지향	업무와 관련된 내·외부의 대상 집단(target group)과 국민이 원하는 바를 이해하고, 업무수행 결과가 고객의 요구를 충족할 수 있도록 배려하는 태도와 능력
전문가 의식	수행업무 성과와 질을 높이고, 보다 높은 성과의 창출을 추구하며, 이를 위해 필요한 새로운 지식과 기술을 지속적으로 학습·활용하는 태도와 능력으로 성취 지향성과 학습 지향성을 포함하는 개념
경영 마인드	사업하는 경영자가 성과를 추구하듯이 정책의 결과로 발생하는 수익성을 극대화하기 위한 방법을 연구하고, 실제 업무수행 과정에서도 효과성과 효율성을 동시에 고려하는 능력
정보수집/ 관리	담당 업무수행에 필요한 정보를 효과적으로 수집하고, 적시에 이를 활용할 수 있도록 분류·정리하는 능력
문제인식/ 이해	수집한 정보 및 연계를 통해 발생 또는 대비할 문제를 적시에 감지하고, 사안의 성격, 발생 원인, 제약 조건, 파급 효과를 이해하여 문제의 핵심이 무엇인지를 규명하는 능력

자기 통제력	적절한 일정 계획과 건강관리 등을 통해 과도한 업무량, 고난과 외압, 스트레스 등의 중압감을 이겨내고 자신의 감정을 조절하여 업무의 중심을 잃지 않는 능력
의사소통	상대방의 상황 및 감정을 이해하고, 우호적인 분위기에서 자신의 의도한 바를 문장이나 언변 등으로 명확하게 이해시키는 능력
목표/방향 제시	소속 부처의 정책 방향을 명확히 이해하고, 자신이 담당하는 조직의 업무 방향을 부처의 정책 방향과 연계시키고, 이를 부하직원이 수용할 수 있도록 적극적으로 전파하고 솔선하는 능력
적응력	고객·시장·기술의 변화를 이해하고, 사업·정책의 변화에 맞추어 기존의 관행과 행동패턴을 신속하게 변화시킬 수 있는 능력
전략적 사고	장기적·통합적 관점을 통해 우선순위를 명확히 하고, 이를 통해 구체적인 사업 목표를 수립해 자신이 담당하는 업무와 관련된 대안 구상과 실행 등을 부처의 전체 목표와 방향에 맞춰 생각하는 능력

출처: 과학적인 인사관리를 위한 역량평가, 행정안전부, 2008.

과장급 역량은 과장급으로서의 성공적인 역할 수행을 위해 요구되는 능력과 자질 등의 역량을 의미하며, 정책기획과 같은 사고 역량, 성과관리 및 조직관리 등의 업무 역량, 의사소통, 이해관계 조정 그리고 동기부여 등의 관계 역량 등 3개의 역량군과 6가지 평가 대상 역량으로 구성된다.

과장급의 역량

역량군	역량명	정의
사고 (thinking)	정책기획	다양한 분석을 통해 현안을 파악하고, 개발하고자 하는 정책의 타당성을 검토하여 최적의 대안을 제시하는 역량
업무 (working)	성과관리	조직의 미션과 전략에 부합하는 성과목표를 수립하고, 이를 달성하기 위해 업무집행과정을 점검하고 관리하는 역량
업무 (working)	조직관리	전체 조직·각 부서 간의 관계를 고려하여, 목표 달성을 위한 실행계획을 수립하고 필요한 자원을 확보하며, 업무를 배분하고 조직화하는 역량
관계 (relating)	의사소통	상대방의 의견을 경청하여 그 의미를 정확히 이해하고, 자신의 의견을 명확하고 효과적으로 전달하는 역량
관계 (relating)	이해관계조정	공동의 목적을 위해 다양한 이해관계자들 간의 갈등을 해결하고 협력적인 업무관계를 구축·유지하는 역량
관계 (relating)	동기부여	부하직원들이 같은 조직의 구성원으로서 자발적인 노력과 적극적인 자세로 업무를 잘 수행할 수 있도록 유도하고 지원하는 역량

과장급 역량과는 달리 실국장급인 고위공무원단의 역량평가 기준은 다음

표와 같이 문제인식과 전략적 사고 능력과 같은 사고 역량, 성과지향 및 변화관리 등의 업무 역량, 고객만족과 조정 및 통합 등의 관계 역량 등 3개의 역량군과 6가지 평가 대상 역량으로 구성된다.

실, 국장급 고위공무원단의 역량

역량군	역량명	역량정의
사고	문제인식	정보의 파악 및 분석을 통해 문제를 적시에 감지·확인하고 문제와 관련된 다양한 사안을 분석하여 문제의 핵심을 규명
	전략적 사고	장기적인 비전과 목표를 설정하고 이를 실행하기 위한 대안의 우선순위를 명확히 하여 추진방안을 확정
업무	성과지향	주어진 업무의 성과를 극대화하기 위한 다양한 방안을 구축하고, 목표달성 과정에서도 효과성과 효율성을 추구
	변화관리	환경 변화의 방향과 흐름을 이해하고, 개인 및 조직이 변화상황에 적절하게 적응 및 대응하도록 조치
관계	고객만족	업무와 관련된 상대방을 고객으로 인식하고 고객이 원하는 바를 이해하고 그들의 요구를 충족시키려 노력
	조정·통합	이해당사자들의 이해관계 및 갈등상황을 파악하고 균형적 시각에서 판단하여 합리적인 해결책을 제시

다음 그림은 과장급 직위 임용을 위한 1:1 역할수행, 발표, 서류함 기법, 그리고 집단토론 등 4가지 역량평가기법을 보여주고 있다.

출처: 인사혁신처(2019.1) 과장급 직위 임용을 위한 역량평가 안내.

다음 표는 과장급 직위 임용을 위한 1:1 역할수행, 발표, 서류함기법, 그리고 집단토론 등 4가지 역량평가기법의 각 세부 내용과 소요시간을 보여주고 있다.

과장급의 평가센터에서의 4가지 평가기법

평가기법	내용	소요시간
발표	현안에 대해 상급자에게 원인과 해결방안 보고	준비 30분/평가 20분 (5분 발표, 15분 질의·응답)
1:1 역할수행	부하 면담, 기자 인터뷰 등 다양한 상황에 대처	준비 30분/평가 20분
서류함기법	과장으로서 여러 가지 현안을 처리하는 상황 * 업무 방향 검토, 의견 제시 등을 피평가자 노트 (평가에 반영)에 작성하고 평가자와 질의·응답	준비 50분/평가 20분
집단토론	부처 내 공통문제와 관련, 의사결정을 위한 회의 * 의사결정을 위한 대안과 근거 제시	준비 30분/평가 30분

출처: 인사혁신처(2019.1) 과장급 직위 임용을 위한 역량평가 안내.

다음 그림은 고공단 임용을 위한 1:1 역할수행, 1:2 역할수행, 서류함기법, 그리고 집단토론 등 4가지 역량평가기법을 보여주고 있다.

그림 실, 국장급 고공단의 평가센터에서의 4가지 평가기법

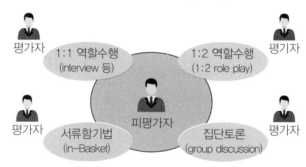

출처: 인사혁신처(2019.1) 고위공무원단 진입을 위한 역량평가 안내

다음 표는 1:1 역할수행, 발표, 서류함기법, 그리고 집단토론 등 4가지 역량평가기법의 각 세부 내용과 소요시간을 보여주고 있다.

실, 국장급 고공단의 평가센터에서의 4가지 평가내용 및 소요시간

과제	내용(예시)	시간
1:1 역할수행	현안 문제에 대응하기 위한 기자와의 인터뷰, 업무 대책 발표, 부하직원 코칭 등 실시	준비 30분/진행 30분
1:2 역할수행	부서 간 업무중복 문제 등을 해결하는 상황	준비 30분/진행 30분
서류함기법	여러 가지 현안 과제를 시간 내 처리하는 상황	준비 50분/진행 30분
집단토론	부처별 공통문제 등 합의, 조정하는 상황	준비 40분/진행 50분

출처: 인사혁신처(2019.1) 고위공무원단 진입을 위한 역량평가 안내.

생각해 볼 문제 4가지 역량평가기법의 장단점을 생각해 보자

부록 1 고위공무원단제도

01 고위공무원단

1 고위공무원단의 정의

정부의 주요정책 결정 및 관리에 있어서 핵심적 역할을 담당하는 실·국장급 공무원을 일반공무원과 구분하여 범정부적 차원에서 적재적소에 활용하고, 개방과 경쟁을 확대하며, 직무와 성과중심으로 정부생산성을 높이고자 하는 전략적 인사시스템

2 고위공무원단에 속하는 공무원(법 제2조의2)

"고위공무원단"은 직무의 곤란성과 책임도가 높은 특정한 직위(1)(이하 "고위공무원단 직위"라 함)에 재직 중이거나 파견·휴직 등으로 인사관리(2) 되고 있는 일반직·별정직 및 특정직 공무원의 군(群)을 말함

- 특정직 공무원의 경우에는 다른 법률에서 고위공무원단에 속하는 공무원으로 임용할 수 있도록 규정하고 있는 경우에 한함

(1) 고위공무원단 직위

- 정부조직법 제2조에 따른 중앙행정기관 실·국장 및 이에 상당하는 보좌기관
- 행정부 각급기관(감사원 제외)의 직위 중 실·국장에 상당하는 직위(상임위원, 사무처장 등)
- 국가공무원으로 보하는 지방자치단체 및 지방교육행정기관의 직위 중 실·국장 등에 상당하는 직위 (부시장·부지사, 부교육감, 기획관리실장 등)
- 다른 법령에서 고위공무원단에 속하는 공무원으로 임용할 수 있도록 정한 직위
- 고위공무원단 직위에 재직 중인 사람

(2) 고위공무원으로 인사관리 되는 범위(인사규정 제4조)

- 조직의 개편 등으로 현원이 정원을 초과하여 보직 없이 근무 중인 사람
- 휴직, 직위해제, 파견 중인 사람
- 복직, 개방형 직위 등 근무 후 복귀 시 결원직위가 없어 보직 없이 근무 중인 사람
- 징계처분 또는 형사사건 조사 등의 사유로 보직 없이 근무 중인 사람
- 다른 법령에서 정하는 사유로 보직 없이 근무 중인 사람

02 고위공무원 임용권(인사규정 제5조)

1 고위공무원단 임용권자

고위공무원에 대한 임용권은 일부 예외적으로 소속 장관에게 위임된 사항을 제외한 일체의 임용권이 대통령에 속함

2 예외

책임운영기관은 해당 중앙행정기관장이 소속 공무원에 대한 일체의 임용권을 가짐(책임운영기관의 설치·운영에 관한 법률 제18조)

※ 장관은 책임운영기관 소속 고위공무원에 대한 전보권을 책임운영기관장에게 위임 가능

03 고위공무원단후보자 역량평가

1 역량평가

고위공무원으로서 직무를 성공적으로 수행하기 위하여 요구되는 전략적 사고, 성과관리 및 조정통합 등과 관련된 능력과 자질을 평가

2 평가대상(인사규정 제9조)

- 고위공무원단후보자 교육을 이수하고, 고위공무원단 직위로 승진임용되려는 3·4급 공무원 및 고위공무원단 직위로 전보되려는 고위공무원이 아닌 연구·지도관
- 고위공무원단 직위인 일반직·별정직 공무원으로 신규채용 되려는 사람

3 응시요건(인사규정 제9조의2 및 고위공무원단 인사규칙)

- 적용대상
  - 고위공무원 역량평가에 응시하려는 4급 이상 일반직 공무원 중 행정직렬, 공업직렬, 시설직렬, 전산직렬 해당 자
  * (적용제외) 일반직 공무원이 아닌 자, 일반직 공무원 중 행정/공업/

시설/전산직렬이 아닌 자, 개방형 직위 응시자

- 응시요건
  - 역량평가 실시일 기준으로 다른 기관의 근무경력이 재직 중 2년 이상 이거나 4급 이상에서 1년 이상인 경우, 공무원 재직기간이 25년 이상 인 경우 역량평가 응시 가능
    * 합산 가능한 근무경력: 소속 장관이 다른 기관의 개방형 직위, 공모 직위, 인사교류, 파견, 고용휴직, 재외공관, 기관 간 전보·전출입 등
- 응시요건 적용제외 협의 및 특례
  - (응시요건 적용제외 협의) 기관의 특성 및 역량평가 응시대상자의 재직 기간 등을 고려하여 역량평가 응시요건을 갖추지 못할 특별한 사유 가 있는 경우 인사혁신처와 협의 후 역량평가 응시 가능
  - (응시요건 적용제외 특례) 응시요건 시행('14.1.1.) 당시 3급 공무원, 시행 당시 4급 5년 이상 재직 공무원(다만, 청 소속 공무원은 3년 이상으로 하 되 소속 기관의 인적 구성 등을 고려하여 인사혁신처와 협의한 경우로 한정)

4 평가면제 대상

- 지방자치단체 및 지방교육행정기관의 고위공무원단 직위에 신규 채용 되는 지방공무원 (연구·지도직 포함) 또는 민간인
  - 다만, 지방자치단체의 장 또는 지방교육행정기관의 장이 역량평가를 거쳐 임용하는 것을 요청하는 경우에는 그러하지 아니함
- 고위공무원단 직위인 비서관, 장관정책보좌관에 별정직 공무원으로 임 용되는 자
- 고위공무원단 직위인 비상안전기획관에 임기제 공무원으로 임용되는 자
- 고위공무원단 직위인 대통령실의 경호업무 관련 직위에 별정직 또는 임 기제공무원으로 임용되는 자
- 기타 비서관, 장관정책보좌관 등에 상당하는 고위공무원단 직위에 별정 직공무원으로 임용되는 자
- 고위공무원단 직위 또는 상응하는 직위에 국가공무원으로 재직한 경력

이 있는 자 (위의 사유에 해당하여 역량평가를 면제받고 재직한 자는 제외)

5 협의를 통한 평가면제

- 면제협의 대상
  - 고위공무원으로서 역량을 이미 갖추고 있다고 볼만한 특별한 사유가 있어 소속 장관이 그 특별한 사유를 소명하여 인사혁신처장과 협의하는 경우
  - '06.7.1 당시 다음에 해당하는 일반직 3급 이상 국가공무원으로서 고위공무원의 역량이 있다고 볼만한 특별한 사유가 있어 소속 장관이 인사혁신처장과 협의하는 경우
- 인사혁신처장에게 공문으로 역량평가 면제협의를 요청

6 평가방법

역량평가는 실제 직무상황과 유사한 실행과제를 평가대상자에게 제시하고, 이때 나타나는 평가대상자의 행동특성을 다수의 평가위원이 참여하여 평가

7 평가역량 및 기법

- 고위직에 필수적인 6개 공통역량 도출
- 1 : 1 역할수행, 1 : 2 역할수행, 서류함기법 및 집단토론 등 다양한 기법을 활용

사고	업무	관계
문제인식/전략적 사고	성과지향/변화관리	고객만족/조정통합

출처: 인사혁신처 2017, 한눈에 보는 공무원 인사실무.

부록 2   개방형 직위

01 개방형 직위 운영

1 의의

공직사회의 경쟁력 제고를 위하여 전문성이 특히 요구되거나 효율적인 정책수립을 위하여 필요하다고 판단되는 직위에 공직내외를 불문하고 공개모집에 의한 선발시험을 거쳐 직무수행요건을 갖춘 최적격자를 선발하여 임용하는 제도

2 개방형 직위의 지정·변경·해제

(1) 개방형 직위의 지정 대상범위와 비율(개방형및공모직위규정 제3조 관련)

- 소속 장관별로 고위공무원단 직위 또는 실·국장급 밑에 두는 보조기관 또는 이에 상응하는 직위(이하 "과장급 직위"라 함) 총수의 20% 범위 안에서 지정
- 지정대상은 중앙행정기관 및 행정부 각급기관(감사원 제외)의 일반직·특정직·별정직·임기제 공무원으로 보할 수 있는 고위공무원단 직위

및 과장급 직위

(2) 개방형 직위의 지정 기준 및 절차

- 개방형 직위 지정시 전문성, 민주성, 변화필요성, 중요성, 조정성을 고려하되, 직무 특성상 외부에 더 적합하고 인재풀이 풍부한 직위를 중심으로 지정
- 소속 장관은 지정비율과 지정기준에 따라 '개방형·공모 직위 운영심의위원회'의 심의를 거쳐 직위를 선정하고 그 이유를 명시하여 인사혁신처장에게 협의를 요청, 협의결과에 따라 개방형 직위를 지정함

(3) 개방형 직위의 변경·해제 사유 및 절차

- 기구의 개편이나 직제의 변경으로 직위 수가 변경되거나 개방형 직위의 주요 직무내용이 변경된 경우, 직위 명칭이 변경된 경우, 지정된 개방형 직위를 계속하여 유지하기 곤란한 사유가 있는 경우 직위를 변경·해제함
- '개방형·공모직위 운영심의위원회'의 심의를 거친 후 그 결과를 첨부하여 인사혁신처와 협의후 결과에 따라 변경·해제함
  - 변경·해제 사유를 명시하여 협의를 요청하되 새로 지정하고자 하는 직위는 개방형 직위의 지정기준에 따라 선정(자체평가서 작성 제출)

3 충원시기 및 선발

(1) 충원시기(개방형및공모직위규정 제4조 관련)

- 개방형 직위를 지정하여 최초로 임용하는 경우
  - 고위공무원단 또는 과장급 직급에 결원이 있고 그 직위에 결원이 발생하는 때, 개방형 임용절차와 방법에 의해 지체없이 임용함

(2) 공개모집(개방형및공모직위규정 제21조 제1항 내지 제3항 관련)

시험시행계획 수립 및 통보	• 소속 장관은 공개모집이 필요한 경우 응시요건을 비롯한 공고내용과 시험일정 등에 대해 인사혁신처장과 협의를 거쳐 시험시행계획을 수립하여야 함(임기만료 3개월 전)
공고내용	• 임용예정직위 및 보직기능 공무원의 종류(과장급은 임용예정 직급 포함), 주요 업무내용 • 응시자격요건, 시험의 일시·장소 및 방법, 응시원서의 교부·접수 장소 및 기간 • 임용기간과 임용신분 • 보수수준(상·하한액, 보수책정방법 등) • 응시자 제출서류(원서, 직무수행계획서, 최종학력증명서, 자격증 사본 등) • 기타 시험실시기관의 장이 요구하는 서류(학위증 사본, 저서 등)
공고시기	• 최초 공고는 임기만료 예정일의 2개월 전까지 15일 이상(접수기간 포함) 공고하여야 함
공고매체 등	• 임용기관 및 인사혁신처(나라일터)의 인터넷 홈페이지에는 반드시 공고함
관련자료의 제공	• 소속 장관은 응시자가 직무수행계획서 작성 등을 위하여 직무관련 정보를 요청할 경우 이에 반드시 응하여야 함

(3) 외부 우수인재의 영입 노력

소속 장관은 외부 우수인재를 영입하기 위하여 인사혁신처의 국가인재 DB를 활용하는 등 적극 노력하여야 함

(4) 재공고 · 변경공고(개방형및공모직위규정 제21조 관련)

응시자가 없거나 심사 결과 적격자가 없는 경우, 중앙선발시험위원회가 추천한 임용 후보자 중에서 모두 적격자가 없는 경우 7일 범위내 1회 이상 재공고 가능

출처: 인사혁신처 2017, 한눈에 보는 공무원 인사실무.

부록 3 · 인력관리

01 인력관리계획

1 개념

- 조직의 목표 달성에 필요한 인력을 직시에 확보하여 활용하기 위한 중장기계획
- 현재 보유인력을 분석하고, 향후 필요인력을 예측하여, 그 차이를 해소하기 위해 중장기적으로 지향하는 목표와 단기적으로 실행할 계획을 주요 내용으로 함

2 필요성

- 급변하는 환경 속에서 부처별 비전과 목표 달성을 위해 우수인재를 적시에 확보하기 위한 전략적 인적자원관리 실현
- 인사자율성 확대에 따라 단순 결원보충이 아닌, 충원, 교육훈련, 보직관리 등이 연계된 장기적 · 체계적 계획에 의한 인력관리 필요

③ 근거규정

- 근거법령: 공무원임용령(제8조·제34조), 공무원임용시험령(제3조·제42조), 공무원임용규칙(제2조)
- 주요내용
  - 각 기관은 조직목표 달성을 위하여 소속공무원의 채용·승진·배치 및 경력개발 등이 포함된 인력관리계획을 수립하여야 하고, 인사혁신처는 각 기관 인력관리계획을 제출 받아 지원·조정·평가할 수 있음(임용령)
  - 각 기관은 자체 인력관리계획에 따라 5급 공무원으로의 승진임용 및 경력경쟁채용시험을 실시함(시험령)

④ 인력관리계획의 실제 수립과정

(1) 작성방법

- 인력관리계획은 5년 내의 중장기계획으로 하는 것이 바람직함
- 조직의 중장기 비전·목표, 인력분석/전략개발 등 필요인력 예측, 인력관리계획의 목표 등은 계획수립 후 그 기간동안 유지하는 것을 전제로 작성하고, 실천계획은 예측 가능성 등을 고려하여 1~2년간의 계획으로 작성

(2) 작성단계

인력관리계획의 수립모델은 대체로 다음과 같은 4단계를 거친다고 볼 수 있으나 기관 특성에 따라 다양한 수립과정을 거칠 수 있음

1단계	2단계	3단계	4단계
전략적 방향 설정	인력 분석/ 전략 개발	인력관리계획 집행	모니터링/ 평가·환류
· 환경 분석 · 비전/미션, 전략 과제 설정 · 주요 기능변화 · 인력관리의 시사점 도출	· 인력수요 예측 (미래 필요인력 특성) · 인력공급 계획 (현재 인력 특성) · Gap 분석(수요-공급 불일치) · Gap 해소를 위한 전략 수립	· Gap 해소를 위한 실천계획 - 충원계획, 교육훈련계획, CDP, 성과관리 계획, 인재보유전략 등	· 중간점검 - 실천계획의 집행 상황을 평가 · 직제개정 등 여건 변화 반영 · 실천계획의 조정 · 향후 인력관리 계획 반영

5 계획의 수정

- 계획수립 후 매년 부분수정
  - 내용 중 보유인력 분석, 필요인력 예측, 인력관리계획의 목표 설정 등은 필요한 부분만 보완하고, '실천계획'은 1년씩 연동하여 업데이트
  - 다만, 중장기계획의 변경이나 조직의 대규모 개편 등이 발생하여 부분적 보완을 넘어 다시 분석·예측·설정하는 것이 필요한 경우에는 계획을 재수립하고, 계획 기간도 재설정할 수 있음
- 계획기간 만료시점에는 계획을 전면수정

출처: 인사혁신처 2017, 한눈에 보는 공무원 인사실무.

부록 4 징계

01 징계

1 징계사유(법 제78조)

- 국가공무원법 및 동법에 의한 명령위반(대통령령·총리령·부령·훈령 등)
- 직무상의 의무위반(성실 의무, 직장이탈금지, 청렴의 의무 등), 직무태만
- 직무내외를 불문하고 그 체면 또는 위신 손상

2 징계대상(법 제3조, 법 제83조의3)

- 경력직 공무원(시보공무원 포함)
  - 일반직 공무원: 국가공무원법 소정의 징계절차에 의함
  - 특정직 공무원: 별도 법령(검사징계법, 경찰공무원법 등)에 규정
- 특수경력직 공무원 ·
  - 별정직 공무원: 징계사유가 발생하면 직권면직처분을 하거나 일반직 공무원징계절차에 의하여 징계처분(법 제83조의3, 별정직 공무원 인사 규정 제9조)
  - ※ 정무직 공무원은 국가공무원법상 징계대상이 아님

3 징계의 종류와 효력(법 제80조)

- 배제징계

종류	효력
파면	• 공무원관계로부터 배제하고 5년간 공직재임용 제한 • 퇴직급여 1/2 감액(재직기간 5년 미만 1/4 감액), 퇴직수당 1/2 감액
해임	• 공무원관계로부터 배제하고 3년간 공직재임용 제한 • 금품·향응수수, 공금횡령·유용으로 해임된 경우 퇴직급여 1/4 감액 (재직기간 5년 미만 1/8 감액), 퇴직수당 1/4 감액

- 교정징계
- 보수상의 효력

종류 \ 효력	보수상의 효력		
	보수	승급	수당
강등	• 강등된 후의 보수를 기준으로 3개월간 보수 전액 삭감	• 처분기간(3월)+18개월간 승급제한 ※ 금품수수, 성관련 비위 등은 3월 가산	• 3개월간 정근수당 가산금, 가족수당, 가족수당 가산금, 자녀학비보조수당 및 주택수당의 전액 감액 • 대우공무원이 강등된 경우에는 다시 대우공무원이 될 때까지 대우공무원 수당을 전액 지급 안함
정직 (1~3월)	• 처분기간 중 보수 전액 감액	• 처분기간(1~3월)+18개월간 승급제한 ※ 금품 관련, 성 관련 비위 등은 3월 가산	• 처분기간(1~3월) 동안 대우공무원 수당, 정근수당 가산금, 가족수당 가산금, 자녀학비보조수당 및 주택수당액의 전액 감액
감봉 (1~3월)	• 처분기간 중 보수의 1/3 감액 • 연봉적용자는 연봉월액40% 감액	• 처분기간(1~3월)+12개월 승급제한 ※ 금품 관련, 성 관련 비위 등은 3월 가산	• 처분기간(1~3월) 동안 대우공무원수당, 정근수당 가산금, 자녀학비보조수당, 주택수당액의 1/3 감액
견책		• 6개월 승급제한 ※ 금품 관련, 성 관련 비위 등은 3월 가산	• 수당 등을 전액지급함. 다만, 정근수당 지급대상 기간 중에 견책처분을 받은 경우에는 정근수당을 지급하지 않음

4 징계위원회의 설치(공무원 징계령 제2조~제5조)

종류	관할	설치	구성
중앙징계 위원회	• 고위공무원단 • 5급 이상 공무원 등 (전문경력관 가군, 연구관 및 지도관, 우정2급 이상, 나급 이상 전문임기제, 5 급 상당 이상 별정직) • 중앙행정기관소속 '6급 이 하 공무원 등'의 중징계 요구사건 (전문경력관 나군 및 다군, 연구사 및 지도사, 우정3 급 이하 공무원, 다급 이하 전문임기제 공무원, 한시 임기제 공무원, 6급 상당 이하 별정직)	국무총리 소속	• 위원장 1명, 부위원장 1명을 포함 17 명 이상 33명 이하의 공무원 위원과 민간위원으로 구성 – 위원장: 인사혁신처장 – 위원: 고위공무원단에 속하는 공무 원 중 직무등급 가등급(제1호 상당 특정직 공무원 포함)에 해당하는 직 위 중 국무총리가 정하는 직위에 근 무하는 사람을 임명(위원장을 제외 한 위원수의 2분의 1 이상은 민간위 원을 위촉하여야 함/위원의 임기는 3년, 1회 연임 가능) • 회의는 위원장과 위원장이 회의마다 지정하는 8명의 위원으로 구성(민간위 원 5명 이상 포함)
보통징계 위원회	• '6급 이하공무원등'의 징 계 등 사건	중앙행정 기관 (필요시 소속 기관에도 설치 가능)	• 위원장 포함 9인 이상 15인 이내 – 위원장: 설치기관의 장의 차순위자 – 위원: 공무원 위원은 상위자로부터 차례로 임명기관장이 임명(위원장을 제외한 2분의 1 이상을 민간위원으 로 위촉하여야 함) • 회의는 위원장과 위원장이 회의마다 지정하는 6명의 위원으로 구성(민간위 원 4명 이상 포함)

5 징계위원회의 운영(공무원 징계령 제9조~제18조)

- 출석통지: 개최 3일전에 출석통지서가 혐의자에게 도달되도록 하여야 함
- 심문과 진술권: 징계혐의자가 서면 또는 구술로 사실진술, 증인 심문신
청 가능
- 징계의결기한: 접수일로부터 30일 이내(중앙징계위원회의 경우는 60일)
  - 징계위 의결로 30일(중앙징계위원회의 경우는 60일)의 범위에서 연장가능
- 의결: 위원장을 포함한 위원 5인 이상의 출석과 출석위원 과반수의 찬성
- 통보: 징계의결요구권자, 징계처분권자에게 징계의결서 정본 첨부하여

통보

※ 징계의결요구권자는 의결이 가볍다고 인정하면 심사(재심사) 청구

6 징계업무처리흐름도

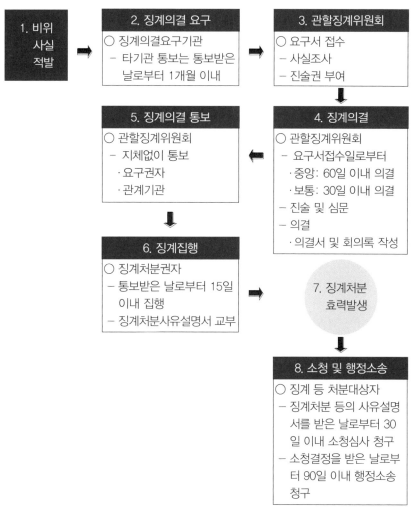

※ 징계의결 등을 요구한 기관의 장은 징계위원회의 의결이 가볍다고 인
정하면 그 처분을 하기 전에 직근 상급기관에 설치된 징계위원회(직근
상급기관이 없는 징계위원회의 의결에 대해서는 그 징계위원회)에 심사나 재
심사를 청구(법 제82조 제2항)

출처: 인사혁신처 2017, 한눈에 보는 공무원 인사실무.

부록 5 공무원 노조

01 공무원 노조

1 공무원 노조에 관한 법적 체계

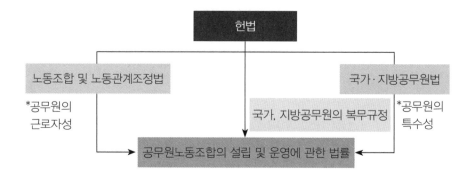

※ 노동조합및노동관계조정법과 공무원노조법은 공무원 노사관계에 대한
일반법–특별법적인 지위를 가지고 있으며, 공무원노조법에서 정하지
않은 사항은 노조법이 적용되도록 하고 있음

② 단결권 보장

(1) 공무원노동조합의 의의

공무원노동조합이란 공무원이 주체가 되어 자주적으로 단결하여 근로조건의 유지·개선 기타 공무원의 경제적·사회적 지위의 향상을 도모함을 목적으로 조직하는 단체 또는 그 연합단체

※ 국회, 법원, 헌법재판소, 선거관리위원회, 행정부(이상 헌법기관), 특별시, 광역시, 도, 특별자치도 시, 군, 구(자치구를 말함), 시·도 교육청(이상 자치단체) 단위로 노조설립이 가능

(2) 노조가입이 가능한 공무원의 범위

6급 이하 일반직 공무원, 6급 이하 일반직 공무원에 상당하는 일반직 공무원과 별정직 공무원 및 특정직 공무원 중 6급 이하 일반직 공무원에 상당하는 외무행정 외교정보관리직 공무원

※ 단, 6급 이하의 경우라도 지휘·감독·총괄업무담당자, 인사·보수 등 행정기관의 입장에 있는 공무원, 교정·수사 업무에 종사하는 공무원, 노동관계 조정·감독업무 담당 공무원 등은 가입이 제한됨

③ 단체교섭의 보장

(1) 단체교섭의 대상

단체교섭 대상은 노동조합에 관한 사항 및 보수·복지 기타 근무조건에 관한 사항이며, 근무조건과 직접 관련 없는 정책결정사항 및 임용권의 행사 등 기관의 관리·운영사항은 단체교섭으로 결정할 사항은 아님

4 노동조합활동의 보장과 한계

(1) 정당한 조합활동의 보장과 한계

공무원노조법상 정당한 조합활동에 대하여는 국공법 및 지공법상 집단행동 금지규정을 적용하지 아니하여, 이를 이유로 공무원에게 징계·기타 불이익을 주는 행위는 부당노동 행위로 보아 노동위원회를 통한 구제를 받을 수 있음
> ※ 다만, 공무원은 노조활동을 하더라도 그 신분에 위배되는 행위를 하여서는 아니되며 공무원법(제56조~65조)상 각종 의무를 준수해야 하는 한계가 있음

(2) 노조 전임자 인정

노조 전임자란 임용권자의 동의를 얻어 노동조합 업무에만 종사하는 자를 말하며, 임용권자는 전임자에 대해 그 기간 중 국공법 제71조 또는 지공법 제63조의 규정에 따라 휴직을 명함

(3) 쟁의행위 및 정치활동 금지

공무원노동조합 및 조합원은 근무조건 개선과 관련하여 내부적인 의견 수렴, 정부교섭대표 교섭 등 정당한 조합활동을 할 수 있으나, 파업·태업 기타 업무의 정상적인 운영을 저해하는 일체의 행위를 금지하고 있고 정치적 중립을 위하여 정치활동을 금지함

5 공무원 노사관계의 분쟁 해결

공무원노동조합 및 조합원의 쟁의행위를 금지하는 대신 중앙노동위원회에 별도의 "공무원노동관계조정위원회"를 구성하여 공무원 노사관계의 분쟁(조정제도, 중재제도)을 해결함

출처: 인사혁신처 2017, 한눈에 보는 공무원 인사실무.

01. 공무원 인사제도에 대한 설명으로 옳지 않은 것은?

① 우리나라의 경우 기본적으로 계급제를 채택하고 있으며, 채용 및 승진, 전직에서 직위분류제의 요소를 부분적으로 활용하고 있다.

② 직업공무원제도의 전통과 일반능력자주의적 임용관행은 개방형 임용제도의 도입과 정착에 긍정적 요인으로 작용한다.

③ 우리나라는 공직사회의 효율성을 높이기 위해 개방형 직위제도와 고위공무원단 제도를 도입하였다.

④ 교류형 인사제도는 비교류형 인사제도에 비해 기관 간 이해 증진, 업무협조 및 개별공무원의 경력개발 측면에서 유리하다.

02. Off JT(Off-the-Job Training) 프로그램에 대한 설명으로 옳지 않은 것은?

① 프로그램화 학습이란 일련의 질의와 응답을 통해 학습이 가능하도록 진도별 학습지침을 제공하는 책자나 컴퓨터프로그램을 이용하는 것이다.

② 감수성훈련(sensitivity training)은 태도와 가치관의 변화를 통해 대인관계기술을 향상시키는 것이 아니라 지식기술의 변화를 도모하는 것이 주된 목적이다.

③ 사례연구는 실제 조직생활에서 경험한 사례 또는 가상의 시나리오를 가지고 문제해결방식을 찾는다.

④ 역할연기(role playing)에서는 보통 자신과 반대되는 입장의 역할을 부여한다.

03. 공무원의 노동조합 설립 및 운영 등에 관한 법률상 공무원노동조합에 대한 설명으로 옳은 것은?

① 인사 및 보수에 관한 업무를 수행하는 6급 일반직 공무원은 노동조합에 가입할 수 있다.

② 국가와 지방자치단체는 전임자에게 그 전임기간 중 보수를 지급해야 한다.

③ 노동조합과 그 조합원은 정치활동을 할 수 있다.

④ 노동조합과 그 조합원은 파업, 태업 또는 그 밖에 업무의 정상적인 운영을 방해하는 일체의 행위를 하여서는 아니 된다.

04. 동기부여이론에 대한 설명으로 옳지 않은 것은?

① 허즈버그(Herzberg)는 동기요인에 승진, 성장 등의 요소를 포함하고, 위생요인으로 보수, 인간관계 등을 포함한다.

② 앨더퍼(Alderfer)는 상위욕구에 대한 좌절이 일어날 경우 하위 욕구로 회귀하는 좌절 – 퇴행 과정이 나타난다고 주장한다.

③ 핵크만(Hackman)과 올드햄(Oldham)은 직무특성이론을 통해 개인의 동기를 직무 자체의 특성과 연관지어 설명한다.

④ 포터(Porter)와 롤러(Lawler)는 직무만족이 성과의 직접 원인이며, 노력은 간접 요인이라고 주장한다.

05. 근무성적평가의 오류에 대한 설명으로 옳지 않은 것은?

① 선입견은 평가자가 중요하게 생각하는 하나의 평가요소에 대한 결과가 성격이 다른 나머지 평가요소에 연쇄적으로 영향을 미쳐 유사하게 평가되는 것을 의미하며, 도표식 평정척도법에서 자주 발생한다.

② 집중화 경향은 평정척도상의 중간 등급을 중심으로 평가하는 경향을 의미하며, 평가요소를 정확하게 이해하지 못한 상태에서 발생할 수 있다.

③ 관대화 경향은 평가결과가 공개되는 경우 평가대상자와 불편한 인간관계에 놓이는 것을 피하려는 상황에서 흔히 발견된다.

④ 근접효과는 평가시점으로부터 가까운 실적이나 사건 등을 평가에 크게 반영하는 오류를 의미하며, 중요사건기록법을 통해 해당 오류를 감소시킬 수 있다.

06. 역량평가(Competency Evaluation)에 대한 설명으로 옳지 않은 것은?

① 단순한 근무실적을 넘어 해당 업무 수행을 위한 충분한 역량이 있는지에 대해 평가한다.

② 역량평가센터를 활용한 역량평가는 도입되지 않았다.

③ 성과에 대한 외부 변수를 통제함으로써 개인 역량에 대한 객관적인 평가를 시도한다.

④ 역량은 조직의 목표달성을 위해 뛰어난 성과를 나타내는 고성과자의 차별화된 행동특성과 태도를 의미한다.

07. 지방자치법상 지방자치단체의 인사 관련 규정에 대한 설명으로 옳지 않은 것은?

① 자치구가 아닌 구의 구청장은 일반직 지방공무원으로 보하되, 시장이 임명한다.

② 지방의회 의원은 지방공기업법에 규정된 지방공사와 지방공단의 임직원을 겸할 수 없다.

③ 인구 500만 이상의 광역시나 도는 3명을 초과하지 아니하는 범위에서 부시장 및 부지사를 둘 수 있다.

④ 자치구의 부구청장은 일반직 지방공무원으로 보하되, 그 직급은 대통령령으로 정하며 구청장이 임명한다.

08. 개방형 직위 및 공모 직위의 운영 등에 관한 규정상 개방형 직위의 운영에 대한 설명으로 옳지 않은 것은?

① 소속 장관은 개방형 직위 중 특히 공직 외부의 경험과 전문성을 적극 활용할 필요가 있는 직위를 공직 외부에서만 적격자를 선발하는 개방형 직위로 지정할 수 있다.

② 개방형임용 당시 경력직 공무원이었던 사람은 휴직의 경우에도 개방형 직위의 임용기간에 다른 직위에 임용될 수 없다.

③ 소속 장관은 개방형임용을 하기 위하여 해당 직위에 임용되어 있는 경력직 공무원을 소속 기관으로 전보하거나 다른 기관으로 파견하여야 하는 경우 그 임용시기를 조정할 수 있다.

④ 개방형 직위 선발시험 사무를 수행하기 위하여 인사혁신처장 소속으로 개방형 직위 중앙선발시험위원회를 둔다.

09. 국가공무원 징계에 대한 설명으로 옳지 않은 것은?

① 징계의결 등을 요구한 기관의 장은 징계위원회의 의결이 가볍다고 인정하면 그 처분을 하기 전에 직근 상급기관에 설치된 징계위원회에 심사나 재심사를 청구할 수 있다.

② 징계의결 요구는 일반적으로 5급 이상 공무원 및 고위공무원단에 속하는 일반직 공무원은 소속 장관이, 6급 이하의 공무원은 소속 기관의 장 또는 소속 상급기관의 장이 한다.

③ 보통징계위원회는 징계 등 대상자보다 상위계급의 공무원이 징계위원회의 위원이 될 수 있도록 관할권을 조정할 수 있다.

④ 중앙징계위원회의 회의는 위원장과 위원장이 회의마다 지정하는 8명의 위원으로 구성하며, 이 경우 공무원이 4명 이상 포함되어야 한다.

10. 직무성과계약제도에 대한 설명으로 옳지 않은 것은?

① 각 부처 전반의 정책에 대하여 성과를 평가한다는 점에서 정책평가와 유사하다.

② 성과계약에 바탕을 둔 관리는 투입이 아니라 산출, 성과를 중점적인 대상으로 하고 있으므로 투입에 대한 통제는 완화되고 성과의 측정이 강조된다.

③ 상·하급자 간에 합의를 통해 목표를 설정한다는 점에서 목표관리제(MBO)와 유사하다.

④ 종래의 성과평가시스템이 산출물(output)에 대한 평가에 치중하는 측면을 보완하기 위해 고객에게 미치는 최종결과(outcome)를 제대로 평가하고자 도입되었다.

11. 베버(Weber)의 관료제론에 대한 설명으로 옳은 것은?

① 봉급은 서열과 근무기간이 아닌 업적에 의해서만 결정되며, 이는 현재 시행중인 성과급제도와 유사성이 있다.

② 순수한 형태의 관료제에서는 관료가 선거에 의해 임명되며, 이를 통해 상관에 대한 계층제적 복종을 쉽게 확보할 수 있다.

③ 목표와 수단이 대치하는 현상은 조직의 지속적인 안정을 가능하게 하며, 관료제의 대표적인 순기능에 해당한다.

④ 관료는 법규가 정한 직위의 담당자로서 직위의 목표와 법규에 충성을 바친다.

13. 전략적 인적자원관리(Strategic Human Resource Management)에 대한 설명으로 옳은 것은?

① 장기적 관점에서 현재 및 미래의 환경변화와 이를 기반으로 하는 역량분석에 집중한다.

② 직무만족 및 조직시민행동에 중점을 두고 개인의 심리적 측면에 분석의 초점을 둔다.

③ 조직의 목표달성을 보조하기 위한 통제 메커니즘 구축에 초점을 둔다.

④ 개별 인적자원관리 기능의 부분 최적화를 추구한다.

15. 직업공무원제와 실적제에 대한 설명으로 옳지 않은 것은?

① 직업공무원제의 신분보장은 젊은 사람이 공직을 본업으로 삼아 일생 동안 열심히 일하게 하려는 적극적인 의미를 지닌다.

② 실적제에서의 신분보장은 공무원의 신분이 정치적 압력이나 정실에 의해 부당하게 영향 받지 않고 실적원리에 의해서 결정되게 한다는 소극적 의미를 지닌다.

③ 직업공무원제는 대체로 실적제에 입각해 운영되며, 실적제는 폐쇄형 충원을 전제로 한다.

④ 실적제는 공무원의 정치적 중립을 기본원칙으로 하지만, 직업공무원제는 반드시 정치적 중립을 요구하지는 않는다.

17. 페리(Perry)의 공공봉사동기(Public Service Motivation) 이론에 대한 설명으로 옳지 않은 것은?

① 공공봉사동기는 합리적 차원, 규범적 차원, 감성적 차원으로 구성되어 있다.

② 공공부문의 종사자들은 민간부문의 종사자들과 다른 직업 동기를 가진다고 가정한다.

③ 감성적 차원의 동기는 공직자들이 공공정책에 대해 어느 정도 호감도와 매력을 지니고 있느냐에 관한 것이다.

④ 규범적 차원의 동기는 공익에 대한 몰입이며, 공익에 대한 봉사 욕구, 사회적 형평 추구 등을 포함한다.

※ 인사조직 공무원 시험문제 20문제 중 조직관련 4문제는 삭제하였으나 문항번호는 원문 그대로 유지하였다.

참고
문헌

강성철 외(2018). 새인사행정론(제9판), 대영문화사.

강여진 · 최호진(2003). 지방자치단체 공무원 교육훈련 전이에 영향을 미치는 요인에 관한 실증적 조사, 행정논총, 41(4): 85−116.

김영종(2001). 부패학(개정증보4판), 숭실대학교 출판부.

김판석(2002). 한국 인사행정의 발전방향, 한국행정연구원.

박천오 외(2010). 현대인사행정론, 법문사.

박호환(2007). 직무 중심 인사시스템의 도입과 운영, 경총 노동경제연구소.

백완기(1989). 한국의 행정문화, 고려대학교 출판부.

백승기 · 최창현 · 강인호 외(2011). 행정학− 핵심정리 및 문제연습, 대명.

성과상여금제도 운영지침(중앙인사위원회예규 제12호)

오성호(1999). 중앙인사기관의 구조와 기능에 관한 연구, 한국행정학회.

오석홍(2009). 인사행정론, 박영사.

유민봉(2010). 한국인사행정론, 박영사.

유종해 외(1993). 행정학대사전, 고시원: 821.

이동명(2009). 공공기관 인사관리가 노사관계에 미치는 영향, 한국노동연구원.

이은진(2009). 성과중심 인사평가제도의 성과에 관한 연구, 성균관대학교.

이창원 · 최창현(1996). 새조직론, 대영문화사.

이해하기 쉽게 쓴 행정학용어사전(2010). 새정보미디어.

인사혁신처 2017. 한눈에 보는 공무원 인사실무.

최창현(2019). 그림과 표로 보는 조직론, 박영사.

최창현(2017). 조사방법론, 윤성사.

최창현(2012). 국회 헌정지 1호.

행정학사전(2009). 대영문화사.

법제처 국가법령정보센터공무원수당등에관한규정(대통령령)

법제처 국가법령정보센터 국가공무원법

법제처 국가법령정보센터 고위공무원단 인사규정

Adams, J.(1963). Toward an Understanding of Inequity, Journal of Abnormal and Social Psychology, 67.

Cooper, Terry(2006). The Responsible Administrator, John Wiley & Sons, Inc.

Geuras, Dean & Carofalo, Charles(2005). Practical Ethics in Public Administration, Managementconcepts.

Gustafson, J.(1965). Notes on Theology and Ethics, In D. Jenkins(ed.), The Scoe of Theology. Cleveland, Ohio: World Publishing.

Jones, W. J., Sontag, F., Becker, M. O., & Fogelin, R.(1969). Approaches to Ethics, New York: McGraw-Hill.

Kingsley, Donald(1944). Representative Bureaucracy. Yellow Springs: Antioch Press.

Klingner, Donald E.(1980). Public Personnel Management: Contexts and Strategies. Englewood Cliffs, N. J.: Prentice-Hall, Inc.

Krislov, Samuel(1974). Representative Bureaucracy. Englewood Cliffs: Prentice Hall.

Means, R.(1970). The Ethical Imperative, New York: Doubleday.

Meier, K. J.(1975). "Representative Bureaucracy", American Political Science Review, pp. 526-543.

Mosher, Frederick C.(1982). Democracy and the Public Service 2nd ed., NY: Oxford University Press.

Preston, N.(1996). Understanding Ethics, Sydney: Federation Press.

Siegel, Gilbert B. and Robert C. Myrtle. Public Personnel Administration: Concepts and Practices. Boston: Houghton Mifflin, Co.

찾아
보기

저자 약력

최창현

현재 금강대 글로벌 융합학부 초빙교수이며, 한국조직학회 회장, 한국행정학회 부회장, 한국행정학회 학술정보위원장, 한국행정학회 편집이사, 한국공공관리학회 편집위원장, 한국반부패정책학회 부회장, 대통령 자문 정부혁신위원회 전문위원, 문화관광부 콘텐츠 미래전략 포럼 연구위원을 역임하였다.

뉴욕주립대 록펠러 행정대학원에서 행정학 및 정책학 박사학위를 취득했으며, 뉴욕주립대 록펠러 행정대학원 객원교수, RPI 테크노 경영 대학원 초빙교수, 관동대학교 교수, University of South Carolina 대학 초빙교수, 파고다 외국어학원 TOEIC 강사로 역임하였다.

주요저서로는 『그림과 표로 풀어본 조직론』(2019), 『행정학으로의 초대』(2019), 『정책학으로의 초대』(2019), 『관광학개론』(2019), 『정책분석평가와 성과감사』(2018), 『문화력으로서 한류이야기』(2018), 『사회복지 조사방법론』(2018), 『조사방법론』(2017), 『행복이 뭘까요?』(2017), 『Introducing Public Administration: Made Simple for TOEIC』(2016), 『국력이란 무엇인가』(2015), 『복잡계로 바라본 조직관리』(2005), 『카오스 경영』(1996) 등 40여 권의 저서, 공저 및 역서와 콘텐츠산업 환경변화에 따른 관련기관의 효율적 개편방안, 정부 관료제의 문제점 분석과 대책, 군 지휘체계 개편안에 관한 연구, 징병제 폐지와 모병제 도입 논의에 대한 분석, 한국의 국력신장을 위한 국가 능률성 분석, 지방정부의 연결망 구조 분석 등 40여 편의 논문이 있다.

주요 연구 관심 분야는 조직이론, 정책, 복잡계이론 등이다.

그림과 표로 풀어본 인사행정론

초판발행	2019년 3월 1일
지은이	최창현
펴낸이	안종만
편 집	조보나
기획/마케팅	정연환
표지디자인	김연서
제 작	우인도 · 고철민
펴낸곳	(주) **박영사**
	서울시 종로구 새문안로 3길 36, 1601
	등록 1959. 3. 11. 제300-1959-1호(倫)
전 화	02)733-6771
f a x	02)736-4818
e-mail	pys@pybook.co.kr
homepage	www.pybook.co.kr
ISBN	979-11-303-0726-8 93350

정 가   25,000원